AF204332

Harry Eurich

Predigtsammlung
Band 1

© 2018 Harry Eurich
Umschlaggestaltung, Illustration: Microsoft Power Point
Lektorat, Korrektorat: Lydia Franke
Übersetzung: keine
weitere Mitwirkende: keine

Verlag: tredition GmbH, Hamburg

ISBN Taschenbuch: 978-3-7469-0833-5
ISBN e-Book: 978-3-7469-0834-2

Bibliografische Information der Deutschen Nationalbibliothek: Die Deutsche Nationalbibliothek verzeichnet diese Publikation in der Deutschen Nationalbibliografie; detaillierte bibliografische Daten sind im Internet über http://dnb.d-nb.de abrufbar.

Inhaltsverzeichnis

Einleitung

Wir lesen in der Bibel, dass Gott den Menschen nach seinem Bilde schuf. Wozu? Um mit ihm Gemeinschaft zu halten. Welche Gemeinschaft? Miteinander zu wirken und sich miteinander zu freuen. Genau wie Eheleute miteinander leben.

Durch den Sündenfall aber verloren die Menschen diese Gleichheit. Gleich darauf trennte sich Gott von ihnen. Denn Gott ist heilig und er kann keine Gemeinschaft mit einem Unreinen Wesen haben. Doch durch seinen Sohn Jesus Christus hat er einen Weg geschaffen, auf dem es den Menschen möglich ist, Ebenbild Gottes oder anders gesagt: das Ebenbild Jesu zu erlangen. Es liegt also in dem Willen eines jeden, ob er es will oder nicht. Der Feind der Menschen – der Teufel – sucht durch allerlei Lügen die Menschen davon abzuhalten. Und sogar, wenn der Mensch schon durch Jesus Erlösung von seinen Sünden erlangt hat, sucht dieser Widersacher den befreiten Mensch wieder zu Fall zu bringen und ins Verderben zu stürzen. Somit stehen alle Menschen in diesem Leben in einem harten Kampf mit dem Teufel, aber besonders die Kinder Gottes, die ihm entflohen sind. In diesem Streit sucht er durch verschiedene böse Geister, die wahren Kinder Gottes von dem schmalen Weg wegzuleiten. Es ist ein geistlicher Krieg, und es geht dem Satan hauptsächlich darum, den Geist der Kinder Gottes zu verderben. In diesem Gefecht wirkt der Seelenfeind aber auch auf die Seele des Menschen und auf seinen Leib. Er sucht in dem Fleisch des Menschen sündhafte Lüste zu wecken, die letztlich dann auch sein geistliches Leben verderben würden. Um nun in diesem Krieg recht zu streiten und ihn zu überwinden, brauchen die Kinder Gottes die nötige geistliche Ausrüstung: geistliche Kraft und geistliche Weisheit. Die will Gott jedem Streiter durch den Heiligen Geist geben. Wenn nun ein Kind Gottes mit diesem „Beistand" ausgerüstet ist und seinen Anweisungen folgt, dann kann es immer siegen und das gewünschte Ziel – die ewige Seligkeit – erlangen. Der Kampf ist aber sehr kompliziert. Die Diener Gottes suchen nun, ihren Brüdern und Schwestern in diesem Krieg zu helfen: womöglich zu raten und zu warnen, damit keiner von ihnen unterliegt und verlorengeht. So soll auch diese Sammlung betrachtet werden: als eine Hilfe für alle, die aufrichtig suchen, Gott wohlgefällig zu leben, einen guten Kampf zu kämpfen und am Ende die Lebenskrone zu bekommen. Der Herr helfe einem jeden dazu aus Gnaden. Amen.

Wird man dich sammeln oder verwerfen?

• *„Abermals ist das Himmelreich gleich einem Netze, das ins Meer geworfen wird und von allerlei Art zusammen bringt. Wenn es aber voll ist, ziehen sie es heraus an das Ufer, setzen sich und lesen die guten in Gefäße zusammen, aber die faulen werfen sie weg. So wird es auch am Ende der Welt sein. Die Engel werden ausgehen und die Bösen von den Gerechten scheiden und werden die Bösen in den Feuerofen werfen, wo Heulen und Zähneklappern sein wird" (Mt. 13, 47-49).*

Jesus weist uns an dieser Stelle des Matthäusevangeliums darauf hin, dass am Ende der Welt die Bösen von den Gerechten getrennt werden. Die Gerechten werden gesammelt, die Bösen dagegen - in den Feuerofen geworfen. Worin liegt der Hintergrund, dass diese Menschen verworfen werden? Diese Ursache zu ergründen ist für uns lebenswichtig. Kennen wir die Keim, warum so viele Menschen verlorengehen, so gereicht uns diese Motivation zur Warnung. Wir müssen die Ursache wissen, damit man uns nicht zu denen zählt, die von Gott verworfen werden. Es wäre schrecklich für jeden, wenn es sich herausstellte, dass er auf ewig verdammt wird. Denn Jesus sagte:

• *„Viele, das sage ich euch, werden danach trachten, wie sie hineinkommen, und werden's nicht können" (Lk. 13,24).*

Was ist die Ursache oder was hindert so vielen, in das Himmelreich hineinzukommen? Wir lesen in dem 119. Psalm:

• *„Wie Schlacken hast du hinweg geräumt alle Gottlosen des Landes ..." (Ps. 119,119).*

Wer sind aber diese Gottlosen? Es sind die, die nicht den lebendigen Gott anbeten. Viele meinen, sie beten den gleichen Gott an, aber stimmt dies? Apostel Johannes hat uns ein Wort hinterlassen, in dem er sagt:

• *„Wer darüber hinausgeht und bleibt nicht in der Lehre Christi, der hat Gott nicht" (2 Joh. 9).*

Dies bedeutet, dass alle diejenigen, die nicht unter der reinen Lehre Christi sind, keinen Gott haben. Dies sind jene Gottlosen, von denen David in dem 119. Psalm spricht. Es sind nicht meine Worte, sondern die Worte der Bibel. Alle Menschen, die den schmalen Weg nicht gehen, werden verworfen. Es hat letztlich keine Bedeutung, unter welcher Benennung sie sich als Christ ausgeben, auf was sie sich berufen, welcher Kirche sie auch angehören mögen; wenn sie die reine Lehre Christi nicht haben, bedeutet dies, dass sie die reine Lehre Christi auch nicht befolgen. Es mag sein, dass sich diese Menschen zu der Lehre Christi bekennen und diese auch in ihren Versammlungen lehren. Doch allein auf das Bekennen und Lehren kommt es auch nicht ganz an. Vielmehr kommt es darauf an, ob die Menschen die Lehre Christi ausleben. Es ist wichtig, dass die Lehre Christi zugleich bekannt, gelehrt und ausgelebt wird. Ich habe schon manche Menschen sagen hören, dass sie die Wahrheit schon von Jugend auf wüssten. Es reicht nicht, allein die Wahrheit zu kennen. Ob der Mensch die Wahrheit befolgt, indem er sie auslebt, ist entscheidend vor Gott. Im 125. Psalm steht geschrieben:

• *„Die aber auf ihre krummen Wege abbiegen, die wird der Herr dahinfahren lassen samt den Übeltätern" (Ps. 125, 5).*

Wir lesen, dass von Johannes dem Täufer gesagt wird, dass er das Krumme gerademachen und das Hügelige glattmachen wird. Was bedeutet dies? Es bedeutet, dass von ihm das Volk Israel für die Ankunft Christi vorbereitet wird. Er predigte auch:

• *„Tut Buße, denn das Himmelreich ist nahe herbeigekommen!"* *(Mt. 3,2).*

Und wir lesen, wie die Menschen aus allen Städten und Dörfer herbeikamen, nachdem Johannes diese Worte ausrief. Die Bewohner Jerusalems und Judäas und aus allen Ortschaften Israels ließen sich von Johannes taufen. Johannes rief denen zu, die auf krummen Wegen gingen, ihren Weg auf diesem einzigen und schmalen Steg fortzusetzen. Dieselbe Predigt hören wir auch von Jesus und den Aposteln. Es ist ein Irrtum zu behaupten, dass es viele Wege gebe, und diese alle in den Himmel führen. Allen Menschen, die diesem Irrtum verfallen sind, sei zugerufen: „Nein liebe Leute, ihr seid betrogen durch falsche Lehrer und ihrer falschen Lehre. Sagt euer Prediger euch, dass *jeder seines Glaubens leben wird*, so glaubt ihm nicht!" Es gibt viele Pfarrer und Prediger, die das predigen, was ihre Zuhörer gerne hören wollen. Sie suchen nicht Gott zu gefallen, sondern den Menschen. Es sei dir gesagt, dass es nur einen Weg gibt, von dem Jesus spricht:

• *„Ich bin der Weg, die Wahrheit und das Leben. Niemand kommt zum Vater als durch mich" (Joh. 14, 6).*

Bruder Byrum schrieb in seinem Traktat „Marschieren auf den Nebenwegen", dass kein Nebenweg ein gerader Weg ist. Der gerade Weg ist allein der biblische Weg. Auf diesem Weg gibt es keine Abweichungen nach links oder rechts. Es gibt viele Menschen, die mal hier und mal dort solchen Richtungswechsel zulassen, in der Meinung, dass jene Unterschiede nicht so schlimm seien, und keine so große Sünde darstellen. Viele dieser Menschen nennen sich sogar Kinder Gottes und besuchen Versammlungen, die unter dem Namen *Gemeinde Gottes* geführt werden. Gott stehe uns bei, niemals einen abweichenden Weg zu betreten. Wir lesen in den Worten Jeremias:

• *„Und ich werde euch von meinem Angesicht verwerfen, so wie ich alle eure Brüder, alle Nachkommen Ephraims verworfen habe. Du aber, bitte nicht für dieses Volk und erhebe weder Flehen noch Gebet für sie und dringe nicht in mich! Denn ich werde nicht auf dich hören. Siehst du nicht, was sie in den Städten Judas und auf den Straßen von Jerusalem tun? Die Kinder lesen Holz auf, und die Väter zünden das Feuer an, und die Frauen kneten den Teig, um für die Könige des Himmels Kuchen zu machen. Und anderen Göttern spendet man Trankopfer, um mich zu kränken. Kränken sie (denn) mich, spricht der Herr, nicht (vielmehr) sich selbst zu ihrer eigenen Schande?"* *(Jer. 7, 15-19).*

Gott gab in seinem heiligen Zorn den Propheten zu verstehen, dass aufgrund des Götzendienstes des Volkes Israel all ihr Bitten und Flehen vergebens sind. Gott wollte sie nicht verdammen, aber zur Buße führen. Wir lesen in dieser angeführten Schriftstelle aus dem Buch Jeremias, Näheres über den Ablauf des Dienstes an ihren Götzen. Es steht geschrieben, dass zuerst die Kinder Holz auflasen, die Väter das Feuer anzündeten und schließlich die Frauen den Teig kneteten. Dieser Teig wurde zu Kuchen für die *Könige des Himmels* gebacken. Hier liegt also eine Reihenfolge im Dienst an den Götzen vor. Die erste Tat im Dienst an den Götzen begingen die Kinder, dann dienten die Frauen und schließlich die Väter . Dieser angeführte Götzendienst in seiner Reihenfolge ist auf die heutige Zeit übertragbar. Jesus spricht: *„Wer Ohren hat, der höre!"* Wer Augen hat, der sehe! Wer offene Augen hat, der sieht, wie sich heute das Verderben verbreitet, und wie es sich auch unter dem gläubigen Volk ausdehnt. Das Verderben breitet sich sogar unter denen aus, die sich Gemeinde Gottes nennen. Wer geht in den Gemeinden zu weltlichen Dingen voran? Es sind die Jugendlichen und die Kinder! Sie sind jene, die das *Holz sammeln*. Wer das Buch „Die letzte Reformation" gelesen hat, wird die Zeichen der heutigen Zeit erkennen können. In diesem Buch wird geschildert, wie damals, zur Zeit der Reformation, die Jugend anfing, abweichende Wege zu gehen. Der Jugend folgten die Frauen und schließlich die Männer. Gott helfe uns, dass uns dies zur Warnung gereicht, auf dass wir ihr Verhalten nicht nachahmen und Gefahr laufen, vor Gott in Ungnade zu fallen. Gott sprach zu Jeremia, dass er erst gar nicht versuchen solle, in Bitten und Flehen für das Volk Israel einzustehen. Das Volk Israel verhielt sich trotzig gegenüber Gott. Ein solches trotziges und widerspenstiges Volk finden wir auch heute vor. Hat das Volk Israel etwa nicht gewusst, dass ihre Taten vor Gott ein Gräuel sind? Sie haben es durchaus gewusst und haben die Gräueltaten mutwillig getan. Auch heute verüben manche Gläubigen der Gemeinde Gottes mutwillig *Götzendienst*. Es kann nicht gesagt werden, dass Gläubige, die solches verüben, nicht wüssten, dass ihre Taten ein Gräuel vor Gott sind. Sie wissen durch das Wort Gottes und durch die Predigt aufrichtiger Prediger über die Gefahren des Götzendienstes der heutigen Zeit durchaus Bescheid. Sie denken, dass die alten Prediger nicht mehr ganz vernünftig urteilen können, oder der heutigen Zeit gegenüber völlig rückständig seien. Sie mögen sagen: *Unsere Ältesten denken oft 50 Jahre zurück und erzählen uns, was sie zu damaliger Zeit erlebt und erfahren haben. Heute leben wir jedoch in einer ganz anderen Zeit, und deshalb brauchen wir ihre Worte nicht so genau zu nehmen, geschweige denn, sie zu befolgen.* Solches und ähnliches Gerede geht heute in vielen Gemeinden herum, besonders unter jungen Gläubigen. Statt auf die Worte der Prediger zu hören, gehen sie lieber ihre eigenen Wege. Sie sollten lieber aufpassen, dass es ihnen nicht so ergehen wird, wie jenem Volk, das von Gott verworfen wurde. Apostel Paulus schreibt:

• *„Ein wenig Sauerteig, durchsäuert den ganzen Teig" (1. Kor. 5,6).*

Der biblische Weg ist ein sehr strenger und geder Weg. Er erlaubt keine Abweichungen. Gott möge uns beistehen, auf diesem Weg in gerader Bahn voranzuschreiten. Im Evangelium des Johannes lesen wir die Worte Jesu:

• *„Ich bin der Weinstock, ihr seid die Reben. Wer in mir bleibt und ich in ihm, der bringt viel Frucht, denn getrennt von mir könnt ihr nichts tun. Wenn jemand nicht in mir bleibt, so wird er hinausgeworfen wie die Rebe und verdorrt; und man sammelt sie und wirft sie ins Feuer, und sie verbrennen" (Joh. 15, 5-6).*

Wir singen in einem Lied: *„Ich will bleiben in Jesu".* Was bedeutet, in

8

Jesus zu bleiben? Jesus sagt uns Worte, die schon oft erwähnt wurden, um sie fest in die Herzen der Kinder Gottes einzupflanzen:

• *„Bleibet in meiner Liebe! Wenn ihr meine Gebote haltet, so bleibt ihr in meiner Liebe, gleichwie ich in meines Vaters Liebe bleibe und halte seine Gebote" (Joh. 15, 9-10).*

• *Das Halten der Gebote ist nötig, um in Jesus zu bleiben. Man kann nicht in Jesu Liebe bleiben, wenn man nicht die Gebote Jesu hält. „Liebet ihr mich, so haltet ihr meine Gebote" (Joh. 14, 15).*

Ein jeder also, der nicht in Jesus bleibt, verdorrt und wird weggeworfen, wie eine Rebe, die keine Frucht bringt. Man wird die Unfruchtbaren sammeln und sie verbrennen. Lasst uns darauf achtgeben, was bedeutet, in Jesus zu bleiben: Es bedeutet seine Gebote zu halten.

• *„Wodurch hält ein Jüngling seinen Pfad rein? Indem er sich bewahrt nach deinem Wort" (Ps. 119, 9).*

Unser geistliches Leben und Wohlergehen hängen davon ab, ob wir in Jesus bleiben. Das geistliche Leben ist zu vergleichen mit einem dreibeinigen Tisch. Das erste und wichtigste Tischbein ist *das Gebet*, das zweite *das Wort Gottes* und das dritte Tischbein ist *die Gemeinschaft*. Wer nicht fleißig ist, diese drei Beine des geistlichen Lebens zu pflegen und zu erhalten, kann geistlich schwach werden. Die geistliche Schwachheit kann zu einer geistlichen Krankheit führen. Die Augen eines geistlich geschwächten Menschen können so beeinträchtigt werden, dass sie die geistlichen Dinge nicht mehr klar und deutlich erkennen und geistliche Fragen nicht mehr nach Recht und Unrecht unterschieden werden können. Menschen, denen das geistliche Augenlicht entschwunden ist, betrachten das Unrecht zunehmend als etwas, was gar nicht so schlimm ist. Gleichzeitig meinen sie, für das Rechte nicht so viel Eifer aufbringen zu müssen. Eine geistliche Krankheit bewirkt ein verkehrtes Handeln. Das Licht wird zur Finsternis. Die Strophe eines unserer Lieder lautet: *Wenn wir uns von ihm abwenden, wird es dunkel um uns her. Unser Gang ist dann nicht mehr sicher und das Herz von Freuden leer.* Wendet sich der Mensch von Jesus ab, so wird er auf dem Weg des Lebens ins Wanken kommen, und die Freuden, die Jesus dem Menschenherz zukommen ließ, entschwinden. Infolgedessen kommen verschiedene Ärgernisse im Herzen des Abtrünnigen auf. Böse Gedanken über gewisse Geschwister, vielleicht auch über den Prediger, machen sich im Herzen breit. Bruder Hoss sagte bezüglich vieler Fragen des „Warums" zu einem Bruder: *„Wärst du gestern in der Versammlung gewesen, dann* *hättest du heute keine Fragen gestellt. Aber weil dir das Irdische wichtiger als das Geistliche ist und du wegen irdischer Dinge die Versammlungen häufig nicht besuchen kannst, steigen bei dir so viele Fragen auf."* Dieser Vorfall gibt uns zu verstehen, wie wichtig es ist, die Versammlungen regelmäßig zu besuchen. Durch das aufmerksame Verfolgen des Gesagten in den Versammlungen können so manche Fragen bezüglich geistlicher Dinge geklärt werden. Versäumt man jedoch die Versammlungen, so kann es sein, dass man die Antwort auf eine wichtige Frage versäumt. Bleiben dem Menschen geistliche Fragen unbeantwortet, kann sich schnell eine geistliche Krankheit ausbreiten. Dies kann bis hin zum geistlichen Tod führen. Christus spricht:

- **„Wenn jemand nicht in mir bleibt, so wird er hinausgeworfen wie die Rebe und verdorrt" (Joh. 15, 6).**

Es ist für uns von großer Wichtigkeit, in Jesus zu bleiben; ebenso wie es wichtig ist, im Gebet mit ihm verbunden zu verharren. *„Betet ohne Unterlass"*, so gebietet uns das Wort Gottes. Wir singen in einem Lied: *„Nimm Zeit dir zur Andacht und Ruh zum Gebet."* Ein eifriges Kind Gottes hat nicht nur das große Verlangen, regelmäßig alle Versammlungen zu besuchen, sondern es bereitet einem Kind Gottes große Freude, Gemeinschaft mit anderen Kindern Gottes zu haben. Wir haben nur viermal Versammlung in der Woche; somit sind drei Tage ohne Versammlung. Warum nicht auch diese drei Tage zur Gemeinschaft gebrauchen? An solchen „freien" Tagen hätte man die Möglichkeit, Hausbesuche bei Geschwistern oder sonstige Unternehmungen mit ihnen zu machen. Vielleicht könnte auch einfach mit ihnen Andacht gehalten werden. Dies fördert die Gemeinschaft und den Zusammenhalt. Auch ist es wichtig, dass die Kinder an solchen Tagen zusammenkommen, da sie den Kontakt zu Gleichaltrigen brauchen. Die Möglichkeit dazu besteht, nur manchmal fehlen der gute Wille und der Eifer. Lasst uns diese Möglichkeit der Gemeinschaft wahrnehmen. Durch die geistliche Gemeinschaft können wir die Zeit zu unsrer geistlichen Stärkung nützlich einsetzen. Uns muss bewusst sein, dass in Zukunft den Christen wieder untersagt werden kann, sich versammeln zu dürfen. Lasst uns deshalb wirken und die Gemeinschaft pflegen, solange es Tag ist. Ist der Mensch in einem hohen Alter und dazu pflegebedürftig, so ist bei ihm bereits die Nacht eingetreten. In diesem Zustand kann er vielleicht nur wenig oder sogar nichts mehr Geistliches bewirken. Lasst uns deshalb wirken, solange es Tag ist. Jesus sagte:

- *„Ihr seid das Salz der Erde" (Mt.5,13).*

Im 14. Kapitel des Lukasevangeliums steht geschrieben:

- *„Das Salz nun ist gut. Wenn aber auch das Salz kraftlos geworden ist, womit soll es gewürzt werden? Es ist weder für das Land noch für den Dünger tauglich; man wirft es hinaus" (Lk. 14, 34-35).*

Diese Bibelstellen nehmen Bezug auf den Heiligen Geist und sein Wirken, und darauf wie wichtig es ist, die Werke durch den Heiligen Geist zu vollbringen. Gleichwie das Salz kraftlos werden kann, so kann auch die Kraft im geistlichen Leben verlorengehen. Wie ist es möglich, die geistliche Kraft zu verlieren? In der Natur kann man beobachten, wie ein von Parasiten befallender Baum mit der Zeit zu faulen beginnt. Der Fäulnisprozess führt hin bis zum gänzlichen Absterben des Baumes. Im auf das geistliche Leben übertragenen Sinn können gewisse Dinge wie ein Parasit im Leben eines Kindes Gottes wirken, und das Christenleben zugrunde richten. Jesus sprach in einem seiner Gleichnisse von Samen, die unter Dornen gesät sind. Die Dornen wuchsen auf und erstickten den Samen, so dass sie nicht aufsprießen konnten. Die Jünger verstanden die Bedeutung dieses Gleichnisses nicht und baten Jesus, er möge es ihnen deuten. Jesus sprach zu ihnen:

- *„Bei dem aber unter die Dornen gesät ist, das ist, der das Wort hört, und die Sorge der Welt und der betrügerische Reichtum ersticken das Wort, und er bringt keine Frucht" (Mt. 13,22).*

Diese Worte treffen auf jene Menschen zu, die das Wort annehmen und sich zu Jesus bekehren, denen aber die Worte im Herzen durch Sorgen dieser Zeit, weltliche Vergnügen und das Trachten nach Reichtum erstickt werden. Das ausschließliche Verlangen nach irdischen und vergänglichen Dingen wirkt wie ein Parasit im geistlichen Leben. Durch jene Dinge läuft der Mensch Gefahr, das geistliche Leben zu ersticken. Die bösen Geister sind sehr darum bemüht, die Kinder Gottes mit irdischer Arbeit und irdischen Sorgen zu überhäufen, damit sie letztlich keine Zeit für jene Arbeiten haben, die ewigen Wert haben. Der Teufel und sein Heer suchen auf jede erdenkliche Art das geistliche Leben im Menschen zu ersticken. Wir, die Kinder Gottes, sind das Salz der Welt und geben der Welt den „Geschmack". Wenn die Welt uns Kinder Gottes betrachtet, soll sie Gefallen an unserem Wandel finden und Lust bekommen, dem heiligen Lebenswandel nachzueifern. Wir sollen also den unerlösten Menschen das heilige Leben in Christus „schmackhaft" machen. Jesus predigte nicht wie die Schriftgelehrten und Pharisäer, sondern als solcher, der Macht besitzt. Die Menschen sollen erkennen, dass wir nicht nur bloß Worte verkünden, sondern dass wir die Worte mit Macht und Kraft verkünden. Durch die Kraft des Wortes wirken wir vor den unerlösten Menschen überzeugend. Über die sogenannten Namenschristen steht im Wort Gottes geschrieben:

- *„sie haben den Schein eines gottesfürchtigen Wesens, aber seine Kraft verleugnen sie." (2. Tim. 3,5)*

Menschen, die das Wort Gottes nicht mit Kraft verkünden, können nicht zum Christentum gezählt werden. Das wahre Christentum beweist sich in der Kraft und Macht des Wortes. Kann man erkennen, wenn ein Mensch mit einer solchen Kraft erfüllt ist? Ja, man kann sie im geistlichen Wandel des Menschen erkennen. Ist der Mensch kräftig im Geist, so hat er beständig Sieg. Er siegt in allen Lebensumständen, wo immer der Teufel mit ihm einen Kampf kämpft; sei es im Hause, auf der Straße, im Geschäft, auf der Arbeit. Überall trägt ein im Geist kräftiger Mensch den Sieg davon. Ein Siegesleben ist ein Beweis dafür, das die göttliche Kraft wirkt. Unsere Gemeinde gibt sich dann als eine kräftige Gemeinde zu erkennen, wenn wir solchen Menschen angehören, die Überwinder sind. Kindern Gottes ist es möglich, alles zu überwinden. Sie sind in der Lage, die Welt und sich selbst zu überwinden. Und dies erkennt man, wenn Friede sowie Liebe und Eintracht unter ihnen sind und dem Worte Gottes gehorsam Folge geleistet wird. Diese sind das wahre Salz. Wenn jedoch in Glaubensgemeinschaften nur leere und kraftlose Worte verkündet werden und sie nicht die Sünde überwinden können, so ist unter diesen folglich die Kraft nicht zu erkennen.

Jesus sagt uns auch, dass wahre Kinder Gottes wie Lichter in der Welt scheinen. Kinder Gottes leuchten umso heller in der Welt, je dunkler die Welt wird. Wir leben heute in einem günstigen Zeitalter. Es heißt: *Je dunkler die Nacht, desto heller scheinen die Sterne.* Wir sehen, wie dunkel es heute in der Welt geworden ist. Je mehr Sterne vom Himmel fallen, und je dunkler es wird, umso heller leuchten dann die Sterne, die am Himmel bleiben. Einem jeden muss zugerufen werden, noch eifriger im Werk des Herrn zu werden! Im Wirken des Guten beweist ein jeder seine Kraft. Im zwischenmenschlichen Umgang beweisen wir auch die Kraft. Sie muss innerhalb der Familie bewiesen werden, z. B. in dem Umgang zwischen Mann und Frau sowie im Umgang mit den Kindern. In der Gemeinde beweist sich die Kraft durch Friede, Liebe, Eintracht und Eifer. Haben wir die Kraft, so sind wir das Salz der Welt, von dem Jesus sprach, und sind wir das Salz, so geben wir der Welt den Geschmack. Wenn unerlöste Menschen die Versammlungen besuchen, müssen sie an uns erkennen, dass wir anders als jene sind, die sich Christen nennen und doch in Sünden leben. Jesus sagte:

• *„Wenn eure Gerechtigkeit nicht viel höher ist als die der Schriftgelehrten und Pharisäer, so könnt ihr nicht ins Himmelreich kommen" (Mt. 5,20).*

Dies hat auch Bezug auf die heutige Zeit. Wenn unsre Gerechtigkeit nicht viel höher ist als die der Sekten und Kirchen, so können wir nicht vor Gott bestehen. Wir dürfen die Nachfolge Jesu nicht zu leicht nehmen. Das Wort Gottes sagt uns, dass jene weggeworfen werden, die leichtfertig sind. Sie werden gewogen, wie Belsazar einst gewogen wurde. Über Belsazar steht geschrieben:

• *„Man hat dich auf der Waage ‚gewogen' und zu leicht befunden" (Dan.5,27).*

Was für zu leicht befunden wird, wird von Gott verworfen. Die Bibel sagt uns:

• *„Er hat seine Wurfschaufel in der Hand; er wird seine Tenne fegen und seinen Weizen in die Scheune sammeln; aber die Spreu wird er verbrennen mit unauslöschlichem Feuer" (Mt. 3,12).*

In der Nachfolge Christi muss ein wahrer Ernst an den Tag gelegt werden. Das Wort Gottes sagt auch:

• *„Schaffet, dass ihr selig werdet, mit Furcht und Zittern" (Phil. 2,12).*

Wir wollen es nicht übertreiben, aber man möchte jeden anspornen, noch ernster zu werden, mehr über alles nachzudenken, mehr zu erwägen, damit auch wir nicht „zu leicht" sind und weggetrieben werden. Nicht allein die Spreu, sondern auch das leichte Korn, wird beim Würfeln vom Wind zusammen mit der Spreu weggeweht werden. Was mit der leichten Spreu passiert, wissen wir nun, was aber mit dem Weizen geschieht, lasst mich nachfolgend erwähnen. Es steht geschrieben, dass der Weizen gesammelt wird. Wer aber sind nun im buchstäblichen Sinn diejenigen, die letztlich gesammelt werden? In Jesaja, dem 40. Kapitel, heißt es:

• *„Er wird seine Herde weiden wie ein Hirte, die Lämmer wird er*

in seinen Arm nehmen und in seinem Gewandbausch tragen, die
säugenden Muttertiere wird er fürsorglich leiten" (Jes. 40, 11).
Manch einer mag denken, dass diese Bibelstelle nur von der Jugend spricht,
da hier Lämmer erwähnt werden. Aber nein! Hier sind alle diejenigen
gemeint, die eine Natur des Lammes haben. Gerade den Menschen, die der
Natur eines Lammes gleichen, nimmt sich der Herr als Hirte an. Mögen wir
danach streben, dem Lamm Gottes immer ähnlicher zu werden, auf dass
wir unsern Mitmenschen zum Vorbild gereichen. Jesus war auch mit einem
Lamm verglichen worden, weil er Gottes Sohn ist. Der Begriff *Lamm*
bezieht sich auf unsere Natur, wie auch auf unseren Herzenszustand. Dieser
Begriff ist in dieser Hinsicht anwendbar auf junge wie auch auf alte
Menschen. Die Lämmer wird der Herr in seine Arme nehmen, die Böcke
aber nicht. Die Natur eines Bockes ist der Natur eines Lammes völlig
entgegengesetzt. In der Offenbarung lesen wir über die vier
Charaktereigenschaften der Kinder Gottes. Diese Charaktereigenschaften
werden als vier *lebendige Wesen* dargestellt. Von einem Wesen steht
geschrieben, dass es gleich einem jungen Stier mit den
Charaktereigenschaften der Demut und des Gehorsams. Ein Kind fragte
einmal seinen Vater: *„Wer bist du? Bist du ein Bock oder bist du ein
Schaf?"* Möge sich ein jeder die Frage selbst stellen, ob er ein Lamm oder
ein Bock ist. Widerspenstigkeit, Ungehorsam und Stolz kennzeichnen einen
Bock. Es sind typische Charaktereigenschaften eines Bockes, aber nicht die
eines Lammes. Auch wir Erwachsene mögen doch der Natur eines Lammes
gleichen. In einem unserer Lieder singen wir: *„Ich bin Jesu Schäflein."*
Mögen wir darum bemüht sein, nicht zu viel von uns selbst zu denken, auf
dass wir in Demut und in Sanftmut einer den anderen ertragen. Erst dann,
so versichert uns das Wort Gottes, werden wir gesammelt. Jene Menschen
aber, die auf krumme Wege ausweichen, werden dereinst nicht gesammelt.

• *„Der die Vertriebenen Israels sammelt"* **Jesaja 56, 8**

Wer ist hier mit den Vertriebenen gemeint? Die Vertriebenen sind die
wahren Kinder Gottes. Sie werden von der Welt vertrieben und verstoßen.
Jesus sagte:

• *„Selig seid ihr, wenn euch die Menschen hassen und euch
ausstoßen und schmähen und verwerfen euren Namen als böse um des
Menschensohnes willen. Freut euch an jenem Tage und springt vor
Freude; denn siehe, euer Lohn ist groß im Himmel. Denn das Gleiche
haben ihre Väter den Propheten getan" (Lk.6, 22-23).*

14

Freut euch, wenn euch die Welt beschimpft und sie euch Böses nachsagt. So erging es auch einst den Propheten. Ein jeder von uns muss sich selbst eingestehen, auch nicht besser zu sein. Jesus sagte:

- *„Wenn sie den Hausherrn Beelzebul genannt haben, wie viel mehr seine Hausgenossen!" (Mt. 10,25).*

Wir sind ja auch nicht höher! Uns soll es hier auf Erden auch nicht besser ergehen als Jesus, den sie verachtet und verworfen haben. Wenn die Welt auch uns vieles von dem antut, was sie Jesus antat, so lasst uns darüber freuen. Wenn die Welt uns hasst, dann wissen wir, dass alles in Ordnung ist.

- *„Wehe euch, wenn euch jedermann wohl redet" (Lk.6, 26).*

Dies ist vielleicht etwas, was wir nicht so recht verstehen. Von uns aus bemühen wir uns, mit allen Menschen in Frieden zu leben, uns vor ihnen zu beugen und um Verzeihung zu bitten. Auch sollen wir niemandem ein Ärgernis sein. Doch wenn wir auch den rechten Weg gehen, kann es nicht anders sein, als dass wir verachtet, verstoßen und sogar verfolgt werden. Der Apostel Paulus schreibt:

- *„Denn alle, die gottselig leben wollen, müssen Verfolgung leiden" (2. Tim. 3,12).*Jesus sagte:

- *„die Welt hat sie gehasst; denn sie sind nicht von der Welt, wie auch ich nicht von der Welt bin" (Joh. 17,14).*

Die Welt kann wahre Kinder Gottes einfach nur hassen. Dies sollte uns nicht befremden. Apostel Jakobus sagte:

- *„Meine lieben Brüder, erachtet es für lauter Freude, wenn ihr in mancherlei Anfechtungen fallt" (Jak.1,2).*

Auch in Anfechtungen sollen wir uns freuen. Gott lässt dies zu, weil wir dadurch bewährt und gereinigt werden. Die von der Welt verstoßen, verachtet und verworfen werden, werden von Gott gesammelt. Paulus sagte:

- *„Das Geringe vor der Welt und das Verachtete hat Gott erwählt, das, was nichts ist, damit er zunichte mache, was etwas ist, damit sich kein Mensch vor Gott rühme"* (1.Kor.1,28-29).

Jesus hat sogar seinem Vater dafür Lob und Dank ausgesprochen:

- *„Ich preise dich, Vater, Herr des Himmels und der Erde, weil du dies den Weisen und Klugen verborgen hast und hast es den Unmündigen offenbart" (Mt.11,25).*

15

Ich möchte jedem Mut zusprechen. Über Verachtung und Verspottung können wir uns freuen. Wir lesen in Psalm 37 ein tröstendes Wort in Bezug auf die Gerechten und Heiligen:

• *„... fällt er, so wird er doch nicht hingestreckt, denn der Herr stützt seine Hand" (Ps. 37, 24).*

Diese Bibelstelle dürfen wir auf keinen Fall als ein „Ruhekissen" betrachten, indem wir dieses Wort so deuten, als sei das Fallen (Fallen in Sünde) erlaubt. Das Fallen tut weh. Wenn ein Kind fällt, weint es. Wir Erwachsene weinen vielleicht nicht, wenn wir auch große Schmerzen haben, aber trotzdem tut es weh. Wir dürfen also in keiner Weise mutwillig sündigen. Apostel Johannes sagt:

• *„Und wenn jemand sündigt, so haben wir einen Fürsprecher bei dem Vater, Jesus Christus, der gerecht ist" (1. Joh. 2,1).*

Und Paulus schreibt:

• *„Denn er vertritt die Heiligen, wie es Gott gefällt" (Röm. 8,27).*

Fällt er, so wird er nicht weggeworfen, denn der Herr hält ihn bei der Hand. Wir können Gott dankbar sein, dass er uns so lieb hat und so barmherzig und so gnädig und so gütig zu uns seinen Kindern ist. Viele junge Geschwister machen Fehler und können sogar fallen. Es ist nicht so schlimm, wenn der Mensch fällt, als, wenn er fällt und liegenbleibt. Darum rufe ich auch immer zu: Wenn etwas passiert, muss man schnell aufstehen. Dann heißt es: Schnell wieder weitergehen und das nächste Mal vorsichtiger sein, damit ein solcher Vorfall nicht noch einmal vorkommt. So lasst uns auch eingestellt sein, wie der Apostel Paulus sagt, dass wir in der wahren Lehre wandeln und verbleiben sollen.

Gott hat zwei Zeugen, welche da sind das Wort Gottes und der Heilige Geist. Das Wort aber wird von den Menschen verschieden erklärt. Fast alle Menschen haben die Möglichkeit, in dem Wort Gottes zu lesen. Die Kirchen wie verschiedene Sekten haben die Bibel . Jede Glaubensgemeinschaft legt aber die Schrift auf ihre Art aus. Oft wird gesagt: „Wir müssen auf den Geist achten." Das Wort Gottes wird dadurch geschwächt und der Geist Gottes wird hervorgehoben. Der Herr lehrt uns aber nicht, auf diese Art vorzugehen. Jesus sagt uns nicht, dass der Geist einen Vorrang hat und das Wort nicht so bedeutsam sei. Wir können vielmehr der Bibel entnehmen, dass das Wort und der Geist in gleicher Weise wichtig sind. Gott erwähnt in seinem Wort diese zwei Zeugen, und diese stimmen überein. Es bedeutet für uns, dass wir nicht sagen können, der Heilige Geist hätte uns Licht über ein gewisses biblisches Thema gegeben, obwohl dies nicht mit der Heiligen Schrift übereinstimmt. Manch einer mag einwenden, dass das Wort vielleicht nicht mit seiner Ansicht übereinstimmt, jedoch der Heilige Geist ihm dies so gedeutet habe. Dies kann nicht richtig sein, denn Wort und Geist müssen übereinstimmen! Es sind leider viele Menschen, die auf einen Irrweg geraten, weil sie das Wort Gottes geringschätzen. Diese Menschen untersuchen nicht das Wort Gottes, ob sie in ihrer Meinung irren. Jesus sagte zu den Sadduzäern:

- *„Ihr irrt, weil ihr weder die Schrift kennt noch die Kraft Gottes"* *(Mt. 22,29).*

Sie irrten, weil sie weder die Kraft Gottes kannten, noch im Wort Gottes recht unterrichtet waren. Auf verschiedene Art und Weise wird ein jeder, der auf krummen Wegen geht, einst erkennen, dass er seine Prüfung nicht bestanden hat. Dieser wird im Gericht nicht bestehen. Das Wort Gottes sagt uns, dass wir uns dessen schon heute ganz bewusst sein sollen. Wir haben in der Offenbarung von den vier Wesen gelesen, die Augen inwendig und auswendig haben. Diese vier Wesen beziehen sich auf die Kinder Gottes und ihre unterschiedlichen Charaktereigenschaften.

Es bedeutet weiter, dass ein wahrer Christ heute genau wissen muss, wie es um ihn steht, und dass er sich ganz sicher ist, wenn der Herr heute und in dieser Stunde kommt, dass er im Endgericht vor Gott bestehen wird. Ein wahres Kind Gottes fürchtet das Gericht nicht, weil es auf dem Wort Gottes fest gegründet steht. Gott möge uns beistehen, dass wir uns in unserem Gang und in unserem Leben ganz sicher sind, aber dass wir uns in allem immer auch prüfen. Wir bedürfen einer ständigen Prüfung. Wenn ein Tag herum ist, muss ein jeder am Abend einen Blick auf den vergangenen Tag zurückwerfen und schauen, wie er den Tag verlebt hat, ob auch alles in Ordnung ist. Ein Kind Gottes muss um sich schauen, ob es nicht irgendwelche Fehler gemacht hat. In gleicher Weise ziehen wir auch immer eine Bilanz am Ende der Woche und am Ende des Jahres. Ein Kind Gottes muss auch gewillt sein, sich ständig zu korrigieren, und bestrebt sein, in der Nachfolge sicherer und fester zu werden, auf dass wir zu jeder Zeit auf die Ankunft Jesu Christi bereit sind. Amen! 28.09.2008

Ungeheuchelt, ungefälscht und ungefärbt

Die aktuelle Gefahr: Betrug, Falschheit, Heuchelei

Der Zuruf in unserem Lied: *„Willst du gehen mit uns?"* ist gut. Ich habe aber auf die Worte: *„Ja, wir gehen ein zum Himmel nach der Bibel."* achtgegeben. Es besteht nur eine einzige Möglichkeit, in den Himmel einzugehen: Wenn der Mensch nach der Bibel geht. Nicht auf irgendwelchem anderen Weg, der vielleicht von Menschen gekennzeichnet ist oder von Menschen gelehrt wird. Nur den Weg der Bibel! Darum ist bei uns auch die Bibel immer am Anfang und am Ende. Sie ist unsere Richtschnur und unser Kompass. Nach der Bibel wollen wir uns in Allem orientieren und uns auch selbst immer nach der Bibel prüfen. Wir wissen aber, dass wir uns heute in einer sehr gefährlichen Zeit befinden. Diese Zeit ist aber in dem Sinn gefahrvoll, dass uns heute große Gefahren drohen, größere, als die schon in der Morgenzeit waren. Der Apostel Paulus sagte damals:

- *„Es regt sich schon das Geheimnis der Bosheit."* (2. Thess 2,7)

Diese Gefahr hat sich dort nur ein wenig gezeigt, aber heutzutage sehen wir sie in ausgedehnter Weise. Das Merkmal dieses Geheimnisses ist der Betrug, die Heuchelei, das Falsche, womit wir immer wieder zu tun haben, konfrontiert werden, dem wir immer wieder begegnen und wovor wir überall aufpassen müssen. Ich möchte zu unserem Thema ein Wort aus 2. Samuel 20, 9 bringen, wo uns ein Vorfall im Alten Bund gezeigt wird. Hier wird von einem Ereignis berichtet, welches uns auch bis auf die heutige Zeit zur Warnung dient. Ich lese von Joab. Er war einer von den obersten Feldmarschällen, von den – so könnte man heute sagen – Kriegsherrschern beim König David.

- *„Als sie aber bei dem großen Stein bei Gibeon waren, war Amasa vor ihnen angekommen. Joab aber trug einen Waffenrock und darüber einen Gürtel mit einem Dolch; der war befestigt an seiner Hüfte in der Scheide, und wenn diese heraustrat, entfiel ihr der Dolch. Und Joab sprach zu Amasa: Friede mit dir, mein Bruder! Und Joab fasste mit seiner rechten Hand Amasa bei dem Bart, um ihn zu küssen. Und Amasa hatte nicht Acht auf den Dolch in der linken Hand Joabs. Der stach ihn damit in den Bauch, sodass seine Eingeweide auf die Erde fielen, und gab ihm keinen Stich mehr und er starb."* (2. Sam. 20, 8-10)

18

Welch eine Begegnung, in der zwei große Feldherren sich sozusagen begrüßt haben! Welch ein trauriger Fall! Wir wissen, wie der König David später, vor dem Sterben, seinem Sohn Salomo auf diesen Vorfall hin sagte:

- *„Auch weißt du sehr wohl, was mir getan hat Joab, der Sohn der Zeruja, was er tat den zwei Feldhauptleuten Israels, Abner, dem Sohn Ners, und Amasa, dem Sohn Jeters, wie er sie ermordet hat und so im Krieg vergossenes Blut im Frieden gerächt und unschuldiges Blut an den Gürtel seiner Lenden und an die Schuhe seiner Füße gebracht hat."* *(1. Kön. 2,5)*

Wir lesen im Psalm 5, 7, da heißt es:

- *„Der Herr hat Gräuel an den Falschen."*

Ja, so etwas ist vor Gott ein Gräuel! Eines von den schlimmsten Dingen, die es gibt, ist Falschheit. Ja, wir sind heute in einer Zeit, wo viele Fälschungen vorkommen, und wir müssen dies als eine Warnung immer wieder anführen, damit wir uns an dem messen und uns alle prüfen. Denn Falsches soll nicht an uns gefunden werden. Wenn Gott Gräuel an diesem hat, so müssen wir uns als Kinder Gottes ganz anders zeigen, damit wir nie der Falschheit beschuldigt werden. Wir wissen, dass heute vieles gefälscht wird. Es wird immer falsches Geld und falsches Gold im Umgang angetroffen. Wir hören, dass manche Betrüger, wie uns erzählt wurde, als scheinbare Berater Geld wegen großer Zinsen anzulegen versprechen. Und wie viele Menschen haben Vertrauen zu ihnen gewonnen und dadurch großen Schaden erlitten. Sie haben ihr Geld in einer Bank angelegt, damit es große Zinsen einbringe, und es war Betrug! Solch eine Bank gab es gar nicht. Somit ist es für uns alle eine Lehre. Viel Unheil ist schon angerichtet worden, wie uns das Erlebnis mit diesen bekannten Geschwistern zeigt, die großen Schaden erlitten, weil sie sich einem falschen Berater anvertrauten.

Ungefälschtes Zeugnis.

In den Sprüchen 12, 17 heißt es:

- *„Wer die Wahrheit spricht, bringt Rechtes vor, ein falscher Zeuge hingegen (nur) Betrug."*

Uns wird von den Aposteln von Zeugenbriefen erzählt, welche sehr vorsichtig waren und nicht jedem Zeugnis geglaubt haben. Wir wissen, dass Johannes der Täufer wohl die Leute, die zu ihm kamen und ihre Sünden bekannten, getauft hat, aber er forderte von ihnen, dass sie rechtschaffene Früchte ihrer Buße (oder Bekehrung) bringen sollen. Er meinte damit:

Zeigt jetzt in eurem Leben, dass ihr es wirklich aufrichtig gemeint habt; dass es keine Heuchelei und kein Betrug ist. Denn er sagte: *„Einem jeden Baum ist schon die Axt an die Wurzel gelegt. Darum welcher keine guten Früchte bringt, wird abgehauen."* Darum sind unser Wandel und unsere Werke das beste Zeugnis.

Ungefälschte Brüder

Der Apostel Paulus war in großen Gefahren, aber scheinbar war die größte Gefahr: die *„Gefahr unter falschen Brüdern."* Auch dies hat er erleben müssen. Und wenn damals so etwas Betrügerisches war, so ist es auch heute noch der Fall, denn wie viel mehr Falschheit, wie viel mehr Betrug gibt es heute, nicht nur bei einfachen Leuten, sondern auch bei Ehrwürdigen, sogar bei der Regierung. Es wird immer wieder frisch aufgedeckt: Betrug, Heuchelei, Falschheit, Bestechung, Korruption und Untreue. Alles dieses ist ein Zeichen dieser Zeit – etwas Schreckliches! Und darum sollten wir darauf achten, damit wir nicht töricht sind und durch solche Leute in eine Falle kommen und von ihnen in dieser oder jener Hinsicht betrogen werden. In Gefahr unter falschen Brüdern. Ein Mann, der sich als ein Bruder der Gemeinde Gottes ausgab, wurde früher immer zuerst in einem Gespräch von den Brüdern geprüft. Man handelte jenes Mal so, wie es in einem Sprichwort heißt: Rede, auf dass ich dich erkenne. Man glaubte dem Zeugnis nicht völlig, sondern prüfte, ob dies Zeugnis auch echt sei. Freilich ist es heutzutage viel schwieriger denn je zuvor, die Falschheit, den Betrug und die Heuchelei zu erkennen. Jesus warnte und sagte: *„Sehet euch vor, vor den falschen Propheten, die in Schafkleidern einhergehen, aber inwendig sind sie reißende Wölfe."* Wir können jeden Brief in der Bibel aufschlagen und untersuchen, ob er von Petrus, von Paulus oder von einem anderen Apostel geschrieben ist – in jedem Brief sind Warnungen vor Betrug und Falschheit. Und sie kommen in unserer Zeit noch viel mehr vor. Heutzutage sind sie in solch einer Fülle, in solch einem Maß, wie es noch nie in einer Zeit gab. Darum möchten wir jeden davor warnen. Es sagt auch der Apostel Paulus in 2. Kor. 11, 13-15:

•   *„Denn solche sind falsche Apostel, betrügerische Arbeiter und verstellen sich als Apostel Christi. Und das ist auch kein Wunder; denn er selbst, der Satan, verstellt sich als Engel des Lichts. Darum ist es nichts Großes, wenn sich auch seine Diener verstellen als Diener der Gerechtigkeit; deren Ende wird sein nach ihren Werken."*

Ungefälschter Christus

Schon in der Morgenzeit gab es solche, die sich fälschlich als Christus, als Christi Apostel verstellten. In Matt. 24, 24 hat Jesus davor gewarnt, dass falsche Propheten und falsche Christusse aufstehen werden. Was heißt falsche Christusse? Menschen, die sich auch heutzutage persönlich als Christus ausgeben. Ich habe mal gelesen, dass in diesem letzten Jahrhundert über 30 Männer aufgestanden sind, die sich als Christus ausgaben.

Aber mit diesem Ausdruck ist nicht nur dies gemeint. Jesus sagte: Man wird sagen: Hier ist Christus, da ist Christus! Aber glaubet es nicht! Es bedeutet: Hier ist die Gemeinde Christi, dort ist die Gemeinde Christi oder die Gemeinde Gottes. Also gibt es viele falsche Gemeinden. Ja, man muss sagen: Hunderte und Aberhunderte solcher Gemeinden, die sich als Christi Gemeinde ausgeben, und die Gefahr ist, betrogen zu werden, verführt zu werden. Also möchte darum ein jeder aufpassen und ein jeder nicht gleich glauben, wie auch der Apostel Johannes sagte, als er fast hundertjährig war: *„Prüfet die Geister, ob sie von Gott sind."* Darum muss alles auf den Prüfstein gelegt werden. Man muss alles, wie wir schon sagten, nach der Bibel prüfen.

Ungefälschter Geist

Wir lesen in 1. Könige 22, als der König Ahab und Joschafat in den Krieg gehen wollten und die Propheten fragten: Wird Gott uns den Sieg geben oder nicht? Dann sagten alle Propheten wie aus einem Mund: Ja, der Sieg wird auf unserer Seite sein! Geht in den Streit! Aber die Antwort war nicht die Wahrhaftige, nicht die Göttliche. Als der Prophet Micha danach gefragt wurde, hatte er ganz anders gesagt. Darum sehet, 400 Propheten, haben alle wie aus einem Munde „Ja" gesagt und nur einer von diesen Propheten sagte die Wahrheit. Das waren alles falsche Geister, die aus diesen falschen Propheten redeten. Wie Micha ihnen auch sagte:

• *„Und der HERR sprach: Wer will Ahab betören, dass er hinaufzieht und vor Ramot in Gilead fällt? Und einer sagte dies, der andere das. Da trat ein Geist vor und stellte sich vor den HERRN und sprach: Ich will ihn betören. Der HERR sprach zu ihm: Womit? Er sprach: Ich will ausgehen und will ein Lügengeist sein im Munde aller seiner Propheten. Er sprach: Du sollst ihn betören und sollst es ausrichten; geh aus und tu das! Nun siehe, der HERR hat einen*

Lügengeist gegeben in den Mund aller deiner Propheten; und der HERR hat Unheil gegen dich geredet." (1. Kön. 22, 20-23)

Hierin sehen wir, dass es solche falsche Geister gibt. Wie viele werden heute betrogen, indem sie meinen, sie hätten den Heiligen Geist! Als ich in der Ukraine war und dort mit den Zungenrednern sprach, da gaben sie in Allem nach, aber sich von dem Zungengeist zu trennen (ihn auszutreiben zu lassen), fürchteten sie sich und meinten, es sei der Heilige Geist. Sie selber bezeugten, dass viele von denen, die den „Zungengeist" vermeintlich als den Heiligen Geist empfingen, in Wirklichkeit mit bösen Geistern besessen wären. Dieser Geist müsste ausgetrieben werden. Selbst sie bezeugten dies. Aber auch sie waren wiederum von einem anderen Geist besessen und betrogen. Darum ist es wichtig, dass wir auch heute auf diese Stelle der Schrift achtgeben und sagen: Der Geist muss geprüft werden! Auch viele, die sich zur Gemeinde Gottes bekennen, sind betrogen und berufen sich auf den Heiligen Geist. Sie sagen zu uns: „Der Heilige Geist hat uns so und so gesagt." Es steht doch in der Apostelgeschichte: „Der Heilige Geist sagte: „Gehet nicht." Oder der Heilige Geist sagte dies oder jenes." Ja, das geben wir zu, dass der Heilige Geist ein Zeuge Gottes ist, aber Gott hat nicht nur diesen Zeugen, sondern noch einen andern Zeugen und das ist das Wort Gottes. Und wenn dieser Geist wirklich der Heilige Geist ist, dann ist das, was er redet und wovon er zeugt, immer mit dem Wort Gottes übereinstimmend. Darum können wir es einfach nach dem Wort Gottes prüfen, und wenn der redende Geist wirklich mit dem Wort Gottes übereinstimmt, dann kann man sagen: Ja, es ist der Heilige Geist! Aber, wenn da Auseinandersetzungen vorkommen, dann kann man im Voraus schon sagen: Dies ist nicht der Heilige Geist! Solch einen Geist, der nicht ganz mit dem Wort Gottes übereinstimmt, können wir nicht als den Heiligen Geist erkennen. Gott helfe allen und bewahre uns vor solchen Irrgeistern. Nicht nur von außen müssen wir vor Gefahren aufpassen, sondern auch auf uns selbst achten, damit wir Gott wohlgefällig sind. Und wenn wir sagen, dass wir nach der Bibel in den Himmel eingehen, dann muss bei uns auch alles nach der Bibel stimmen. Jesus sagte:

• *„Seid klug wie die Schlangen, aber ohne Falsch (Falschheit) wie die Tauben." (Matt. 10,16)*

Es gibt ein Sprichwort: „Besser eine bittere Wahrheit, als eine süße Lüge." Lasst uns immer darauf achten, dass Jesus an denen Wohlgefallen hatte, die ohne Falsch waren. Als er Nathanael das erste Mal sah, sagte er:

22

- *„Sehet ein rechter Israelit, in welchem kein Falsch ist." (Jo.1,47)*

Diese Eigenschaft möchte Gott auch uns geben, auf dass Jesus von einem jeden sagen kann: Ein rechter Israelit, in welchem kein Falsch ist. Das ist wichtig, um dadurch Gott zu gefallen. Vielleicht gefallen wir den Menschen auf diese Art nicht, weil den falschen Menschen eher die Falschen gefallen als diejenigen, die ohne Falschheit sind. Solche, die vielleicht eine bittere Wahrheit sagen, eine Wahrheit, die man nicht gerne hört. Wir haben ein Traktat, in dem es heißt, dass es solche Wahrheiten gibt, die man nicht gerne hört, aber die trotzdem heilsam und gut für einen jeden von uns sind. Wenn Gott auch uns unsere Mängel offenbart und unsere Fehler zeigt, wie wir es in der Offenbarung finden, so ist es immer gut gemeint. Gott hat Gedanken des Heils, er hat Gedanken des Friedens; er will uns, wenn er uns Mängel offenbart, von diesen Mängeln und Fehlern befreien. Dies tut er immer, weil er uns liebt. Darum heißt es: *„Welchen ich lieb habe, den strafe und den züchtige ich."* Und darum sollen wir dies auch aus Liebe an unsrem Nächsten tun. Es heißt:

- *„Der Gerechte schlage mich freundlich und weise mich zurecht; das wird mir wohl tun wie Balsam auf dem Haupte." (Ps. 141,5)*

Dies heißt: strafen und auch einer den andern ermahnen. Wir sollen keine Stummen sein und sollen das Unrecht nicht übersehen, aber es soll in Liebe geschehen, mit dem Motto: *„Siehe, wie du seine Seele gewinnest."* Aus diesem Grund lasst uns einer dem andern helfen. Aber ein jeder von uns soll ohne Falsch sein.

Ungefärbter Glaube

In 1. Tim. 1, 5 schreibt der Apostel Paulus, dass ein jeder ein gutes Gewissen und einen *„ungefärbten Glauben"* haben soll. Kann der Glaube auch gefärbt sein? Wie kann der Glaube gefärbt werden? Viele haben einen gefärbten Glauben. Heute finden wir tausende und Millionen Menschen, die alle bezeugen und sagen, sie seien Gläubige. Viele schlagen an ihre Brust und sagen: Ich bin ein Gläubiger! Aber wir sehen an ihnen, dass ihr Glaube gefärbt ist. Sie stellen sich besser hin, als sie in Wirklichkeit sind. Ihre Frömmigkeit zeigt sich nur, wie bei den Pharisäern vor den Menschen, um von ihnen gepriesen und gelobt zu werden. Jesus sagte von ihnen: *„Sie sehen von außen aus, wie geschmückte Gräber, hübsch und schön, aber inwendig sind sie voll Faules und Totes."* Darum möchte uns der Herr helfen, dass wenn wir uns als Gläubige ausgeben und die Menschen uns sehen und prüfen, sie dann sehen können, dass unser Glaube, den wir bezeugen, ungefärbt ist. Was wir bezeugen, muss sich auch in unserer Tat zeigen und muss in unserem Leben gesehen werden. Dies ist ein ungefärbter Glaube. Wenn ich bezeuge und sage *„Ich bin ein Gläubiger "*, muss sich dies auch in allem in meinem Leben beweisen. Wie viele wurden enttäuscht und sind in die Welt zurückgegangen, weil sie sich an der Falschheit der Christen gestoßen haben? Weil gepredigt und bezeugt wird das Eine, und in der Tat erscheint etwas ganz Anderes. Gott helfe uns allen, dass wir alles, was wir bezeugen, auch ausleben.

Ungefärbte Liebe

In 2. Kor. 6,5-6 sagt der Apostel Paulus:

• *„in allem erweisen wir uns als Diener Gottes: in großer Geduld, ... in ungefärbter Liebe. "*

Schon jenes Mal stand die Gefahr durch etwas Gefärbtes, was der Mensch vorgab oder bezeugte und es schöner darstellte, als es in Wirklichkeit war, getäuscht zu werden. Was treffen wir heute an? Wir können heute vielleicht Millionen von Menschen finden, die eine gefärbte Liebe haben. Sie bekennen ihrem Nächsten und sagen: Oh, ich hab dich lieb, ich habe dich sehr lieb! Aber in Wirklichkeit ist es nicht so. Im Laufe der Zeit und des Lebens stellt sich oft heraus, dass dies eine gefärbte Liebe war. Der Herr stehe uns darum bei, dass unsere Liebe, wie es im Wort heißt, zueinander ungefärbt ist. In Wirklichkeit besteht die Liebe nicht in dem, dass jemand immer wiederholend sagt *„Ich liebe, ich liebe ... "*, sondern darin, dass er sie in der Tat und in den schwierigsten Momenten des Lebens beweist. Wenn unser Freund, unser Bruder in Not, in Krankheit oder in Gefahr ist, wenn er Hilfe braucht, dann sollen wir ihm unsere Liebe beweisen. So, wie der Apostel Johannes sagte:

• *„Meine Kinder, lasst uns nicht lieben mit Worten noch mit der Zunge, sondern mit der Tat und mit der Wahrheit. "* (1. Jo. 3,18)

Darum gilt auch heute in der Zeit des Falschen, der Zeit des Betrügerischen, wo Falschheit ringsum uns ist: Sich ganz von ihnen zu unterscheiden, eine ganz ungefärbte Liebe zu beweisen. Dass diese Liebe sich wirklich in allem bezeugt. Die Liebe Christi war ungefärbt, was er gelehrt hat, das hat er auch in der Tat gezeigt. Und wir wissen, wie er uns geliebt hat, wie es in Joh. 13, heißt:

• *„wie er die Seinen geliebt hatte, die in der Welt waren, so liebte er* *sie bis ans Ende.*"

Nicht nur eine kurze Zeit und dann Untreue und dann Falschheit und vielleicht Hass, anstatt der Liebe. Nein, Jesu Liebe veränderte sich nicht. Wie er sie liebte, so liebte er sie bis ans Ende. Das ist eine ungefärbte Liebe! Aber eine Liebe, die sich eine Zeit lang äußerlich zeigt und dann in Hass übergeht, die war sicher keine echte Liebe, sondern eine gefärbte. Möge der Herr uns davor behüten. Echte Liebe können wir freilich nur mit Gottes Hilfe zeigen, wie es auch im Lied Nr. 307 heißt: *„Nicht meine Kraft, nur du allein…"* Der Apostel Paulus schrieb den Römern von der Liebe, die ausgegossen ist durch den Heiligen Geist (Röm. 5,5). Diese Liebe ist eine echte Liebe, die sich auch in der Tat zeigt. Wir, mit unserer fleischlichen Kraft, können dies nicht tun, obwohl wir es vielleicht wollen. Wie auch der Apostel Petrus Jesus versicherte, er sei bereit, mit ihm ins Gefängnis und, wenn es sein sollte, auch in den Tod zu gehen. Aber wir sehen, dass er nach etlichen Stunden nicht imstande war, einer Magd zu widerstehen und ihr zu bezeugen, dass er wirklich ein Jünger Jesu ist, und er verleugnete ihn. Auch ist es nicht in unserer Macht, nicht in unserer Kraft, treue Zeugen zu sein. Wir können es aber mit der Kraft des Heiligen Geistes tun und durch die Liebe, die auch in unseren Herzen ist. Wenn wir lieben, so lasst uns auch bis ans Ende lieben, dass die Liebe nicht aufhört. Apostel Paulus sagte in 1. Kor. 13: Die Weissagung, der Glaube, alles hört auf, aber die Liebe wird nicht aufhören. Und so soll auch die Liebe zu unserem Nächsten nicht aufhören, sondern auch, wenn der eine oder andere ungeschickt ist oder wenn es sogar so weit kommt, dass er durch etwas beleidigt wird, weil er nicht recht behandelt ward, soll sie erhalten bleiben. Aber die Liebe soll wiederhergestellt werden, indem eine Versöhnung stattfindet. Eine echte, ungefärbte Liebe verzeiht auch gerne. Die übersieht es, wie es heißt: *„Die Liebe deckt auch der Sünden Menge."* Die werden dann durch die Liebe zugedeckt. Was vielleicht dem einen oder dem anderen passiert ist, deckt sie alles zu; und die Liebe währt weiter, wenn sie ungefärbt ist. Aber wenn sie gefärbt war, vermag sie es nicht.

Ungefärbte Freude

Auch eine ungefärbte Freude ist für uns wichtig. Wie viel täuschen die Menschen vor, wenn man sie beobachtet, als ob sie freudig und glücklich sind. Auch mir sind öfters solche Menschen begegnet, die bezeugten, dass sie glücklich und freudig seien. Wie viel Falschheit zeigt sich oft auch darin, wenn die Menschen jubeln und vielleicht sogar schreien. Dies kommt oft nicht von Herzen. Keine herzliche, keine innige, sondern eine gemachte Freude. Wie auch eine Seele einmal zu mir kam und sagte: „Oh, ich bin heute so glücklich!" –„Was ist denn die Ursache deines Glücks?" – fragte ich. „Ja, ich habe mich heute bekehrt!" – „Ja? Warst du denn nicht bekehrt? Ich kenne dich ja schon seit vielen Jahren und du hast es auch in deinen Zeugnissen bezeugt, dass du bekehrt seist!" – „Ich … habe mich von neuem bekehrt." – „Warum musstest du dich denn von neuem bekehren?" – „ … Ja, ich hatte dieses und jenes nicht richtig gemacht ..." – „Und was gab dir den Anlass dazu, dass du dieses erst heute gemacht hast? Du hast viele Jahre zuvor Unrecht getan, und dir ist dies erst heute in Erinnerung gekommen? Hast du nicht schon früher Gott darum um Vergebung gebeten?" Auf diese Frage konnte sie nichts sagen. Also war es Heuchelei! Und diese heuchlerische Bekehrung hat auch nicht lange gehalten; bis sie, wie man gesehen hat, der Welt zugefallen ist. Viele Menschen geben den Schein, als ob sie glücklich sind, als ob sie freudig sind, aber es ist nicht von Herzen.

Aber wie sollen wir uns freuen? Eine rechte Freude ist, wenn sie von einem reinen Herzen und einem reinen Gewissen kommt. Wie auch der Apostel Johannes sagt:

* *„So unser Herz uns nicht verdammt, so haben wir Freudigkeit zu Gott." (1. Joh. 3,21)*

Diese Freude, die aus einem unverletzten Gewissen kommt oder entflammt wird, ist eine herzliche Freude. Wenn wir nach der Bibel gehen, dann haben wir dieses unverletzte Gewissen, und unser Herz verdammt uns nicht, darum freuen wir uns. Und eine rechte Freude ist frei von Neid. Wird ein Glied herrlich gehalten, geht es einem Kind Gottes recht gut in der Gemeinde, dann freuen sich alle Kinder Gottes mit ihm mit. So auch, wenn ein Glied in der Gemeinde leidet, so leiden alle mit. Dies ist etwas Herzliches! Nichts Gemachtes, nichts Gefärbtes, nichts Gefälschtes. Keine gefälschte Freude! In manchen Gemeinden wurde geklatscht, gejubelt und gesprungen und es stellte sich heraus, dass dies alles nicht von Herzen, sondern selbst Erwähltes und künstlich Gemachtes war.

Ungefälschte Freundlichkei

Wie ist uns hier in Deutschland die gemachte Freundlichkeit aufgefallen! In Russland war es nicht so, da hat man es nicht so gemerkt, aber hier in Deutschland ist sie uns sehr aufgefallen.

Sehr oft begegnen wir Menschen, die sich freundlich zeigen. Aber man merkt, dass diese Freundlichkeit eine künstlich gemachte und gefärbte ist. Die Menschen sind in Wirklichkeit gar nicht so, es ist nur eine Affektiertheit. Sie setzen sich eine Maske auf und mit diesem Getue treten sie vor die Menschen. Der Herr möchte uns aber helfen, dass wir immer darauf achten und alles von Herzen tun, wie es heißt: Nicht um die Menschen zu täuschen, nicht um vor den Menschen gut zu erscheinen, sondern von Herzen. Wir sollen wohl gegen alle Menschen freundlich sein, wie wir auch in einem Lied singen: *„Freundlich gegen allen Menschen, lindert unseres Nächsten Not."* – Aber es muss eine herzliche Freundlichkeit sein. Diese Freundlichkeit, wenn sie von Herzen kommt, wird auch zu Herzen gehen und wird auch angenehm sein; aber eine heuchlerische ist Gott ein Gräuel. Und Jesus hat dies auch an den Pharisäern und den Schriftgelehrten getadelt und gestraft. Und wir sollen ihnen darin nicht gleichen.

Ungefälschte Demut

In Kol. 2, 18-19 warnt der Apostel vor einer gefälschten Demut. *„Um den Kampfpreis soll euch niemand bringen, der seinen eigenen Willen tut in (scheinbarer) Demut und Anbetung der Engel, der auf das eingeht, was er (in Visionen) gesehen hat, grundlos aufgeblasen von der Gesinnung seines Fleisches, und nicht festhält das Haupt, von dem aus der ganze Leib, durch die Gelenke und Bänder unterstützt und zusammengefügt, das Wachstum Gottes wächst." (Elberfelder Üb.)* Auch uns sind Menschen begegnet, die sich in selbst erwählter Weise der Demut zeigten. Manche gaben vor, dass sie demütig sind, indem sie diese Demut z. B. durch ein ernstes Gesicht zeigten, oder in Dingen, die uns die Heilige Schrift nicht vorschreibt. Wie auch der Apostel Paulus hier geschrieben hat, sollen wir aufpassen, dass wir uns nicht um den Siegespreis bringen lassen und heuchlerische Demut zeigen. Wir hatten auch einmal einen Besuch, und als er zum Essen eingeladen wurde, sagte er: „Nein, ich esse heute nicht." „Was ist denn? – Bist du krank, Bruder?" – fragte man ihn. „Nein, ich faste heute." Stellt euch vor, ich würde in eine weit entfernte Stadt zu einer Gemeinde kommen und zu ihnen sagen: Ich faste heute. Man würde mich auch fragen: „Was ist denn die Ursache, dass du heute fastest?" Es wäre eine gefälschte Demut, eine gefälschte Frömmigkeit. Denn wenn du fasten willst, sagt Jesus, sollst du es nicht wie die Heuchler machen, die vor den Menschen in ihrem Fasten mit einem sauren Gesicht erscheinen. Fastest du, dann salbe dein Angesicht und sei freudig, dass niemand sieht, dass du am Fasten bist. Wir als wahre Christen sollen unsre Demut nicht durch unser Fasten zeigen oder vielleicht in anderen Dingen. Vielleicht in zerrissenen Kleidern vor den Menschen „demütig in Niedrigkeit" erscheinen. Dies ist dem Herrn ein Gräuel. Apostel Paulus sagt hier, dass sich dieser Mensch nicht an das Haupt hält. Wenn er sich an das Haupt, an Christus, halten würde, so würde er so etwas nicht tun. Er wäre nicht ohne Ursache in seinem fleischlichen Sinn aufgeblasen. Solche Menschen sind meistens aufgeblasen, und hinter dieser Maske der scheinbaren Demut zeigt sich ein rechter Hochmut. Darum sollen wir solche Menschen durchschauen und auch uns selbst hüten, etwas Ähnliches zu tun.

Ungefälschte Freundschaft

In Klagelieder 1,19 heißt es:

- *„Ich rief nach denen, die mich geliebt hatten (meine Freunde), sie aber betrogen mich."*

Hier sehen wir, wie im Alten Bund der Prophet Jeremia klagte, dass seine Freunde ihn betrogen haben. Wenn man von einem Fremden betrogen wird, tut es nicht so weh wie dann, wenn ein Freund sich so verhält. Falsche Freundschaft. Wie oft ist dies der Fall? In einem Betrieb in Kirgisistan, wo ich arbeitete, waren zwei gute Freunde. Und es geschah, dass einer von diesen Freunden verstarb, und als der andere auf seiner Beerdigung war, hat er seines Freundes Frau beraubt. Auf den Beerdigungen ist in Russland eine Sitte: Spendengelder einzusammeln. Man hat aus Mitleid dieser Frau Geld gegeben, damit sie dadurch unterstützt würde, weil ihr Mann jetzt verstorben war. Wie schrecklich sind falsche Freundschaften, falsche Freunde. Heute muss man schauen, wem man trauen kann. Man soll auf so etwas außerhalb der Gemeinde aufpassen, in der Gemeinde soll so etwas aber nicht vorkommen. Wir in der Gemeinde Gottes sollen uns als treue Freunde in jeder Lage beweisen. Von Freunden gibt es viele Sprichwörter in der Welt, wie: *„Ein falscher Freund ist wie ein Schatten. Am sonnigen Tag kannst du ihn nicht loswerden. Er ist immer da. Aber am trüben Tag wirst du ihn suchen und nicht finden."*

Wenn der Mensch reich ist, hat er viele Freunde, wenn er aber arm wird, verlassen ihn meistens diese Freunde. Wir sehen auch, wie die Freunde Hiobs scheinbar treu zu ihm waren. Aber in den schwersten Zeiten seines

Lebens haben sie ihn nicht getröstet, nicht ermutigt, sondern beschuldigt. Darum möchte der Herr uns behüten, dass wir nicht auch solche „Hiob-Freunde" werden. Es heißt:

- *„Ein guter Freund hält fester als ein Bruder." (Spr. 18,24)*

Lasst uns die Liebe und Treue in allen schwierigen Momenten bis ans Ende bewahren. Jesus prüft uns und sieht uns alle. Wenn wir unseren Freunden untreu sind, können wir dann Jesus treu sein? Wer im Geringsten untreu ist, der ist auch im Großen untreu. Und wer im Geringsten treu ist, der ist auch im Großen treu. Gott prüft uns alle! Apostel Johannes sagt:

- *„denn wer seinen Bruder nicht liebt, den er sieht, wie kann der Gott lieben, den er nicht sieht? (1. Joh. 4,20)*

Wir sollen unseren Brüdern und Schwestern die gute Treue bis ans Ende beweisen. In dem Psalm 26, 4 sagt König David:

- „Ich habe nicht Gemeinschaft mit den Falschen."

Dort, wo falsche Leute sind, wo falsche Gemeinden sind – ist nicht unser Platz. Und dies ist der Wille Gottes. Es heißt: „*Sage mir, mit wem du verkehrst, und ich sage dir, wer du bist.*" Warum sollen wir eine falsche Gemeinschaft meiden? Weil sie einen bösen Einfluss auf uns ausüben kann. Das Falsche kann an uns kleben, und wir können dies dann auch später übernehmen. Diese Falschheit zu übernehmen, wäre ein Gräuel vor Gott. In dem Psalm 32, 2 heißt es:

- *„Wohl dem Menschen, in dessen Geist kein Falsches ist."*

Wir können vielleicht in dieser oder jener Hinsicht nicht so reiche Gaben haben und nicht so tüchtig sein – dies ist nicht das Wichtigste. Die Hauptsache ist, dass bei uns nichts Gefälschtes ist. Das Wichtigste ist, dass das, was wir tun, von Herzen ist und alles nur für den Herrn geschieht und nicht um den Menschen zu gefallen. Gott helfe uns, dass wir uns immer an die Bibel halten. Und wenn die echte Liebe Gottes in uns ist, dann soll sie auch bis ans Ende in uns bleiben. Amen.
02.11.2008

Welches Kleid trägst du?

In diesem Lied haben wir gesungen: Wir gehen ein zum Himmel nach der Bibel. Jesus sagte:

• *„Viele werden trachten hineinzukommen, und werden es nicht können." (Lu.13,24)*

Es versuchen viele Menschen in den Himmel zu kommen, jedoch nicht nach der Bibel. Viele haben eine falsche Vorstellung, nämlich die, sie können auch nach der Predigt des Predigers in den Himmel hineinkommen. Das Wort Gottes sagt:

• *„Der Glauben kommt durch das Predigen, das Predigen aber durch das Wort Gottes." (Rö.10,17)*

Darum ist es weislich für jeden von uns, dass wir auch immer das Wort des Predigers prüfen. In der Apostelgeschichte lesen wir, dass schon am Anfang, als die gute Botschaft verkündigt wurde, die Menschen geprüft haben, ob es sich so hielte, ob auch alles nach der Bibel stimmt, was der Prediger predigt. Damit man nicht betrogen wird. Es ist ganz leicht, betrogen zu werden, und wir wissen, dass Millionen und Abermillionen heute betrogen sind, weil sie einfach nur dem gepredigten Wort glauben. Sie prüfen nicht, ob es mit der Bibel übereinstimmt. Darum möchten wir jedem zurufen, alles mit dem Wort Gottes auf Richtigkeit zu prüfen, und wenn die Predigt nicht stimmt, dass man es dem Prediger sagt: *„Warum hast du dies oder jenes gesagt, dass eigentlich mit der Bibel nicht übereinstimmt."* Wir sollen ja um unser Heil selbst kämpfen. Und wir sollen es nicht zulassen, dass man uns betrügt. Wie z. B. beim Kaufen, wenn wir sehen, dass der Verkäufer uns betrogen hat und vielleicht einen höheren Preis für das verlangt, was wir kaufen wollen. Das Wort Gottes ist ja durchaus mit dem Verkaufen vergleichbar. Lasst uns von der Kleidung einige Verse aus 1. Mose 35 lesen:

• *„Und Gott sprach zu Jakob: Mache dich auf, zieh hinauf nach Bethel und wohne dort, und mache dort einen Altar dem Gott, der dir erschienen ist, als du vor deinem Bruder Esau flohst! Da sagte Jakob zu seinem Haus und zu allen, die bei ihm waren: Schafft die fremden Götter weg, die in eurer Mitte sind, reinigt euch, und wechselt eure Kleider! Dann wollen wir uns aufmachen und nach Bethel hinaufziehen, dort werde ich dem Gott einen Altar machen, der mir am Tag meiner Not* *geantwortet hat und der mit mir gewesen ist auf dem Weg, den ich gegangen bin." (1. Mose 35, 1-3).*

Lasst uns hier besonders darauf Acht geben, dass Jakob seinen Kindern und all seinen Leuten sagte: Schafft die fremden Götter von euch weg und reinigt euch und *ändert eure Kleider*. Nachher wird auch berichtet, dass sie dies alles befolgt haben. Sie haben die fremden Götter, die Ohrenspangen weggetan, und er hat sie unter einer Eiche vergraben. Das Volk musste vor dem Altar, auf dem es für Gott opfern wollte, rein erscheinen. Darum heißt es hier: *„ändert eure Kleider"*. Gott waren die Kleider, die die Menschen sich selbst machten, von Anfang an nicht wohlgefällig. Als Gott die Menschen schuf, waren sie ja nackt, aber als sie gesündigt hatten, wurden ihre Augen aufgetan und sie machten sich aus Blättern Schürzen. Dies war Gott nicht wohlgefällig. Er machte ihnen darauf Kleider aus Tierfellen. Wir möchten dies aber nun übertragen in das geistliche Gebiet. Unsere äußeren Kleider sind auch wichtig, dass sie Gott angenehm sind, und wir wissen, dass wir uns keusch kleiden sollen, wir sollen uns nicht der Mode der Welt gleichstellen, die heute schon fast nicht mehr darauf bedacht ist, sich zu kleiden, sondern sich zu entkleiden. Im übertragenen geistlichen Sinn sind unsere Kleider aber mit anderen Dingen vergleichbar. Wir lesen in Jesaja 64, 5:

- *„Wir alle sind wie ein Unreiner geworden und all unsere Gerechtigkeit wie ein beflecktes Kleid."*

Jeder muss sich bestreben gerecht und anständig zu sein. Und wir können nicht sagen, dass Menschen keine Achtung auf ihre Worte oder ihre Werke geben sollen. Ja, viele Menschen geben darauf acht. Aber die natürliche Gerechtigkeit des Menschen ist in Gottes Augen so wie ein beflecktes Kleid. Ja, unsere Gerechtigkeit ist wie ein zerrissenes, verschmutztes, unreines Kleid. Bei vielen Menschen heißt es: *Tue recht und scheue niemanden*. Aber was der Mensch denkt und was in seinen Augen gerecht ist, ist oft in Gottes Augen ganz verkehrt. Wir haben alle in unserem Leben gegen die Gerechtigkeit Gottes verstoßen, und so sind sozusagen auch unsere Kleider: Unsere Gerechtigkeit ist wie ein zerrissenes und beschmutztes Kleid. Und dieses Kleid können wir nicht ändern. Wenn sich ein Mensch versündigt hat, dann ist dies so wie ein Fleck oder wie ein Loch auf seinem Kleid. Dies können wir nicht verändern. Aber Gott löste dieses Problem, indem er seinen Sohn sandte, der für unsere Sünden gestorben ist. Viele Menschen versuchen sich zu bessern, wenn sie an sich üble

Gewohnheiten feststellen. Aber Jesus lehnte auch dieses ab. Der Mensch kann sich nicht bessern. Er sagte: Viele versuchen, ihr Kleid zu flicken. Aber es nützt nichts. Einen neuen Lappen auf unser altes Kleid zu flicken nützt nichts. Der neue Lappen wird an einem alten, zermürbten Kleid nicht halten. Der Lappen wird abreißen und das Loch wird noch größer. Auch lohnt es sich nicht, die Flecken versuchen wegzuwaschen. Der Prophet Jeremia fragt:

- *„Kann etwa ein Mohr seine Haut wandeln oder ein Panther seine Flecken?" (Jer. 13, 23)*

Man kann sie waschen und waschen und die Flecken werden bleiben. Und so vergleicht Gott auch unsere Flecken, die durch Sünden, Laster und Ungerechtigkeit an uns haften. Diese kann der Mensch von sich aus nicht loswerden. Diese Flecken bleiben an unseren Kleidern haften, und man sieht durch die Löcher unsere Schande. Die Menschen werden dadurch auch schon als nackt befunden. Die einzige Möglichkeit ist die, zu Jesus zu kommen, der uns ein ganz neues Kleid anzieht. Das neue Kleid ist die Gerechtigkeit, die wir erlangen, indem wir zu Gott kommen und unsere Sünden bekennen und sagen: *„Herr, siehe ich habe ein zerrissenes und beschmutztes Kleid. Ich habe es getan. Bitte vergib mir!* Und Gott gibt uns darauf, durch den Verdienst Jesu Christi, ein neues Kleid. Ein neues und weißes Kleid. Wir lesen, dass wir diese Flecken nur durch das Blut des Lammes beseitigen können, wie es in der Offenbarung 7,9.14 geschrieben steht:

- *„Und er sprach zu mir: Diese sind's, die gekommen sind aus der großen Trübsal und haben ihre Kleider gewaschen und haben ihre Kleider hell gemacht im Blut des Lammes."*

Dies bedeutet, dass der Mensch durch den Verdienst Jesu Christi, durch sein Blut sein Kleid weiß machen kann. In der Offenbarung 3, 18, in der die Gemeinde in Laodizea erwähnt wird, hat Jesus der Gemeinde gesagt:

- *„Ich rate dir, dass du Gold von mir kaufst, das im Feuer geläutert ist, damit du reich werdest, und weiße Kleider, damit du sie anziehst und die Schande deiner Blöße nicht offenbar werde."*

Diese weiße Farbe deutet auf Gerechtigkeit hin, auf Reinheit, auf Heiligkeit. In Offenbarung 7, 9 heißt es:

- *„Danach sah ich, und siehe, eine große Schar, die niemand zählen konnte, aus allen Nationen und Stämmen und Völkern und*

Sprachen; die standen vor dem Thron und vor dem Lamm, angetan mit weißen Kleidern und mit Palmzweigen in ihren Händen."

Dieses weiße Kleid, mit dem ein Kind Gottes angetan ist, ist nicht seine Gerechtigkeit. Wir bekommen die Vergebung unserer Sünden nicht aufgrund unserer guten Taten, unseres Weinens, unseres Klagens oder unseres Fastens. Der Mensch wird allein durch den Verdienst Jesu Christi gerecht gesprochen, durch sein Opfer, durch sein Blut. Somit haben die wahren Kämpfer weiße Kleider. Wenn wir also Vergebung unserer Sünden empfangen haben, muss ein jeder bestrebt sein, sein Kleid nicht mehr zu beschmutzen. Es würde nichts nützen, wenn wir Vergebung an einem Tag bekommen hätten und den anderen Tag wieder in Sünde fallen. Dann würden wir dieses weiße Kleid wieder beschmutzen. Jesus ist nicht gekommen, uns jeden Tag neue Kleider zu geben. Jesus möchte, dass wir dieses weiße Kleid einmal bekommen, und verlangt dann, dass wir mit diesem weißen Kleid sorgsam umgehen. Dies bedeutet, dass wir von da an in keine Ungerechtigkeit einwilligen, in keine Sünde fallen dürfen. Von da an sind wir seinem Tode gleich, denn Jesus ist einmal gestorben. Jesus ist nicht mehrmals gestorben. In Römer 6, 10 steht geschrieben:

- *„Denn was er gestorben ist, ist er ein für allemal der Sünde gestorben; was er aber lebt, lebt er Gott."*

So soll es auch bei uns sein. Wenn wir einmal der Sünde abgestorben sind, dann sollen wir auch das übrige Leben der Sünde gestorben bleiben und in Heiligkeit, in Gerechtigkeit und in Reinheit leben, wie es Gott wohlgefällig ist. Dann sind wir auch seiner Auferstehung gleich. Der Tod der Sünde soll somit dem Tod Jesu Christi gleichen, und das fernere Leben soll seiner Auferstehung gleichen. Dies sind die Kennzeichen der wahren Kinder Gottes. Wer nicht derselben Überzeugung ist, kann sich auch nicht als ein Kind Gottes bezeichnen. Dann liegt da ein Betrug vor, und wir wissen, dass heute viele betrogen sind, weil sie sagen, dass sie jeden Tag, mal mehr mal weniger, sündigen; und sie behaupten diesbezüglich, dass Jesus aus diesem Grund für uns gestorben ist, um unsere Sünden immer aufs Neue zu vergeben. Aber Jesus ist nicht für uns gestorben, damit wir jeden Tag weiter sündigen. Sondern wie Jesus **einmal** für uns gestorben ist, so sind wir auch **einmal** der Sünde gestorben und leben weiter in Heiligkeit, Reinheit und Gerechtigkeit. Darum heißt es: *„Kaufet von mir weiße Kleider."* Und diese Schar, die überwindet und mit Palmenzweigen vor dem Throne Gottes steht, weist hin auf ein siegreiches Leben.

Wenn wir unsere Blicke auf die vielen Kirchengänger richten, welche bezeugen, dass sie auch an Gott glauben, dass sie auch Gottes Kinder sind, dann steigen die Fragen auf: Haben sie Palmen in ihren Händen, oder haben sie weiße Kleider an? Man kann nicht sagen, der Mensch sündigt und kann dabei gleichzeitig sein Kleid weiß und rein erhalten. Eine jede Sünde, ein jeder Fleck ist eine Beschmutzung unserer Gerechtigkeit. Und wenn ein Mensch nur eine Sünde begeht, kann man sagen, dass er kein weißes Kleid mehr hat. Dieser Mensch hat sein Kleid schon beschmutzt und dies ist in Gottes Augen nicht angenehm, nicht zulässig. Und darum kann man auch nicht sagen, dass solche Menschen Palmen in ihren Händen haben, die den Sieg über den Teufel, über die Sünde, über sich selbst und über die Welt symbolisieren. Man kann dieses nur von denen sagen, die alles überwinden. Apostel Petrus sagte:

• *„Denn von wem jemand überwunden ist, dessen Knecht ist er geworden..“ (2 Pet. 2, 19)*

Die Juden sagten zu Jesus:

• *„Wir sind Abrahams Kinder und sind niemals jemandes Knecht gewesen."Jesus antwortete darauf: „Wahrlich, wahrlich, ich sage euch: Wer Sünde tut, der ist der Sünde Knecht." (Joh. 8, 33-34)*

Wenn jemand von einer Sünde überwunden ist, so ist er der Knecht dieser Sünde. Und wir sehen, dass heute viele Menschen Knechte des Alkohols, des Nikotins, der Drogen, Spielsucht usw. sind. Sie sind Knechte dieser üblen Gewohnheiten, und sie können nicht davon loskommen. Manchmal versuchen sie, auf diese oder eine andere Art davon loszukommen, aber sie können nicht völlig davon befreit werden. Aber Jesus sagte:

• *„Wenn euch nun der Sohn Gottes frei macht, so seid ihr recht frei." (Joh. 8, 35)*

Wie wir auch singen: *„Frei, frei, frei, von Sünde bin ich frei, von Welt und ihrer Eitelkeit hat Christus mich befreit."* Dies können nur diejenigen bezeugen, bei welchen dies mit ihrem praktischen Leben übereinstimmt. Dann sind wir in Gottes Augen mit weißen Kleidern bedeckt, unsere Kleider sind weiß und wir haben Palmenzweige in unseren Händen als Kennzeichen des Sieges. Das ist Gott wohlgefällig, dies ist die Schar, die Jesus nachfolgt.

Ein anderes Zeichen steht in der Offenbarung geschrieben, nämlich das mit den weißen Pferden. Johannes sah in der Vision Jesus auf einem weißen Pferd. Dies ist als Kennzeichen des Sieges zu deuten. Und eine große Schar folgte ihm auch nach auf weißen Pferden. Nur wenn wir auf weißen Pferden sitzen, sind wir Überwinder. Wir haben dann überwunden, was Gott widrig ist. Dann folgen wir Gott in Reinheit, in Heiligkeit und dann sitzen wir auf weißen Pferden, in weißen Kleidern und mit Palmenzweigen in unseren Händen. Diese sind dann die wahren Kämpfer und die wahren Nachfolger Jesu Christi. Diese kann nur Gott anerkennen. Die anderen aber leider nicht. In Prediger 9, 8 heißt es:

- *„Deine Kleider seien weiß zu jeder Zeit".*

Schon im Alten Bund hat man verstanden, wie wichtig dies ist. Lasst uns aufpassen, dass unsere Kleider von Flecken und Schmutz befreit sind, da man auf weißen Kleidern besonders gut den Schmutz erkennen kann. Manche lieben es nicht weiße Kleider zu tragen, weil man auf diese besonders gut aufpassen muss. Viele möchten lieber ein schwarzes Kleid tragen, z. B. bei einem Festmahl, da man sich mit dem Essen schnell beflecken kann. Auf einem weißen Kleid würde man alles sehen. Jesus mahnte seine Jünger und sagte:

- *„Wachet und betet. Der Geist ist willig, aber das Fleisch ist schwach."* (Mat. 26,40)

Es ist nicht gesagt, dass ein Kind Gottes nicht sündigen kann. Wiewohl Johannes sagte:

- *„Wer von neuem geboren ist, kann nicht sündigen, denn sein Same bleibt bei ihnen."* (1 Joh. 3,9)

Dies bedeutet aber nicht, dass der Mensch überhaupt nicht imstande ist zu sündigen. Der Same ist hier das Wort Gottes. Solange wir bestrebt sind und solange Gott in unseren Herzen ist, können wir die Sünde überwinden. Und wenn wir in der Furcht Gottes leben, dann sündigen wir freilich nicht. Es gibt eine falsche Lehre, in der behauptet wird: *Einmal gerettet, immer gerettet.* Doch die Bibel sagt dies nicht, und darum ist uns allen befohlen, zu wachen und zu beten, damit wir nicht in eine Sünde fallen. Jesus sagte:

- *„Was ich euch sage, das sage ich allen: Wachet."* (Mar. 13, 37)

Keiner ist stark. Kein Mensch, wie groß er auch vielleicht in den Augen der Menschen oder auch in Gottes Augen ist. Er muss trotzdem wachen und beten. Wir lesen, dass Mose als Freund Gottes genannt wurde, und als er nicht wachsam genug war, fehlte er. Es ist also wichtig, dass wir immer in der Furcht Gottes leben und dass wir stets über unsere Gedanken und unser Herz wachen und beten. Wir lesen auch von Gott selbst, dass er in weißen

Kleidern ist. Daniel sah einmal in dem Geist ein Gesicht: in dem Himmel einen Thron und jemanden, der auf dem Thron saß, dessen Kleid schneeweiß war. So hat er Gott im Geist, aber nicht mit seinen leiblichen Augen gesehen. Dies zeigt, dass Gott gerecht ist. An ihm ist kein Unrecht. Ich habe gestern mit einer Person gesprochen, und sie, obwohl sie ein Kind Gottes ist, zweifelt oft Gottes Gerechtigkeit an. Ich musste ihr sagen, dass solle sie niemals tun. Die Propheten sahen, dass die Engel im Himmel ihr Angesicht vor der Heiligkeit Gottes zudecken. Den Propheten wurde gezeigt, dass diese Engel mit sechs Flügeln ihr Angesicht mit zwei Flügeln zugedeckt haben. Warum decken sie ihr Angesicht mit zwei Flügeln zu und rufen alle Zeit: *Heilig, heilig, heilig ist Gott der Allmächtige!* Diese Heiligkeit, diese Reinheit beinhaltet keinem Makel, keinen Flecken, nichts Unrechtes. So heilig, so gerecht, so rein ist Gott. Er ist der Geber aller guten Gaben, und dieses dürfen wir freilich auch niemals anzweifeln. Viele Menschen beschuldigen heute Gott, warum er dieses und jenes zulässt.

Wir, als Kinder Gottes, haben die Klarheit, dass alle guten und vollkommenen Gaben und alles, was gut ist, von Gott kommt. Das Böse kann von Gott nicht kommen. Das Böse kommt von dem Teufel. Das sehen wir ganz deutlich in den Bildern von Hiob, wie verschiedenes Unglück Hiob passierte, aber das hat alles der Teufel hervorgerufen. Der Teufel hat freilich die Erlaubnis von Gott bekommen. Von Gott kam also nicht das Unheil, welches über Hiob kam. Und deshalb müssen wir auch immer den Unterschied sehen: Ob es Gott macht, oder ob es Gott zulässt. Gott lässt es zu, und in seiner Weisheit und in seiner Gerechtigkeit lässt er es oft zu, weil er jeden Sünder retten will. Das meiste Unglück kommt aber, weil die Menschen von dem Teufel und nicht von Gott dazu veranlasst werden und grausige Dinge anrichten. Manchmal treffen wir auch Mörder, die zu Jesus finden, und diese bekommen Vergebung. Darum, weil Gott so gütig und von so großer Gnade und Barmherzigkeit ist. Er will nicht, dass jemand verlorengeht, sondern dass ein jeder die Möglichkeit zum ewigen Leben bekommt, um nicht ewiglich geplagt zu werden. Manchmal ist es auch so, dass Gott schnell eingreift und plötzlich sein Gericht über den Menschen kommt – er fällt auf einmal um und ist tot. Wir finden solche Beispiele auch in der Bibel, z. B. als über Ananias und Sampfira plötzlich das Gericht Gottes kam, sie fielen um und waren tot. Jesus sagte:

- *„Wenn ihr nicht Buße tut, so werdet ihr alle also umkommen."* *(Lu.13,3)*

Gott ist heilig und an ihm ist nichts Unrechtes. Als Jesus mit seinen Jüngern auf dem Berge verklärt wurde, da haben auch die Jünger gesehen, wie Jesu Kleider weiß wie Schnee wurden. Dies zeigt auch, dass Jesus in allem heilig und rein ist. Er konnte zu den Menschen sagen:

• *„Wer von euch kann mich einer Sünde zeihen?"* *(Joh.8,46)*

Jesus hatte viele Feinde, aber niemand ließ sich finden, der Jesus einen Fehler anhängen konnte. Und darum sollen wir auch bemüht sein, dass unsere Taten unsere Worte gut überlegt sind.

• *„Aus deinen Worten wirst du gerechtfertigt und aus deinen Worten wirst du verdammt werden."* *(Mat. 12, 37)*

Gott hat Acht auf unsere Worte, aber nicht nur auf die, sondern auch auf unsere Gedanken und auf unser Herz. Und Jesus sagt:

• *„Selig sind die reines Herzens sind, denn sie werden Gott schauen."* *(Mat. 5, 8)*

Denn es gibt Menschen, die sehr vorsichtig in ihren Taten und in ihren Worten sind, die sich sehr gut verstellen können, aber trotzdem ist ihr Herz beschmutzt. Wenn sie z. B. in ihrem Herzen eine bittere Wurzel haben, so sind ihre Herzen unrein und in Gottes Augen befleckt. Was aber oft ein Mensch nicht erkennen kann. In Jesaja 61, 10 heißt es:

• *„Freuen, ja freuen will ich mich in dem Herrn! Jubeln soll meine Seele in meinem Gott! Denn er hat mich bekleidet mit den Kleidern des Heils".*

Schon in dem Alten Bund haben die Menschen diese Sinnbilder verstanden. Wir sollen nicht lau nicht träge sein, sondern brennend im Geist. Das Wort sagt uns im Neuen Testament:

• *„Seid brennend im Geist."* *(Röm. 12,11)*

Wir dürfen kein laues Christentum darstellen, keine schläfrigen Christen, sondern eifrige. Jesus sagte auch:

• *„Ich bin gekommen ein Feuer anzuzünden und wie möchte ich es, dass es jetzt schon brenne."* *(Lu. 12, 49)*

Er sagte dann aber, dass er sich erst taufen lassen muss. Freilich nach dieser Taufe, nach seinem Tod war es möglich, dass der Heilige Geist wie eine Flamme auf seine Jünger kam, und ein jeder war mit dem Heiligen Geist erfüllt. So will Gott auch, dass wir alle brennend sind, nicht träge, nicht lau, nicht schläfrig. Gott will uns mit Eifer bekleiden. In Psalm 132, 16 heißt es:

- *„Seine Priester will ich kleiden mit Heil".*

Ein volles Heil dient auch uns zur heiligen Kleidung. Im geistlichen Sinn sollten wir aber alle priesterliche und königliche Kleider anhaben. Denn Petrus sagt:

- *„Ihr aber seid das auserwählte Geschlecht, das königliche Priestertum, das heilige Volk." (1 Pet. 2, 9)*

In Gottes Augen sind wir als Könige und Priester. Und darum soll ein jeder mit vollem Heil bekleidet sein. Wir erkennen auch, was das volle Heil einschließt, was viele nicht verstehen können. Ein volles Heil wird nur dann erlangt, wenn der Mensch nicht nur Vergebung seiner Sünden bekommen hat, sondern wenn er sich Gott auch völlig weiht und mit dem Heiligen Geist erfüllt wird. Und Gott will uns kleiden mit diesem Kleid des Heils. Wir haben ein Beispiel an Jesus, wie er sagte, dass ein König seinem Sohn eine Hochzeit machte, und als der König hereinkam, um seine Gäste zu besehen, sah er, dass einer kein hochzeitliches Kleid anhatte. Er sagte:

- *„Freund, wie bist du hier hereingekommen und hast doch kein hochzeitliches Kleid an? (Mat. 22, 11)*

Dieses hochzeitliche Kleid, dieses volle Heil ist wichtig. Wir lesen in der Offenbarung:

- *„Freuet euch, denn die Hochzeit des Lammes ist gekommen". (Off. 19,7)*

Wir sind alle Gäste dieser Hochzeit. Jesus feiert heute seine Hochzeit, und wir sind seine Braut oder seine Frau, freilich im übertragenen Sinn. So sind wir alle auch hochzeitliche Gäste und Jesus will, dass wir dieses hochzeitliche Kleid auch bekommen. Wir können uns aber nicht selber dieses Kleid nähen. Wie die Rechtfertigung, so ist auch die Heiligung eine Gnade Gottes. Und wir bekommen dieses hochzeitliche Kleid von dem König aus Gnade, wenn wir bei dieser Hochzeit sind. In dem 18. Lied singen wir: *Des Lammes Hochzeit ist nun da, bereitet ist die Braut.* Und wenn die Braut bereitet ist, so haben alle, die diese Braut verkörpern, ein hochzeitliches Kleid an. Und wenn der König hineinkommt, wenn Gott hineintritt, und erblickt in der Gemeinde jemanden, der kein hochzeitliches Kleid anhat? Warum hat dieser kein hochzeitliches Kleid an? Darum, weil dieser Mensch nicht das volle Heil hat. Nicht geheiligt durch den Heiligen Geist ist und sich Gott nicht völlig geweiht hat. Er war nicht willig, alles auf den Altar Gottes zu legen und alles Gott zu opfern. Etwas war da, was er für sich selbst behalten wollte; er hatte noch etwas, das er nicht verlassen wollte. Jesus sagte ganz entschieden:

• *„Wer nicht absagt allem, was er hat, der kann nicht mein Jünger sein."* *(Lu. 14, 33)*

Wir sehen, dass wir in großer Gefahr stehen, auch wenn wir Vergebung der Sünden bekommen haben, aber ferner nicht willig sind, allem nachzukommen, allem zu entsagen, alles zu verlassen, was Gott nicht wohlgefällig ist. Es ist so wie mit dem Volk Israel, das Gott einmal gerettet und aus Ägypten heraus geführt hat, dann aber in der Wüste ausrottete. So kann es auch uns ergehen, wenn wir nicht willig sind, Gott alles zu übergeben. Wir singen auch in einem Lied: *„Alles will ich Jesus weihen".* In einem anderen Lied heißt es: *„Auf dem Altar bleibe ich und ich weiß du heiligst mich".* Viele legen sich auf den Altar und sagen: *„Ja, ich übergebe alles dir."* Dies tun sie aber nur für eine kurze Zeit. Dann besinnen sie sich und sagen: *„Ach, warum war ich nur so dumm und habe Gott alles übergeben. Ich will dies und jenes noch zurücknehmen".* Dieses Opfer wird Gott nicht gefallen. Auf diese Art wollen die Menschen Gott täuschen, aber Gott lässt sich nicht betrügen. Die Menschen betrügen sich dann selbst. Wenn ich mich geweiht habe und gesagt habe: *„Herr ich weihe mich dir. Ich möchte ewiglich dein sein",* dann soll ich auch auf dem Altar bleiben mit allem was ich Gott geopfert habe. Dies ist wichtig, dass wir als Priester mit diesem vollen Heil bekleidet sind. Aber die, welche das volle Heil nicht besitzen und sich sozusagen dem Geist Gottes, seinen Willen widersetzen, die werden als Gottes Feinde betrachtet. Von diesen heißt es im Psalm 109, 29:

• *„Kleiden mögen sich meine Widersacher mit Schande und in ihre Schmach sich hüllen wie in einen Mantel."*

Es sind Gottes Widersacher und Gottes Feinde, die mit Schmach und Schande bekleidet werden. Jesus sagte der Gemeinde in Laodizea:

• *„Du weißt nicht, dass du...arm, blind und bloß bist."* *(Off. 3, 17)*

Und dies können mitunter auch Kinder Gottes sein, die auch in einem ähnlichen Stand sind wie diese Gemeinde, obwohl sie denken, dass alles in Ordnung ist. Ihnen hat Jesus geraten, weiße Kleider zu kaufen (Offb. 3, 18). Dieser Gemeinde fehlte es sicherlich an Heiligkeit und völliger Übergabe. In Hesekiel 7, 27 heißt es,

• *„die Feinde sollen mit Finsternis gekleidet sein."*

Die Finsternis ist ein Sinnbild der Unkenntnis oder des Irrtums. Wir wissen auch ganz genau, wenn wir uns von ihm abwenden, wird es finster um uns herum. Unser Gang wird dann nicht mehr sicher, und unser Herz wird leer an Freuden sein. Ein Mensch, der in Sünde fällt, der fällt auch in Finsternis und wird mit der Finsternis bekleidet. Der Apostel sagte:

• *„Mit den bösen und verführerischen Menschen wird es je länger, je ärger: sie verführen und werden verführt." (2 Tim. 3,13)*

Und wenn wir unsere Reinheit und unsere Heiligkeit verlieren, so werden wir sinnbildlich mit Finsternis bekleidet. In dem Psalm 35, 26 steht geschrieben:

• *„Sie sollen sich schämen und beschämt werden allesamt ... sie sollen in Schmach und Schande sich <u>kleiden</u>."*

So sehen wir verschiedene Kleider. Wir sollen aufpassen, und darum heißt es in der Offenbarung 3, 4:

• *„Aber du hast einige wenige Namen (oder Personen) in Sardes, die ihre Kleider nicht besudelt haben; und sie werden mit mir einhergehen in weißen (Kleidern), denn sie sind es wert."*

Johannes sah eine Schar von 144000, die ihre Kleider nicht besudelt hatten, denn sie waren Junggesellen. Dies ist auch uns eine Mahnung. Wir sprechen auch immer wieder davon und müssen sagen, dass wir aufpassen müssen. Der Apostel Paulus sagte:

• *„So lasst uns von aller Befleckung des Fleisches und des Geistes reinigen." (2 Kor. 7, 1)*

Wir können unsere Kleider besudeln indem wir vielleicht etwas unreines lesen, hören und es als unreine geistliche Speise annehmen: Unreine oder falsche Lehren, Bücher oder Musik. Alles dies wirkt auf unseren Geist und dadurch kann unser Geist befleckt werden. Diese Schar der 144000, die Johannes gesehen hatte, waren Junggesellen(in anderen Übersetzungen werden sie als Jünglinge bezeichnet), die sich nicht mit Frauen befleckt hatten. Dies bedeutet, dass sie nicht mit den Lehren der Sekten befleckt sind. Darum muss ein wahres Kind Gottes aufpassen. Heutzutage gibt es große Bewegungen zur Vereinigung, wie z. B. die Allianzbewegung, die Ökumene, die versuchen, viele Glaubensrichtungen unter ein Haupt zu bringen. Hier besteht eine große Gefahr für die Kinder Gottes, wenn sie die Gefahren dort nicht erkennen, und sich sozusagen mit diesen Frauen einlassen, sich zu vereinigen. Dort können sie ihre Kleider nicht rein behalten. Dort werden sie befleckt. Es heißt: *„Sage mir, mit wem du verkehrt, und ich sage dir, wer du bist. "* Darum ist es für uns sehr wichtig, dass wir in dieser Frage immer recht entschieden sind. Wie die Kinder Israel, als sie in Jerusalem den Tempel und die Mauer aufbauten und die Nachbarvölker ihnen helfen wollten. Darauf sagten die Kinder Israel ihnen:

- **Es ziemt sich nicht, dass ihr und wir miteinander das Haus unseres Gottes bauen, sondern wir allein wollen bauen dem HERRN, dem Gott Israels, wie uns Kyrus, der König von Persien, geboten hat. "** *(Esra 4, 3)*

Die Mauer Jerusalem ist die Lehre der Gemeinde Gottes. Deshalb können wir uns auch nicht in der Lehre mit den Sekten und Kirchen vereinigen. Wir sind ein abgetrenntes und abgesondertes Volk, und wenn wir als solche Junggesellen sein wollen, die nicht ihre Kleider besudeln, dann lasst uns auch hier Entschiedenheit zeigen. Der Herr möchte uns beistehen. Die Zeit ist kurz, und der Herr kommt bald und wird uns alle anschauen. Darum möchte der Herr uns auch hier alles Nötige geben: Weisheit, Erkenntnis, Verständnis, Entschiedenheit, dass wir mit Licht und nicht mit Finsternis bekleidet sind, dass wir reine Kleider haben. Wie wir auch singen: *„ Weißer denn der Schnee bin ich. "* So hat Gott uns gerecht gesprochen. In 1. Thessalonicher 5, 23 steht geschrieben:

- **„Er aber, der Gott des Friedens, heilige euch durch und durch und bewahre unseren Leib samt Seele und Geist untadelig, unversehrt für die Ankunft unseres Herrn Jesus Christus. "**

Gott möchte uns allen dazu aus Gnade verhelfen. Amen!

16.11.2008

Das gotterhörte Gebet

• **„Alles was ihr bittet im Gebet, wenn ihr glaubt, werdet ihr es empfangen" (Mt. 21, 22).**

Um was auch immer wir Kinder Gottes unseren Vater im Himmel im Gebet bitten, wir empfangen es, solange wir glauben, dass wir es empfangen werden. Vorausgesetzt die Bitte steht mit dem Willen Gottes im Einklang. Wer von uns möchte von diesem großen und erhabenen Vorrecht, das wir durch das Gebet haben, nicht Gebrauch machen? Jesus spricht:

• **„Alle Dinge sind dem möglich, der glaubt" (Mk. 9, 23).**

Leider haben viele Menschen den Glauben an diese Worte Jesu verloren, weil sie sich nicht an gewisse Voraussetzungen halten, die für ein erfolgreiches Gebets- und Glaubensleben von großer Wichtigkeit sind.

Eine getäuschte Gebetserhörung

Es gibt Menschen, die in Wahrheit gar nicht bekehrt sind, die vielleicht nur ein leeres Glaubensbekenntnis haben, die aber dennoch bezeugen, dass, wenn sie in Not sind und beten, Gott sie immer erhört. Wie ist das zu erklären? Es kann die Güte Gottes sein, wodurch auch sie Erhörung ihrer Gebete finden. Ebenso kann aber auch der Teufel diesen Menschen eine Gebetserhörung vortäuschen. Die Bibel berichtet uns von einigen Begebenheiten, in denen Menschen von bösen Geistern eine getäuschte Antwort auf ihre Gebete erhielten. Wir lesen im 22. Kapitel im 1. Buch der Könige von Ahab, dem König Israels, wie er beschloss, in den Krieg gegen die Syrer zu ziehen. Zuvor aber ließ König Ahab die Propheten seines Landes holen, 400 an der Zahl, um das Wort des Herrn zu diesem Vorhaben zu erfragen. Alle 400 Propheten weissagten wie aus einem Mund, Gott werde auf seiner Seite im Krieg gegen die Syrer stehen. Diese Weissagung war jedoch eine Täuschung des Teufels. Schließlich ließ Ahab den Propheten Micha zu Wort kommen, ein Prophet, dessen Weissagungen Ahab eigentlich nicht hören wollte, da dieser bisher immer gegen den König geweissagt hatte. Micha war der einzig wahre Prophet im Lande, treu zu Gott und aufrichtig in seinen Aussprüchen. So sprach Micha zum König Ahab:

• **„Ich sah den HERRN sitzen auf seinem Thron, und das ganze himmlische Heer stand zu seiner Rechten und zu seiner Linken. Und der**

HERR sprach: Wer will Ahab, den König von Israel, betören, dass er hinaufziehe und falle bei Ramot in Gilead? Und als dieser so und jener anders redete, trat ein Geist vor und stellte sich vor den HERRN und sprach: Ich will ihn betören. Der HERR aber sprach zu ihm: Womit? Er sprach: Ich will ausfahren und ein Lügengeist sein in aller seiner Propheten Mund. Und der Herr sprach: Du wirst ihn betören und wirst es ausrichten; fahr hin und tu das! Nun siehe, der HERR hat einen Lügengeist in den Mund dieser deiner Propheten gegeben, und der HERR hat Unheil gegen dich geredet" (2. Chr. 18, 18-22).

Ahab aber hörte nicht auf die Worte Michas und zog mit seinem Heer dennoch in den Krieg gegen die Syrer. Die Prophetie des Micha erfüllte sich: Das Heer Israels unterlag im Kampf, und Ahab starb auf dem Schlachtfeld Ramots in Gilead.

Ebenso werden viele Menschen durch einen Lügengeist getäuscht, wenn sie um Heilung, Schutz und Segen beten, die aber keine wahre Bekehrung und Heiligung erfahren haben.

Ihnen wird durch einen bösen Geist eine Art Gebetserhörung vorgetäuscht. Ihr sündiges Leben führen sie weiter und leben fortwährend in der Annahme, alles sei in Ordnung und Gott stehe auf ihrer Seite. Doch werden diese Menschen eines Tages mit Erschrecken feststellen müssen, dass sie vom Teufel betrogen wurden. Für uns ist es daher überaus wichtig zu wissen, ob die Antwort, die wir auf unsere Gebete erhalten, von Gott kommt! Apostel Paulus sagte:

• *„Ist Gott für uns, wer kann gegen uns sein?"* (Röm. 8, 31).

Gott ist nur dann für uns, wenn wir ihn von ganzem Herzen lieben und seine Gebote halten. Jesus sprach:

• *„Was nennt ihr mich aber »Herr, Herr«, und tut nicht was ich euch gebiete?"* (Lk. 6, 46).

Zu sagen *„Herr, Herr"*, zeugt noch lange nicht von Gehorsam gegenüber Jesus. Der Gehorsam gegenüber unserem Heiland beweist sich in unseren Taten, ja in unserem ganzen Lebenswandel. Welche Voraussetzungen braucht nun der Beter, wenn sein Gebet von Gott erhört werden soll?

Das Gebet muss im Glauben geschehen

Jesus spricht zu uns:

• *„Wenn ihr Glauben habt wie ein Senfkorn, dann werdet ihr zu* *diesem Berg sagen: »Heb dich von hier dorthin!«, und er wird sich hinwegheben; und nichts wird euch unmöglich sein." (Mt. 17, 20)*

Betrachten wir nun diese Worte Jesu, und machen uns bewusst, was es bedeutet, Glauben zu haben. Viele, die von sich sagen, sie seien gläubig, haben noch längst nicht den Glauben, von dem Jesus hier sprach. Sie leben irrtümlich in der Annahme, es würde allein reichen, wenn sie an den Gott der Bibel glauben und Jesus Christus als den Sohn Gottes bekennen. Sie meinen, dass sie, wenn sie nur an dies glauben, errettet sind und einst in den Himmel kommen. Diese Menschen leben allein nach dem Vorsatz: „Wer da glaubt und getauft ist, wird gerettet werden", und so kommen für sie alle Menschen in den Himmel, die auf diese Weise glauben. Doch nicht alle Menschen, die das Bekenntnis haben, gläubig zu sein, kommen in den Himmel. Die Gläubigen werden das Himmelreich erben, die von Gott anerkannt sind. Es sind diejenigen, die in dem Buch des Lebens geschrieben stehen.

• **Der Betende muss die Gebote Gottes erfüllen**

Im 2. Kapitel der Offenbarung, im 9. Vers, spricht Jesus von Gläubigen, die in Wahrheit keine Gläubigen sind. Jesus nennt sie eine *Synagoge des Satans*.

Unter den „Gläubigen" gibt es viele solche, die von sich sagen, sie seien rechtmäßig Gläubige, die in Wirklichkeit aber die Feinde Gottes sind und gegen seine Gemeinde streiten. Von diesen sagte der Apostel Paulus, dass sie die *Feinde des Kreuzes Christi* sind (Phil. 3, 18).

Alleine an Gott und seinen Sohn Jesus Christus zu glauben, reicht nicht aus. Das Wort Glaube beinhaltet viel mehr; nämlich Glauben zu haben und diesen Glauben auszuleben. Ein wahrhaftig Gläubiger erfüllt gewissenhaft und treu alles, was Gott durch sein Wort gebietet. Als Jesus den Missionsbefehl seinen Jüngern gab, sprach er zu ihnen:

• *„Lehret sie alles, was ich euch befohlen habe" (Mt. 28, 20).*

Ein rechtmäßig Gläubiger unterstellt sich jedem Gebot Gottes. Er anerkennt nicht nur jedes Gebot Gottes, sondern lebt jedes Gebot ebenso aus.

Vor einigen Jahren kam ich mit unserem Nachbarn, einem sehr wohlhabenden Mann, in ein Glaubensgespräch. Er erzählte mir, dass er früher zur Kirche ging, nun aber schon seit vielen Jahren nicht mehr. Den Entschluss, fortan in keine Kirche mehr zu gehen, so sagte er mir, fasste er nicht wegen der zu zahlenden Kirchensteuer, sondern weil er sah, dass das, was die Prediger predigten, sie selbst nicht erfüllt haben. Ihn störte, dass ihre Worte nicht mit ihren Taten übereinstimmten. Es ist verständlich, wenn sich Menschen enttäuscht von allem Kirchen- und Sektentum abwenden. Zugleich ist es aber traurig, wenn Menschen durch solche Erfahrungen vom wahren Glauben an den Gott der Bibel abgeschreckt werden.

Es dürfen keine Zweifel aufkommen

• *„Alles was ihr bittet im Gebet, wenn ihr es glaubt, werdet ihr es empfangen" (Mt. 21, 22)*

Zu glauben hat nichts mit Kopfglaube zu tun. Der wahre Glaube hat mit Überzeugung zu tun. Apostel Jakobus sagt, dass ein Zweifler nicht denken soll, dass er empfange, worum er bittet. Ein Zweifler ist unbeständig in allen seinen Wegen. Der Apostel vergleicht einen Zweifler mit einer Welle im Meer, die vom Wind getrieben und bewegt wird (Jak. 1, 6). Der Teufel versucht ständig, den Gläubigen in Zweifel zu versetzen. Besonders unsere jungen Geschwister versucht er durch diese List, ihres Glaubens zu berauben. Unserer Jugend möchte ich deshalb eindringlich zusprechen, jedem zweifelnden Gedanken sofort Einhalt zu gebieten und sich ganz auf das Wort Gottes zu stützen. Wenn Zweifel bezüglich gewisser biblischer Lehrpunkte aufkommen, oder auch Fragen, was die Gemeindeordnung betrifft, so hat jeder von uns die Möglichkeit zu jeder Zeit seine Frage vorzubringen. Was das Klären biblischer Fragen betrifft, so haben wir dafür die Bibelstunde, in der wir allen Aufschluss über Unklarheiten geben können. Ebenso können privat Termine vereinbart werden, wenn jemand seine Frage nicht öffentlich stellen möchte. Mein Anliegen ist es, dass jeder von uns völlige Klarheit über alle Verordnungen und Gebote Gottes hat. Wenn jemand noch jetzt in irgendeinem biblischen Punkt, welcher hier in der Gemeinde gepredigt wird, im Zweifel ist, so bitte ich jenen Bruder, jene Schwester, umgehend das Gespräch mit mir zu suchen, damit alle Fragen geklärt und alle Zweifel beseitigt werden können. Wir alle müssen der vollen Überzeugung sein, dass alles, was in unseren Versammlungen gelehrt wird, biblisch und wahrheitsgemäß ist.

• *Der Betende muss sich in der Wahrheit befinden*

Im Sendschreiben an die Gemeinde zu Pergamon lesen wir, dass Jesus diese Gemeinde tadeln musste. Jesus spricht zu ihr:

• *„Ich habe gegen dich, dass du auch solche hast, die an der Lehre der Nikolaiten festhalten" (Offb. 2, 15).*

Den Worten nach waren es nur wenige unter den Gläubigen dieser Gemeinde, die an der Irrlehre der Nikolaiten festhielten. Trotzdem spricht Jesus zu dieser Gemeinde:

• *„Kehre um; wenn aber nicht, werde ich bald über dich kommen und Krieg gegen sie führen mit dem Schwert meines Mundes" (Offb. 2, 16).*

Aus diesem Grund ist es für mich als Prediger unserer Gemeinde von großer Wichtigkeit, dass wir wirklich alle in der reinen Lehre Christi stehen und hierin die feste Überzeugung haben. Unsere Gemeinde muss eine biblische Gemeinde sein, sie muss in der Wahrheit stehen, hier muss die Wahrheit verkündigt werden. Erst dann, wenn wir fest im Glauben stehen und Jesus treu nachfolgen, wenn wir in dem ganzen Wort Gottes die volle Überzeugung haben und voller Zuversicht sind, werden wir nicht Schaden nehmen, und werden einst das Himmelreich erben.

Es lohnt sich gar nicht, etwas erreichen zu wollen, wenn man ständig im Zweifel ist. Für mich würde es keinen Sinn ergeben, an einer Sache teilzuhaben und mich für diese einzusetzen, wenn ich hierin nicht die feste Überzeugung hätte. Diese feste Überzeugung ist wichtig, damit unser Gebet erhört wird. Die Männer Gottes der Vergangenheit, die Großes für den Herrn zu ihren Lebzeiten erreicht haben, waren Männer des Gebets und des Glaubens. Sie wussten, dass sie aus eigener Kraft nichts für Gott erreichen konnten, sondern von Gott und seiner Kraft völlig abhängig waren. Die Kraft Gottes haben diese Männer ständig erbeten. So tat es auch Jesus. Oft ging er allein an einen einsamen Ort, um zu seinem Vater zu beten, damit er die nötige Kraft erhielt. Der Schüler des Apostels Johannes, Polykarpus, wurde am Ende seines Lebens auf eine harte Probe gestellt. Er musste den Märtyrertod auf dem Scheiterhaufen sterben. Vor seiner Verbrennung bat er die Soldaten, die ihn bewachten, eine Stunde im Gebet verbringen zu dürfen. Diese Bitte wurde Polykarpus gewährt, und er erhielt durch das Gebet von Gott die Kraft, die Qualen zu ertragen und dem Herrn bis ans Ende treu zu bleiben.

• **Der Betende muss Gott in Ehren halten**

Wenn wir eine Gebetserhörung haben wollen, ist es ebenso wichtig, dass wir Gott in Ehren halten. Jesus tadelte die Pharisäer, indem er zu ihnen sprach:

• *„Wie könnt ihr glauben, die ihr Ehre voneinander nehmt, und die Ehre, die von Gott allein ist, sucht ihr nicht?" (Joh. 5, 44).*

Ein wahrer Christ schaut nicht darauf, wie er seinen Mitmenschen gefallen könnte, sondern gibt allein darauf acht, Gott zu gefallen. Gewiss meine ich dies nicht im Grundsatz, seinen Mitmenschen nicht gefallen zu dürfen. Doch wenn wir vor der Entscheidung stehen, entweder Gott oder den Menschen zu gefallen, so müssen wir Gott wählen.
Jesus sagte:

• *„Ich nehme nicht Ehre von Menschen" (Joh. 5, 41).*

Und an anderer Stelle spricht er:

• *„Ich suche nicht meine Ehre; es ist aber einer, der sie sucht und der richtet" (Joh. 8, 50).*

Apostel Paulus schrieb in seinem Brief an die Galater:

• *„Wenn ich noch Menschen gefällig wäre, dann wäre ich nicht Christi Knecht" (Gal. 1, 10).*

Im Hebräerbrief steht von Jesus geschrieben:

• *„Der hat in den Tagen seines Fleisches sowohl Bitten, als auch Flehen mit starkem Geschrei und Tränen dem dargebracht, der ihn aus dem Tod erretten kann und ist um seiner Gottesfurcht willen erhört worden, weil er Gott in Ehren hielt" (Heb. 5, 7).*

Wem sind wir nun gefällig? Gott oder den Menschen? Jeder solle sich in der Sache prüfen, ob er nicht wie Pilatus handeln würde, der den Verbrecher Barabbas freiließ und an seiner Stelle Jesus kreuzigen ließ, obwohl Pilatus keine Schuld an Jesus fand. Pilatus gab dem Druck der aufgebrachten Menschenmenge nach und handelte nach ihrem Willen, obwohl er wusste, dass er einen unschuldigen Menschen verurteilte. Derjenige, der Gott in Ehren hält, ist ein wahrhaft Gläubiger, und nur seine Gebete finden Erhörung bei Gott. Dem Priester Eli wurde von dem Propheten Samuel gesagt, dass er seine Söhne mehr als Gott ehre (1. Sam. 2, 29). Viele Menschen handeln ebenso und ehren ihre Mitmenschen; besonders häufig ihre Hausgenossen, mehr als Gott. Können wohl die Gebete solcher Menschen erhört werden? Nein, weil sie Gott nicht in Ehren halten. Menschen, die so eingestellt sind, rechtfertigen oft die Taten der eigenen Hausgenossen, auch wenn diese gegen das Gesetz Gottes handeln. So kann auch die Liebe eines Mannes zu seiner Frau wie auch die Liebe einer Frau zu ihrem Mann ein Hindernis im Gebets- und Glaubensleben sein. Denn der der Mensch kann dadurch Gefahr laufen seinen Liebsten mehr als Gott zu ehren.

Das Gebet muss im Geist geschehen

Wir lesen im Johannesevangelium von Jesu Begegnung mit der Frau am Jakobsbrunnen. Jesus sprach zu ihr:

• *„Es kommt die Zeit und ist schon jetzt, in der die wahren Anbeter den Vater anbeten werden im Geist und in der Wahrheit; denn auch der Vater will solche Anbeter haben. Gott ist Geist, und die ihn anbeten, die müssen ihn im Geist und in der Wahrheit anbeten" (Joh. 4, 23-24).*

Was bedeutet es, Gott im Geist anzubeten? Die Pharisäer, eine Klasse Menschen jüdischen Glaubens, die zurzeit Jesu auftraten, waren bekannt für ihren sehr strengen und formellen Gottesdienst. Mit ihrem öffentlich zur Schau gestellten Glauben dienten sie nicht Gott, sondern beabsichtigten damit allein, Aufmerksamkeit und Anerkennung von den Mitmenschen zu erhalten. Jesus tadelte oft den Scheinglauben der Pharisäer. Sie machten es sich zur Aufgabe, öffentlich lange Gebete zu führen, nur um von den Menschen gesehen zu werden und damit jedermann ihre Frömmigkeit sehe. Doch Gott verlangt nicht nach öffentlichen Anbetern, sondern nach Anbetern, die ihn im Geist anbeten. Ein Anbeter, der Gott im Geist anbetet, betet aus dem Herzen still und leise zu Gott. Apostel Paulus rühmte sich nicht als ein guter Beter, wenn wir seine Worte aus seinem Brief an die Gemeinde zu Rom betrachten. Hier schrieb er:

• *„Wir wissen nicht, was wir beten sollen, wie es sich gebührt; sondern der Geist selbst tritt für uns ein mit unaussprechlichen Seufzern" (Röm. 8, 26).*

Auch im Gebet setzte Paulus nicht auf sein Geschick im rechten Anbeten, sondern auf die Hilfe des Heiligen Geistes. Wollen wir, dass unser Gebet Erhörung bei Gott findet, so müssen wir Gott im Geist und in der Wahrheit anbeten.

Es waren einmal zwei Brüder, die oft zur Ehre Gottes miteinander gesungen haben. Der eine Bruder war ein wirklich talentierter Sänger. Der andere Bruder aber hatte zum Singen weniger Talent, doch liebte er es, durch Gesang Gott zu loben und zu danken. Eines Tages sagte der, welcher das Talent zum Singen hatte, zu seinem Bruder: „Hör mal, wenn du singst, tun mir die Ohren weh. Es ist besser, wenn du mit dem Singen aufhören würdest. Dein Gesang ist nicht zur Ehre Gottes." So sagte der Bruder zu sich: „Wenn ich den anderen durch meinen Gesang zum Anstoß bin, dann höre ich auf zu singen." Eines Nachts hatte er aber einen Traum, wodurch

Gott ihn fragte, warum er aus seinem Haus keinen Gesang mehr hört. Der Bruder wunderte sich über die Frage von Gott, denn sein Nachbar, welcher in der Doppelhaushälfte wohnte, jener Bruder, welcher gut singen konnte, sang jeden Tag geistliche Lieder. Gott aber sprach zu ihm: „Nein ich höre nichts an Gesang, denn der Gesang deines Nachbarn geht nur bis zur Decke; zu mir steigt er nicht herauf!" Warum nur kam sein Gesang nicht zu Gott empor? Weil er Gott nicht aus vollem Herzen zu seiner Ehre gesungen hat. Sein Stolz auf sein gesangliches Talent war der Grund, warum Gott seinen Gesang nicht vernahm. Wohl hat er recht schön aus voller Kehle gesungen, doch sein Herz war nicht dabei. Gott ist nicht wichtig, wie schön wir singen, sondern dass wir ihm von Herzen singen. Ebenso verhält es sich auch mit dem Beten im Geist. In einem unserer Lieder singen wir: „*Wenn auch die Lippen schweigen, so betet doch das Herz und die Gedanken steigen beständig himmelwärts.*" Ein Gebet aus dem Herzen will Gott, und auf ein solches Gebet gibt Gott Antwort.

Wir lesen im 1. Buch Samuel von Hanna. Sie war unfruchtbar, wünschte sich aber von Herzen ein Kind. Viele Jahre hatte Hanna wegen ihrer Unfruchtbarkeit Schmähungen von Seiten der Zweitfrau ihres Mannes zu ertragen gehabt. Eines Tages entschloss sie sich, in den Tempel zu gehen, um ein Gelübde vor Gott zu bringen. Darin erbat sie sich einen Sohn, den sie, wenn sie ihn empfangen hat, bereitwillig dem Herrn geben wollte. Eli, der Priester, sah Hanna, wie sie so lange betete. Nur ihre Lippen bewegten sich, ihre Stimme aber war nicht zu hören. Wie Eli sie so sah, dachte er bei sich, sie sei betrunken, und sprach sie darauf an. Hanna aber gab ihm zu verstehen, dass sie nicht betrunken, sondern eine betrübte Frau sei, die ihr Herz vor dem Herrn ausschütte. Gott erhörte Hannas Gebet, erbarmte sich ihrer, und sie gebar einen Sohn, obwohl sie im hohen Alter war. Dieser Sohn wurde später der Prophet Samuel (1. Sam. 1, 1-18).

Das Gebet der Hanna war ein Gebet, das aus den Tiefen des Herzens kam. Ebenso müssen auch wir beten. Mir kam zu Ohren, dass jemand beim Beten eingeschlafen ist. Ich kann mir das nicht vorstellen. Wie kann ein Mensch beten und einschlafen? Das Gebet ist ein Zustand, in dem der Mensch innerlich zu Gott eindringlich schreien sollte. Es ist eine Unterredung mit dem, der uns erlöst hat, und der uns über alles liebt. Spräche ich mit einem Freund, und müsste mit einem Mal feststellen, dass er eingeschlafen ist; was würde ich von ihm denken, was würde ich tun? Sicherlich denke ich dann, dass es ihm nicht interessant ist, was ich ihm erzähle. Ich würde mich von ihm abwenden und fortgehen. Wie sollte Gott handeln, wenn wir in der Unterredung mit ihm unsere Gedanken schweifen lassen, ein auswendiggelerntes, leeres Gebet murmeln oder gar einschlafen? Ein solches Gebet wird Gott nicht erhören, denn das Herz ist nicht dabei. Wenn aber unser Herz mit Gott während des Gebets verbunden ist, und wir unser Herz vor ihm ausschütten, wird Gott gewiss das Gebet erhören. Äußerlichkeiten wie Tränen, Schreien und lautes Klagen, sind für Gott nicht von Bedeutung. Betet unser Herz, so wird Gott auf unser Gebet reagieren.

Der Betende muss gerecht sein

Jesus sagte, dass die wahrhaftigen Anbeter Gott in der Wahrheit anbeten werden (Joh. 4, 23). Was bedeutet Wahrheit? Wahrheit bedeutet Gerechtigkeit. Lasst uns eine Stelle aus der Schrift des Propheten Micha anführen.

• *„Und ich sprach: Hört doch, ihr Häupter im Hause Jakob und ihr Herren im Hause Israel! Ihr solltet die sein, die das Recht kennen. Aber ihr hasst das Gute und liebt das Arge; ihr schindet ihnen die Haut ab und das Fleisch von ihren Knochen und fresst das Fleisch meines Volks. Und wenn ihr ihnen die Haut abgezogen habt, zerbrecht ihr ihnen auch die Knochen; ihr zerlegt es wie in einen Topf und wie Fleisch in einen Kessel. Darum, wenn ihr nun zum HERRN schreit, wird er euch nicht erhören, sondern wird sein Angesicht vor euch verbergen zur selben Zeit, wie ihr mit eurem bösen Treiben verdient habt"* (Micha 3, 1-4).*

Diese Worte richtete Gott durch Micha an alle falschen Propheten, Gesetzesgelehrten und Priester Israels. Diese Männer standen eigentlich in dem Dienst, dem Volk Israel die Wege Gottes zu lehren und Fürbitte für das Volk einzulegen. Wegen ihrer Ungerechtigkeiten, die sie am eigenen Volk begingen, konnten ihre Gebete keine Erhörung bei Gott finden. Durch diese Worte des Propheten ist uns gesagt, dass die Gerechtigkeit Gottes eine Voraussetzung sein muss, damit unser Gebet erhört wird.

Man hat schon oft erleben müssen, wie unter Gläubigen einer den anderen übervorteilt hat. Dies geschah zum Beispiel in einer gemeinsamen Anschaffung oder einer gemeinsamen Arbeit. Solches ist schändlich! Diese Gläubigen könnten in dieser Sache sogar von den meisten Weltmenschen lernen, die es verstehen brüderlich und gerecht zu teilen und zusammenzuarbeiten. Gott möge jedem von uns helfen, keinem übervorteilenden Handeln zu folgen. Wie erfreulich ist es zu sehen, wenn einer dem anderen zuvor kommt, seine Hilfe anbietet, brüderlich teilt und sich immer mit dem geringsten Teil zufriedengibt.

Eine Mutter lehrte ihren zwei Kindern, dem anderen immer das Beste zu überlassen, wenn es ums Teilen geht. Eine Stunde später, nachdem die Mutter ihren Kindern diese Lektion erteilt hatte, wollte sie einen Versuch machen, ob sie in dieser Sache gehorsam sind. Sie gab den Zweien zwei Äpfel, wobei der eine Apfel größer war als der andere. Jeder sollte sich einen Apfel nehmen. Der Jüngste wusste gleich, dass dies eine Prüfung war, und überließ die Wahl seiner Schwester. Er wusste, dass wenn sie nach der Lektion der Mutter handeln würde, sie den kleineren Apfel wählt. So würde für ihn der große Apfel übrigbleiben. Ein solches , um an das bessere Teil zu gelangen, ist auch ein Übervorteilen. Mit List hat sich der Junge das bessere Teil zu eigen gemacht, da er das gerechte Handeln seiner Schwester zu seinen Gunsten missbraucht hatte. Gott kennt jeden Beweggrund unseres Herzens in allen unseren Handlungen. Handelt man mit List und Tücke, so wird auch dies eine Ursache sein, dass das Gebet keine Erhörung bei Gott findet. Unser Nachbar sagte uns damals, er wüsste Wege, wie man geschickt das Finanzamt umgeht, wenn man kostengünstig ein Haus bauen möchte. Darauf sagten wir ihm: *„Wir können dies nicht tun, da wir Gläubige sind. Wir tun alles, was vor Gott recht ist, und wollen mit einem reinen Gewissen vor Gott und allen Menschen leben. "* Ein Mensch, der den Staat betrügt, kann ebenso keine Gebetserhörung finden, da das Unrecht, welches er begeht, zwischen ihm und Gott steht. Das Gebet eines Ungerechten ist umsonst gebetet.

Im 9. Kapitel des Johannesevangeliums steht über einen Blindgeborenen geschrieben, den Jesus gesund gemacht hatte. Die Pharisäer hatten ihn immer wieder gefragt, wie er gesund geworden sei. Er sagte zu ihnen:

• *„Einen Brei legte er mir auf die Augen, und ich wusch mich und bin nun sehend." (Joh. 9, 15).* Die Pharisäer sprachen:

• *„Gib Gott die Ehre! Wir wissen, dass dieser Mensch ein Sünder ist" (Vers 24).* Darauf antwortete ihnen der geheilte Mann:

• *„Wir wissen, dass Gott die Sünder nicht erhört; sondern den, der gottesfürchtig ist und seinen Willen tut, den erhört er. Von Anbeginn der Welt an hat man nicht gehört, dass jemand einem Blindgeborenen die Augen aufgetan habe. Wäre dieser nicht von Gott, er könnte nichts tun " (Vers 31-33).*

51

Dieser Mensch wusste also genau, dass Gott einen Sünder nicht erhört. Dennoch bezeugen manchmal solche, die nicht bekehrt sind und somit in Sünden leben, dass Gott ihre Gebete erhört. Wie bereits erwähnt wurde, kann eine Gebetserhörung sündiger Menschen so erklärt werden, dass entweder Gott ihnen aus lauter Güte in Notzeiten hilft oder aber, dass ihre Gebetserhörung eine Täuschung des Teufels ist. Ich hörte einmal einen Gläubigen sagen: „Ich danke Gott, dass er mich in allem segnet." Der Mann dachte, er sei Gott wohlgefällig, weil er in allem, was er tat, den Segen Gottes verspürte. Er war ein angesehener Mann auf seiner Arbeit, bekam einen guten Lohn und hatte in so manch anderer irdischer Angelegenheit Erfolg. Dies waren für ihn Zeichen, die ihn glauben ließen, den Segen Gottes zu haben. Er war sich ebenso stets sicher, dass Gott alle seine Gebete erhört. Geht es einem Menschen im Irdischen gut, so ist dies noch lange kein Zeichen, dass dieser Mensch den Segen Gottes hat und seine Gebete erhört werden. König David schrieb in einem seiner Psalmen, wie er fast ins Wanken gekommen war, als er sah, dass es dem Gottlosen so gut geht. Manch einer mag sich fragen, warum es jenem Menschen so gut geht, obwohl er ganz offensichtlich eine Ungerechtigkeit nach der anderen begeht. So gibt es auch solche Menschen, die reich sind und immer reicher werden. Die irdischen Angelegenheiten gehen ihnen ganz leicht von der Hand. Warum straft sie Gott dennoch nicht wegen ihrer ungerechten Taten? Im 13. Kapitel des Matthäusevangeliums lesen wir das Gleichnis vom Unkraut unter dem Weizen. Der Weizen sind alle wahren Kinder Gottes, das Unkraut alle sündigen Menschen. Der Acker stellt die Welt dar, die Ernte das Gericht. Gott lässt bis zur Ernte alles miteinander wachsen. Dann wird Gott sagen: „*Sammelt mir zuerst das Unkraut, bindet es in Bündel zusammen, damit man es verbrennt, und den Weizen sammelt mir in meine Scheune.*" Durch dieses Gleichnis können wir das Handeln Gottes an allen Menschen erkennen. Gott lässt alle Menschen, ob gut oder böse, zu Lebzeiten wachsen und gedeihen. Dem gottlosen Menschen wird es deshalb in der Ewigkeit genauso ergehen wie dem reichen Mann in der Erzählung Jesu vom armen Lazarus. Lazarus erging es zu Lebzeiten schlecht. Er lag vor dem Tor eines reichen Mannes und wünschte sich die Abfälle von dem Tisch des Reichen zu bekommen. Schließlich verstarb Lazarus und wurde von den Engeln in Abrahams Schoß getragen. Hier wurde er in Ewigkeit getröstet. Als der reiche Mann starb, erwachte er in der Hölle. Er hatte in seinem Leben das gute Empfangen, doch wegen seines ungerechten Handelns zu Lebzeiten musste dieser ewige Pein erleiden.

Der Betende muss demütig sein

Betrachten wir nun die Worte Jesu aus dem 18. Kapitel des Lukasevangeliums. Hier spricht Jesus ein Gleichnis, in dem er das Gebet eines Pharisäers, dem eines Zöllners gegenüberstellt:

• *„Ich danke dir, Gott, dass ich nicht bin wie die andern Leute, Räuber, Betrüger, Ehebrecher oder auch wie dieser Zöllner. Ich faste zweimal in der Woche und gebe den Zehnten von allem, was ich einnehme. Der Zöllner aber stand ferne, wollte auch die Augen nicht aufheben zum Himmel, sondern schlug an seine Brust und sprach: Gott, sei mir Sünder gnädig! (Lk. 18, 11-13).*

Jesus sagte, dass der Zöllner gerechtfertigt nach Hause ging, der Pharisäer aber nicht. Das Gebet des Zöllners war Gott angenehm. Es war ein demütiges und kein Gebet aus Überheblichkeit, wie es der Pharisäer sprach. Wir brauchen Gott auch nicht vorhalten, was wir Gutes getan haben, in der Annahme, dass Gott erst dann unser Gebet erhört. Gott kennt nicht nur unsere Taten, ob gut oder böse, sondern auch jeden Beweggrund, der zu einer Tat führt. Allein das demütige Gebet ist Gott angenehm. Ein demütiges Gebet zu beten ist ein Gebet, in dem wir vor Gott unsere Fehler bekennen und unsere Schwachheiten und Mängel eingestehen. Wenn wir ein solches Gebet beten und Gott bitten, er möge uns Kraft geben, jeden Fehler gut zu machen und jede Schwachheit zu überwinden, wird er uns gewiss beistehen und helfen. Wir brauchen nicht versuchen, Hilfe durch das Gebet zu erzwingen, wenn wir alle unsere guten Taten Gott vorhalten. Einem jeden gibt Gott aus Gnade, wenn er demütig bittet. So lasst uns auch bedenken, dass denen, die Gott lieben, alle Dinge zum Besten dienen. Im 2. Buch der Könige lesen wir das gute Zeugnis vom König Hiskia. Er war ein wirklich frommer König, der in seinen gerechten Taten sogar König David übertraf. Von Hiskia steht geschrieben:

• *„Er tat, was recht war in den Augen des Herrn, wie sein Vater David. Er beseitigte die Höhen, zerbrach die Säulen, rottete das Ascherabild aus und zerstieß die eherne Schlange" (2. Kön. 18, 3.4).*

Die eherne Schlange, welche Mose gemacht hatte, duldete König David, während seiner Herrscherzeit; König Hiskia aber beseitigte sie endgültig. Eines Tages kam der Prophet Jesaja zum König Hiskia und sprach zu ihm, er möge seine Familie zu sich rufen, denn er müsse bald sterben. Wir lesen im 20. Kapitel:

• *„Hiskia aber wandte sein Gesicht zur Wand und betete zum Herrn:* »*Ach Herr, denke doch daran, dass ich vor dir treu und mit ungeteiltem Herzen gedient habe und getan habe, was recht ist in deinen Augen.*« *Und Hiskia weinte sehr"* (2. Kön. 20, 2.3)

Als Jesaja noch nicht halb zur Stadt hinausgegangen war, sprach Gott zu ihm, er habe sein Gebet erhört und seine Tränen gesehen. Gott sprach, dass er Hiskia gesund machen wird, sein Leben um 15 Jahre verlängert und ihn und die Stadt vor den Assyrern beschirmen wird. Doch in diesen 15 Jahren beging Hiskia eine große Missetat vor Gott. Als der König zu Babel erfuhr, dass Hiskia wieder gesund war, sandte er Briefe und Geschenke zu ihm. Hiskia war fröhlich mit der babylonischen Gesandtschaft beisammen, und beging schließlich den großen Fehler, ihnen das ganze Schatzhaus zu zeigen. Nachdem nun die Gesandtschaft wieder abgereist war, erfuhr der Prophet Jesaja, dass Hiskia ihnen alle Schätze in seinem Haus gezeigt hatte. Dies war ein großes Vergehen vor Gott. So sprach Jesaja zum König Hiskia:

• *„Höre das Wort des Herrn: Sieh, es kommt die Zeit, dass alles aus deinem Haus und was deine Väter bis auf diesen Tag gesammelt haben, weggebracht wird nach Babel; und nichts wird übrig gelassen werden, spricht der Herr. Und von den Söhnen, die von dir abstammen, die du zeugen wirst, werden sie nehmen, damit sie Kämmerer seien im Palast des Königs zu Babel"* (2. Kön. 20, 16-18).

Das Handeln des Königs Hiskia war ein Handeln aus Stolz. Dies ist vor Gott ein Gräuel. Gott will an dem Menschen einen Lebenswandel in Demut und Niedrigkeit sehen. Jesus musste auch oft den Stolz und Hochmut der Pharisäer verurteilen.

Der Betende muss ein vergebendes Herz haben

Es ist ebenso wichtig, dass wir ein vergebendes Herz haben, wenn unser Gebet erhört werden soll. Jesus sagte:

• *„Und wenn ihr steht und betet, so vergebt, wenn ihr etwas gegen jemanden habt, damit auch euer Vater im Himmel euch vergebe eure Übertretungen"* (Mk. 11,24-25).

Gehen wir ins Gebet, und haben etwas in unserem Herzen, was wir einem Bruder, einer Schwester oder sonst einem Mitmenschen nicht vergeben

54

können, so beten wir umsonst. Ein unversöhnlicher Mensch kann bei Gott keine Erhörung finden. Es ist eine grundsätzliche Bedingung, mit jedem Menschen im Reinen zu sein, wenn unsere Gebete erhört werden sollen. Ein jeder möge sich doch ernstlich selbst erforschen, ob sich irgendetwas gegen irgendjemanden in dem Herzen befindet, was noch nicht vergeben ist. Können wir einem Menschen nicht vergeben, so wird uns auch Gott nicht vergeben. Alle Verbitterung gegen Mitmenschen muss getilgt sein. Wahre Kinder Gottes können jedem Menschen von ganzem Herzen vergeben, egal ob Freund oder Feind.

Der Betende darf Gott nicht täuschen

Lesen wir nun einige Worte aus der Schrift des Propheten Maleachi. Hier schildert der Prophet einen weiteren Grund, warum Gebete nicht erhört werden:

• *Ich, der HERR, wandle mich nicht; aber ihr habt nicht aufgehört, Jakobs Söhne zu sein: Ihr seid von eurer Väter Zeit an immerdar abgewichen von meinen Geboten und habt sie nicht gehalten. So bekehrt euch nun zu mir, so will ich mich auch zu euch kehren, spricht der HERR Zebaoth. Ihr aber sprecht:* »*Worin sollen wir uns bekehren?* «*Ist's recht, dass ein Mensch Gott betrügt, wie ihr mich betrügt? Ihr aber sprecht:* »*Womit betrügen wir dich?*« *Mit dem Zehnten und der Opfergabe! Darum seid ihr auch verflucht; denn ihr betrügt mich allesamt. Bringt aber die Zehnten in voller Höhe in mein Vorratshaus, auf dass in meinem Hause Speise sei, und prüft mich hiermit, spricht der HERR Zebaoth, ob ich euch dann nicht des Himmels Fenster auftun werde und Segen herabschütten die Fülle"* (Mal. 3, 6-10).

Wir müssen aufpassen, dass wir Gott nicht etwas vorenthalten und ihn täuschen. In der Gemeinde Gottes wird nicht der Zehnte als Spendenbeitrag gefordert. Jeder gibt so viel, wie er es sich in seinem Herzen vorgenommen hat. Doch eine Opfergabe, die sich ein Mensch in seinem Herzen vorgenommen hat, Gott darzubringen, muss ihm dargebracht werden. Keiner der Geschwister hat zu wissen, wie viel sein Nächster in der Gemeinde an Spenden gibt. Auch ich kann vor Gott ganz frei und aufrichtig sagen, dass ich von keinem Menschen in der Gemeinde weiß, wie viel er opfert. Jede Opfergabe muss anonym bleiben. Ob jemand jeden Monat eine Spende in unseren Spendenkasten wirft, weiß ich nicht. Jeder gibt nach der Freigebigkeit seines Herzens. Gott aber sieht die

Opferbereitschaft eines jeden von uns. Wenn wir aber Gott eine Opfergabe vorenthalten, die wir aber bereits in unserem Herzen beschlossen haben zu geben, so haben wir Gott bereits getäuscht. Folglich wird Gott jener Person den Himmel zuschließen, und er wird gewiss Schaden auf geistlichem Gebiet haben.

Der Betende muss freigebig sein

Lasst uns auf eine weitere Bedingung zu sprechen kommen, die erfüllt sein muss, wenn wir Erhörung unserer Gebete haben wollen. Folgende Worte lesen wir in den Sprüchen Salomos:

• *„Wer seine Ohren verstopft vor dem Schreien des Armen, der wird einst auch rufen und nicht erhört werden" (Spr.21,13).*

Wenn wir das Rufen des Armen und Geringen um Hilfe überhören, ja ihn verachten, so wird Gott auch unser Rufen nach Hilfe und Rettung überhören. Hierzu eine kurze Erzählung aus früheren Jahren. Es lebte in einem Dorf ein armer Mann namens Johann. Der Winter brach herein, und Johann hatte kein Geld für Brennholz. Der Prediger der ortsansässigen Gemeinde wusste Bescheid um die schlimme Lage, in der sich der arme Johann befand, und sprach zu einem der Gemeindemitglieder, welcher ein reicher Mann war: „Hör mal, der Johann ist arm und hat kein Geld um sich Brennholz kaufen zu können. Dabei haben wir nun einen so starken Wintereinbruch. Kannst du nicht ihm eine Fuhre Holz bringen?" Der reiche Mann erwiderte: „Ja, Pferde und einen Wagen habe ich, und ich habe auch Holz. Wer wird mir aber die Kosten bezahlen?" Nach einem kurzen Überlegen sagte der Prediger: „Ich werde die Kosten übernehmen und es bezahlen, wenn du die ersten drei Verse des 41. Psalms zuvor gelesen hast." Nach einer Woche begegnete er dem reichen Mann und fragte: „Wie steht es mit dem Holz für den Johann?" - „Ja, ich habe es ihm gebracht", erwiderte der Reiche. - „Und, wie hoch sind die Kosten? Was bin ich dir schuldig?", wollte nun der Prediger wissen. „Gar nichts", antwortete der reiche Mann. Er hatte den Psalm gelesen, und durch diesen erfahren, was Gott dem Mann verheißt, welcher sich der Schwachen erbarmt. Hier nun die ersten drei Verse des 41. Psalms:

• *„Glücklich, wer acht hat auf den Geringen; am Tage des Übels wird der Herr ihn erretten. Der Herr wird ihn bewahren und ihn am Leben erhalten; er wird glücklich gepriesen im Lande. Gib ihn nicht der Gier seiner Feinde preis!" (Ps. 41, 1-3).*

Wenn nun Gott jedem Menschen so reichlich vergilt, welcher sich der armen Mitmenschen annimmt, so konnten auch die Unkosten jenes Mannes, der die Fuhre Brennholz dem armen Johann schenkte, nicht im Geringsten ins Gewicht fallen. Der Dienst an Schwachen, Armen und Kranken ist immer mit einem Segen für den verbunden, der Hilfe leistet. Dies lasst uns aber nicht nur tun, um den Segen zu empfangen, sondern auch, damit unser Gebet erhört wird.

Das Gebet muss mit dem Willen Gottes übereinstimmen

Im ersten Brief des Apostels Johannes lesen wir eine weitere Bedingung, die erfüllt sein muss, wenn wir ein erfolgreiches Gebetsleben führen wollen:

• *„Und dies ist die Zuversicht, die wir haben, dass er uns hört, wenn wir etwas nach seinem Willen bitten. Und wenn wir wissen, dass er uns hört, was wir auch bitten, so wissen wir, dass wir das Erbetene haben, das wir von ihm erbeten haben" (1. Joh. 5,14).*

Die Bedingung, auf die wir nun zu sprechen kommen möchten, ist die, um den Willen Gottes zu bitten. Wird Gott wohl meine Bitte gewähren, wenn ich ihn um einen Millionengewinn in der Lotterie bitte? Gewiss will Gott keine Kinder haben, die als Millionäre ein Leben in Luxus und Wohlstand führen. Gott will, dass jeder in seiner Gemeinde mit seinen eigenen Händen arbeitet, und jeder sich seinen Lebensunterhalt rechtschaffen verdient. Gott hat für seine Kinder ein Leben in Einfachheit und Niedrigkeit vorgesehen. Wir können erst dann mit einer Gebetserhörung rechnen, wenn wir wissen, dass unser Bitten mit dem Willen Gottes übereinstimmt. Beten wir aber nach unserem eigenen Willen und stimmt unser Wille nicht mit dem Willen Gottes überein, so wird Gott uns das Erbetene nicht zukommen lassen. Erst wenn wir überzeugt sind, dass das, worum wir Gott bitten wollen, mit seinem Willen übereinstimmt, können wir unser Anliegen vor ihn bringen. Die Frage, die sich nun stellt, ist die, wie ich den Willen Gottes erkenne? Wie man den Willen Gottes nun eben nicht erkennen kann, kann man durch eine Erzählung veranschaulichen: Es lebte damals ein Mann im Kaukasus, welcher als Fuhrmann arbeitete. Dieser war gläubig gegenüber Gott. Eines Tages, als er mit seinen Pferden und seinem Fuhrwerk unterwegs war, näherte er sich einer Weggabelung. Nun wusste der Mann nicht genau, welche Richtung er einschlagen sollte, doch tendierte er zum linken Abzweig. So sprach der Mann zu sich: „Ich lasse jetzt die Zügel meiner

Pferde los. Wohin meine Pferde nun gehen werden, da will mich auch Gott haben." Kurz vor der Weggabelung aber, als es sich entscheiden musste, in welche Richtung die Fahrt gehen sollte, zog der Fuhrmann ein kleines bisschen am linken Zügel. Die Pferde reagierten sofort auf die Weisung und schlugen den linken Weg ein, gerade den Weg, den der Fuhrmann fahren wollte. Durch die kleine Richtungsweisung, die der Mann seinen Pferden gab, wollte er lieber seinen eigenen Weg gehen, statt den Weg Gottes einzuschlagen.

Ebenso konnte auch damals ein junger Bruder nicht den Willen Gottes in seiner Frage der Eheschließung erkennen, als er sich entschied, Gottes Willen durch das Los zu erfahren. Das Los aber, welches er zog, war jedoch nicht die Schwester, die er heiraten wollte. So sprach er zu sich: „Komm, dreimal will ich losen." Auf solche Spielchen lässt sich Gott sicherlich nicht ein.

Möchten wir den Willen Gottes erfahren, so müssen wir mit einem aufrichtigen Herzen unser Anliegen vor Gott bringen, und dabei unseren eigenen Willen und unsere Wünsche außen vor lassen. Lasst uns eine Erzählung anführen, die uns bildlich veranschaulicht, wie wir den Willen Gottes erkennen können. Ein Prediger fragte den Kapitän eines Schiffes, während sie des Nachts in einen Hafen einfuhren, wie er denn so schnell das Schiff zielsicher in den Hafen manövrieren kann. Daraufhin deutete der Kapitän auf drei Lichter. Er erklärte dem Prediger, dass diese drei Lichter in einer Linie stehen müssen. Wenn nun die Lichter eine Linie bilden, so war sich der Kapitän sicher, dass er sich in der Einfahrschneise zum Hafen befand. Auf das Erkennen des Willen Gottes bezogen, sind symbolisch betrachtet diese drei Lichter: das Wort Gottes, der Heilige Geist und die äußeren Umstände. Nicht nur das Wort Gottes und der Heilige Geist zeigen uns, wie wir nach dem Willen Gottes zu handeln haben. Auch die äußeren Umstände zeigen uns auf, was dem Willen Gottes entspricht. Ein jedes Kind Gottes kann den Willen Gottes sicher erfahren, wenn es sich diese *drei Lichter* als Wegweiser zu Hilfe nimmt.

Der Betende muss in Jesus und Jesus in ihm sein

Jesus spricht:

• *„Wenn ihr in mir bleibt und meine Worte in euch bleiben, so werdet ihr bitten, was ihr wollt, und es wird euch geschehen" (Joh. 15, 7).*

Wenn wir uns Kinder Gottes nennen, so müssen wir uns immer selbst prüfen und uns beständig fragen: „Bin ich in Gott?" In Gott bleiben heißt, immer mit ihm verbunden zu sein, sei es im Gebet oder durch sein Wort. Uns wird durch das Wort Gottes geboten, ohne Unterlass zu beten. Wenn Gott in uns bleiben soll, so müssen wir darauf achtgeben, dass auch seine Worte in uns bleiben. Den Kindern Israels des Alten Bundes wurde verordnet, die Gebote Gottes an gewisse Gegenstände zu schreiben, damit sie nicht in Vergessenheit gerieten. Dies konnte der Türpfosten des Hauses sein oder aber auch ein Kleidungsstück. Jetzt aber im Neuen Bund sollen die Gebote Gottes in unseren Herzen geschrieben stehen. Erst dann, wenn wir in enger Gemeinschaft mit Gott stehen, wird uns nichts Falsches in den Sinn kommen. Wenn wir die Gemeinschaft mit Gott pflegen, kommen wir mit aufrichtigem Herzen zu Gott und bitten ihn um seinen Willen. Jesus sagte, dass seine Schafe seine Stimme hören und ihm folgen. Wir müssen in jeder Angelegenheit Gott nach seinem Willen befragen. Gott wird uns nicht im Unklarem lassen, und er wird alle Zweifel beseitigen, wenn wir aufrichtig bitten. Eine Person, die sich in einer schwierigen Lage befand, sagte zu mir: *„Ich weiß, dass mir meine jetzige Lage auch zum Guten dient. Wenn es mir nicht so ergehen würde wie jetzt, wäre ich vielleicht schon wieder in der Welt."* Gott weiß, was uns gut tut und was unserem Seelenheil dient. Jesus dankte seinem Vater in einem seiner Gebete, dass er ihn erhört hat, obwohl er die Antwort von seinem Vater noch nicht offensichtlich erhalten hatte. Jesus wusste aber zu diesem Zeitpunkt, dass sein Vater sein Gebet erhört hatte, weil er allen Bedingungen, die für ein gotterhörtes Gebet notwendig sind, nachgekommen ist. So können auch wir uns der Gebetserhörung zu jeder Zeit gewiss sein, wenn wir allen Bedingungen nachkommen, die für ein erfolgreiches Gebetsleben notwendig sind. Auf dem Weg des Gebetslebens machen wir wunderbare Erfahrungen mit Gott. Ein jeder kann diese Erfahrungen seinem Nächsten berichten. So werden wir Kinder Gottes auch unseren Mitmenschen auf das große Vorrecht hinweisen können, das wir durch das Gebetsleben haben; nämlich die Hilfe und Rettung aus jeder schwierigen Lage und jeder Not durch unseren Vater im Himmel. Dem Herrn allein sei dafür alle Ehre. Amen! 20.09.2009

Glauben, bekennen, bezeugen und beweisen

Das ganze Christenleben ist darauf ausgerichtet, einst würdig in die selige Ewigkeit eingehen zu können. Unser Ziel ist es, Jesus im Himmel zu sehen und mit ihm und allen wahren Brüdern und Schwestern sowie mit dem ganzen Engelsheer unseres Vaters in Ewigkeit Gemeinschaft zu haben. Nun haben wir dieses Ziel vor Augen; doch frage sich ein jeder beständig, ob sein Erdenlauf auf dieses Ziel hin wirklich ausgerichtet ist. Ein wahrer Christ setzt sich die Aufgabe, seinen eigenen Lebenswandel mit Blick auf die Gebote Jesu fortwährend zu überprüfen. Millionen von Menschen auf Erden bekennen sich zum Christentum und haben dasselbe Ziel im Blick. Jesus aber sagte:

- *„Viele werden hineinzugehen suchen und werden es nicht können" (Lk. 13, 24).*

Bedauernswert sind jene Menschen, die nach dem Ziel der seligen Ewigkeit streben, dieses Ziel jedoch vermutlich nicht erreichen werden, weil sie ihren Lebenslauf auf falschem Wege gehen. So lässt sich aber auch nicht bestimmt behaupten, dass jemand, der zum momentanen Zeitpunkt voller Eifer und Tatendrang für den Herrn wirksam ist, am Lebensende das Ziel erreicht. Hierüber spricht Jesus:

- *„Viele Erste werden Letzte und Letzte Erste sein" (Mt. 19, 30).*

Die wahren Kinder Gottes sind keine Richter ihrer Nächsten. Man mag Vorahnungen haben, wer einst das Ziel erreichen wird, und wer nicht; doch mit Gewissheit kann kein Mensch den Ausgang eines Mitmenschen voraussagen. Wir lesen in der Bibel, dass jeder Mensch vor dem Abscheiden sein persönliches Zeugnis bekommt. Was in dem Zeugnis geschrieben steht, kann niemals geleugnet werden. Auf uns, die wir uns auf dem Weg des Lebens befinden, treffen die Worte des Apostels Paulus zu, der an die Gemeinde zu Rom schrieb:

- *„Wir sind wohl selig, aber in der Hoffnung" (Röm. 8, 24).*

Noch befinden wir uns hier auf Erden im Glauben und nicht im Schauen. Dennoch müssen wir zu Lebzeiten Glauben halten und immerdar die feste Gewissheit unseres Seelenheils haben. Solange wir uns hier auf Erden befinden, haben wir den geistlichen Kampf auszukämpfen. Und ob wir siegreich oder in Niederlage vom irdischen Schlachtfeld gehen, ist noch nicht abzusehen. So kann niemand, der mitten im geistlichen Kampf steht, sagen, er hätte den Sieg schon errungen und das Ziel erreicht. Apostel Paulus schildert uns in seinem Brief an die Philipper, wie er trotz der geistlichen Kämpfe, die er auszukämpfen hatte, das Ziel nicht aus den Augen verlieren lässt:

• *„Brüder, ich denke von mir selbst nicht, es ergriffen zu haben; eines aber tue ich: Ich vergesse, was dahinten, strecke mich aber aus nach dem, was vorn ist, und jage auf das Ziel zu, hin zu dem Kampfpreis der Berufung Gottes nach oben in Christus Jesus" (Phil. 3, 13-14).*

Jeder Mensch muss bedenken, dass inmitten des Kampfes das Ziel noch nicht *ergriffen* ist, ebenso, wie sich Paulus dessen auch bewusst war.

Glauben

Folglich lasst uns auf die Bedingungen zu sprechen kommen, die ein Mensch erfüllen muss, wenn er ein Erbe des Himmelreichs sein möchte. Gehen wir in der Betrachtung von einem Menschen aus, welcher auf der Suche nach Wahrheit und Errettung ist. Was ist nun für diesen Menschen zuerst am notwendigsten? Lasst uns hierzu das Ereignis der Bekehrung des Kerkermeisters aus dem 16. Kapitel der Apostelgeschichte betrachten: Während die Gefangenen Paulus und Silas in ihrer Zelle beteten und Gott lobsangen, geschah ein großes Erdbeben, so dass sich alle Türen des Gefängnisses öffneten und sich die Fesseln aller Gefangenen lösten. Als der Kerkermeister sah, was geschehen war, zog er sein Schwert, um sich selbst zu töten. Ihm war die Verantwortung für die Verwahrung aller Gefangenen aufgetragen, die nun frei waren. Paulus aber hielt ihn vom Selbstmord ab. Daraufhin fiel der Kerkermeister Paulus und Silas zu Füßen und sagte:

• *„Ihr Herren, was muss ich tun, dass ich errettet werde?" (Apg. 16, 30).*

Paulus antwortete:

• *„Glaube an den Herrn Jesus, und du wirst errettet werden, du und dein Haus" (Apg. 16, 31).*

Der Glaube an den Herrn Jesus Christus war das Notwendige für den Kerkermeister, damit er Errettung finden konnte. Die Juden fragten auch Jesus:

„Was sollen wir tun, damit wir die Werke Gottes wirken?"

Darauf antwortete Jesus ihnen:

• *„Das ist das Werk Gottes, dass ihr an den glaubt, den er gesandt* *hat" (Joh. 6, 28.29).*

Jesus selbst forderte allein den Glauben an sich. Ist dies nun alles, was von uns verlangt wird? Nein, der Glaube an Jesus Christus allein reicht nicht aus, das Himmelreich zu erlangen. Der Glaube an Jesus Christus ist aber die Grundvoraussetzung für einen jeden Menschen, um die ewige Seligkeit erlangen zu können. Die Bibel sagt uns, dass selbst die Dämonen glauben und zittern (Jak. 2, 19). Einem Menschen hilft es nicht, wenn er weiß, dass es einen Gott gibt und an diesen glaubt, der jedoch nicht entsprechend seinen Geboten lebt. Der Glaube, der von uns gefordert wird, beschränkt sich nicht allein auf die Anerkennung Jesu als den Sohn Gottes, sondern der Glaube beinhaltet darüber hinaus die Überzeugung, dass Jesus für die Sünden eines jeden Menschen gestorben und er der persönliche Retter eines jeden Menschen ist. Es bedeutet, das Geschenk der Erlösung anzunehmen, indem man seinen sündigen Zustand erkennt und ausruft: *„Herr, vergib mir meine Sünden!"* Der Schächer, der zusammen mit Jesus gekreuzigt wurde, sprach zu ihm:

- *„Gedenke meiner, wenn du in dein Reich kommst" (Lk. 23, 42).*

Und Jesus sagte:

- *„Wahrlich, ich sage dir: Heute wirst du mit mir im Paradies sein" (Lk. 23, 43).*

Dies bezieht sich auf die grundlegende Notwendigkeit, die zu der Bekehrung führt, nämlich zu glauben, dass Gott Wirklichkeit ist, *und denen, die ihn suchen, ein Belohner sein wird* (Heb. 11, 6).

Wenn ein Mensch Gott um Vergebung seiner Sünden bittet, so ist es wichtig, dass er nicht daran zweifle, dass Gott ihm die Sünden vergibt. Es gibt Menschen, die eine sofortige Sündenvergebung ständig anzweifeln, weil sie belehrt wurden, dass man sich, nach ihrer Meinung, durchringen muss. Deshalb beten sie jahrelang um Vergebung ihrer Sünden und ringen, um Vergebung ihrer Sünden zu bekommen. Was ist dieses Durchringen? Dies ist nichts anderes als Unglaube. Wenn wir die Bibel lesen, so sagt sie uns ganz klar und deutlich:

- *„Wenn wir unsere Sünden bekennen, ist er treu und gerecht, dass er uns die Sünden vergibt und uns reinigt von jeder Ungerechtigkeit" (1. Joh. 1, 9).*

Wenn ich nun spräche, *„Herr, vergib mir meine Sünden!"*, und damit vielleicht stunden-, tage- oder jahrelang fortfahre, so beweist dies, dass ich der Schrift nicht glaube. Ich gründe meinen Glauben auf diese Weise nicht auf die Bibel, sondern auf ein gewisses Gefühl der Vergebung oder auf gewisse Zeichen der Versöhnung. Menschen, die sich lange Zeit zur Vergebung ihrer Sünden „durchringen" wollen, warten oftmals auf einen guten Zuspruch ihrer Mitmenschen, wie: *„Ja, du bist jetzt bekehrt, du bist jetzt durchgedrungen."* Dies ist aber eine Bestätigung von Seiten der Menschen, aber nicht von Gott.

Bekennen

Die nächste Bedingung, die ein Mensch erfüllen muss, wenn er das ewige Leben haben will, ist das Erkennen und Bekennen der eigenen Sünden. Es wird einen Menschen nicht in das Himmelreich verhelfen, wenn er glaubt, dass Gott existiert, dass er seinen Sohn gesandt hat und dieser für unsere Sünden gestorben ist, aber dennoch nicht seine Sünden erkennt. Ich habe manche Menschen angetroffen, die mich fragten, wofür sie denn Buße tun sollten. Sie sahen sich selbst ehrlich und gerecht vor Gott und versicherten mir dies, indem sie sagten, dass sie in ihrem Leben weder die Ehe gebrochen, noch Hurer waren, noch Diebstahl begangen haben. Sie sahen sich keiner Sünde schuldig. Es mag durchaus sein, dass Gott sie vor groben Sünden bewahrt hat, aber durch vieles, von dem sie vielleicht meinten, dass es keine Sünde sei, haben sie sich doch vor Gott schuldig gemacht. Bereits alle Untugenden sind Sünde. Wir versündigen uns selbst dann vor Gott, wenn wir es unterlassen Gutes zu tun, sofern wir die Möglichkeit dazu haben.

Wenn wir an die Erlösung durch Jesus Christus glauben, so müssen wir auch **unsere Sünden bekennen**. Wir lesen, wie zu Zeiten des Auftretens Johannes des Täufers das ganze Land Juda an den Jordan kam, um dort die Sünden zu bekennen. Auf das Bekenntnis ihrer Sünden wurden sie von Johannes dem Täufer getauft. Gott wird sich solcher Menschen erbarmen und sich ihrer annehmen, die ihre sündige Natur erkennen, aufrichtig zu Gott kommen, und vor ihm ihre Sünden bekennen.

Mit der Taufe geschieht folglich ein symbolischer Akt, mit dem der Mensch vor Gott, den Engeln und vor seinen Mitmenschen bezeugt, dass er von nun an der Sünde tot ist und zu einem neuen Leben in Jesus Christus auferstanden ist. Jesus spricht:

- *„Wer glaubt und getauft wird, der wird gerettet werden"* *(Mk. 16,16).*

Bekennt der Mensch vor Gott seine Sünden und Ungerechtigkeiten, welche er in seinem alten Leben begangen hat, so wird Gott alle Schuld tilgen und ihn annehmen. Hat sich der Mensch aber auch vor seinen Mitmenschen in gewissen Angelegenheiten in seinem alten Leben schuldig gemacht, so muss jener Mensch, der nun das neue Leben von Gott empfangen hat, sich mit seinen Mitmenschen ebenso versöhnen und alles ins Reine bringen. Gleich wie der Mensch Gott um Vergebung seines Unrechts vergangener Zeiten gebeten hat, so muss er auch seinen Mitmenschen um Vergebung bitten. Was sich der bekehrte Mensch damals in ungerechter Weise zu eigen gemacht hatte, muss er nun zurückerstatten. Gott wird sicherlich nicht jemand annehmen, der zwar vor ihm um Vergebung gebeten hat, sich jedoch nicht mit seinen Mitmenschen versöhnen will. Wenn nun der Mensch immer noch in der Bringschuld gegenüber seinen Mitmenschen steht und nicht gewillt ist, seine Sünden oder Fehler wiedergutzumachen, so wird seine Bekehrung keine vollkommene sein.

Das Ablegen eines öffentlichen Bekenntnisses ist in manchen Fällen für einen Menschen ratsam und wichtig. So lesen wir in der Bibel von einem Vorfall, bei dem ein öffentliches Bekenntnis gewisser Menschen notwendig war. Von diesen gewissen Leuten lesen wir in der Apostelgeschichte. Obwohl sich einige an Christus gläubig gewordene Menschen zu der ersten Gemeinde zählten, haben sie sich in ihrem früheren Leben der Zauberei und Wahrsagerei schuldig gemacht. Das öffentliche Bekenntnis ist in einem solchen Fall notwendig, um von den bösen Geistern loszukommen, denen man sich durch Zauberei geöffnet hatte. Besonders heutzutage gehen viele Menschen zu Psychiatern und Heilpraktikern. Sie suchen auf diesem Wege Hilfe und Beratung bezüglich ihrer Probleme. Leider wissen zu wenige Leute, dass sie ihre Probleme nicht mindern, sondern verschlimmern, wenn sie sich auf Therapie und Rat solcher Menschen sich einlassen, die für ihre Therapiemethoden die wirksamen Kräfte finsterer Mächte gebrauchen. Manche Problemen ihrer Patienten können sie durch gewisse Therapien wirklich beheben, doch bleiben die Nebenwirkungen, die durch den Einfluss böser Geister entstehen, nie aus. Solche Menschen werden seelisch belastet und leiden später häufig noch mehr unter Schlaflosigkeit, Ängsten, Depressionen und vielen anderen Störungen, die von diesen Geistern hervorgerufen werden.

Bezeugen

Wenn der bußfertige Mensch nun seine Sünden vor Gott bekannt hat, so ist das Bezeugen der folgenden Freisprechung und Reinigung von aller Sünde vor den Mitmenschen ebenso wichtig. Der Mensch, der sich zu dem Herrn Jesus Christus bekehrt hat, muss überall, wo er sich aufhält, ein Zeuge des Herrn sein. Ist er dies nicht, so kann er dem Herrn nicht vollkommen wohlgefällig sein. Gott erwartet von jedem seiner Kinder, dass sie ein Zeugnis zu seiner Ehre ablegen.

In der Offenbarung lesen wir von denen, die in weißen Kleidern vor dem Thron Gottes stehen, dass sie durch das Wort ihres Zeugnisses überwunden haben (Offb. 12, 11). Die Bibel berichtet uns nicht davon, dass die Apostel von Beginn an große Predigten hielten. Ihre Aufgabe bestand darin, ein Zeugnis von dem abzulegen, was sie gesehen und was sie mit Jesus erlebt hatten. Sie waren lebendige Zeugen des Lebenswandels, des Sterbens und der Auferstehung Jesu. Und ihre Zeugnisse überzeugten viele Menschen in ihrer Umgebung. Auf diese Weise breitete sich die Botschaft des Evangeliums rasant in alle umliegenden Länder aus. Die Apostel und die ersten Christen sind uns ein Beispiel im Zeugen von unserem Herrn Jesus Christus. Jesus nimmt es ernst mit dem Bezeugen und Bekennen seines Namens und seiner Taten. Er sagt:

• *„Jeder nun, der sich vor den Menschen zu mir bekennen wird, zu dem werde auch ich mich bekennen vor meinem Vater, der in den Himmeln ist"* (Mt. 10,32).

Es kann durchaus vorkommen, dass wiedergeborene Menschen von Mitmenschen gefragt werden, warum sie anders sind als die anderen. An dieser Stelle müssen die Mitmenschen auf das Erlösungswerk Gottes hingewiesen werden, um aufrichtig zu bezeugen, was Jesus an uns getan hat. Zeugen wir jedoch nicht von unserer Jüngerschaft, so mahnt uns Jesus, indem er spricht:

• *„Wer aber mich vor den Menschen verleugnen wird, den werde auch ich verleugnen vor meinem Vater, der in den Himmeln ist"* (Mt. 10,33).

Als Jesus auf dem Eselfohlen in Jerusalem einzog, gingen ihm die Jünger voraus und riefen mit lauter Stimme:

• *„Gepriesen sei der König, der da kommt im Namen des Herrn!"* (Lk. 19, 38).

Die Pharisäer, die dabeistanden und diese Worte hörten, sprachen zu Jesus, er solle seine Jünger zurechtweisen. Er aber antwortete ihnen:

- *„Wenn diese schweigen, so werden die Steine schreien" (Lk. 19, 40).*

Sind wohl auch wir Zeugen der wunderbaren Taten Jesu oder schweigen wir in dieser Sache? Muss uns Gott vielleicht wie jene Propheten des Alten Bundes als stumme Hunde bezeichnen, weil sie dem Volk Israel nicht die Worte Gottes kundtaten? Menschen, die nicht von Gottes Werken und Taten zeugen, können Gott nicht gefallen. Er erwartet von einem jeden Menschen ein Zeugnis zu seiner Ehre. Nachdem Jesus zehn Aussätzige von ihrer Krankheit geheilt hatte, kam nur einer zu ihm zurück, fiel auf sein Angesicht und dankte Gott. Jesus fragte jenen geheilten Mann:

- *„Wo sind denn die Neun? Hat sich sonst keiner gefunden, der wieder umkehrte, um Gott die Ehre zu geben?" (Lk. 17, 17.18).*

Ist ein jeder unter uns gewillt, wenn Gott heilt, errettet, tröstet und ermutigt, ihm allein die Ehre zu geben und von Herzen Dank auszusprechen? Kommen wir alle dieser Aufforderung Jesu nach oder geht unter uns jemand still seines Weges wie ein stummer Hund und meint, die Güte Gottes sei eine Selbstverständlichkeit. Die meisten Menschen, denen Gott ganz offensichtlich geholfen hat, geben ihm nicht die Ehre durch ein Zeugnis. Jesus sprach damals zu allen Menschen, die ihm von nun an nachfolgten:

- *„Ihr werdet meine Zeugen sein, sowohl in Jerusalem als auch in ganz Judäa und Samaria und bis an das Ende der Erde" (Apg. 1,8).*

Jesus verlangt von uns, dass wir von dem zeugen, was er an uns getan hat. Sei es eine Danksagung wegen der Vergebung aller Sünden, der Heilung von Krankheit, dem Geschenk des Heiligen Geistes oder der Bewahrung vor Unglück; von jeder Güte Gottes haben wir öffentlich zu zeugen. Wir machen das Werk Gottes nicht vollkommen, wenn wir nur im Verborgenen danken. Wir haben unsere Dankbarkeit zu Gott unseren Mitmenschen kundzutun. Nicht nur mit unserem Mund bezeugen wir vor den Menschen, dass wir Jesu Jünger sind, sondern geben zudem Zeugnis durch unseren Wandel. Von unserer Jüngerschaft zeugen wir in Äußerlichkeiten durch unsere Kleidung, Frisur, ja durch unser ganzes Erscheinungsbild. Wir geben durch unser Benehmen, ob daheim oder in der Öffentlichkeit, ebenso ein Zeugnis. Es gibt Glaubensbewegungen, die lehren, dass vor Gott das äußere Erscheinungsbild keine große Bedeutung hat. Sie behaupten, dass Gott allein auf das Herz eines Menschen sieht. Dies ist ein großer Irrtum und ein Betrug des Teufels, denn Jesus spricht:

- *„Reinige zuerst das Inwendige des Bechers, damit auch sein Auswendiges rein werde" (Mt. 23,26).*

Jene Menschen, die glauben, dass das Äußere keine Rolle spielt, kommen dieser Aufforderung Jesu nicht nach. Sie sind bestrebt das *Inwendige* zu reinigen, schenken der Reinigung des *Auswendigen* jedoch keine Beachtung. Fraglich ist nur, ob jene Menschen sich inwendig wirklich gründlich gereinigt haben. Denn wenn der Mensch inwendig rein ist, so ist er bestrebt, auch das Auswendige zu reinigen. Die Bibel gibt uns klare Anweisungen, was die Äußerlichkeiten eines wahren Christen anbelangt. Entspricht der Mensch jedoch nicht diesen Verordnungen Gottes in seinem äußeren Erscheinungsbild, so ist daraus zu schließen, dass ihm die inwendige Reinheit fehlt. Ihm fehlen die vollkommene Weihe, die völlige Ergebenheit und der bedingungslose Gehorsam zu Gott. Das Äußere an uns zeugt also von unserem Inneren in uns, und somit von unserer Stellung zu Gott. Ich erinnere mich an die Erzählung von einem kleinen fünfjährigen Jungen namens Alex. Er wuchs in einer gläubigen Familie auf und konnte durch seine christliche Erziehung in Äußerlichkeiten das wahre Christentum von aller Weltlichkeit wie auch vom falschen Christentum unterscheiden. In einem Warteraum kam der Kleine in ein Gespräch mit einem fremden Mann, welcher sich als ein Christ ausgab. Darauf musterte Alex den Mann von oben bis unten und sprach in seiner kindlichen Ehrlichkeit: „Deine Kleider zeigen nicht, dass du ein Christ bist. Solche Kleider, die du trägst, tragen Christen nicht." Der Alex erkannte, dass die Kleidung jenes Mannes nicht der Kleidung eines wahren Christen entsprach. Wir unterliegen nicht nur der ehrlichen und sehr direkten Beurteilung von Kleinkindern, sondern unter der Beurteilung von Seiten aller Menschen. Doch uns muss auch bewusst sein, dass wir darüber hinaus nicht nur von der irdischen Welt beobachtet werden, sondern auch von der geistigen Welt. Apostel Paulus macht uns dies klar, indem er uns schrieb:

- *„Denn wir sind der Welt ein Schauspiel geworden, sowohl Engeln als auch Menschen" (1. Kor. 4,9).*

Die Welt wie auch das ganze Engelsheer schauen auf uns. Was wird wohl ein Mensch bewirken, welcher mit seinem Mund biblische Wahrheiten bezeugt, aber seine Worte mit seinem äußeren Erscheinungsbild nicht in Einklang zu bringen sind? Sein Zeugnis wird unter der Zuhörerschaft nichts Gutes bewirken. Kommen wir mit ungläubigen Menschen in Kontakt, so müssen wir ihnen gegenüber Zeugen der Wahrheit sein. Wir sind vor ihnen

Zeugen durch unsere Worte, unser Verhalten wie auch in Äußerlichkeiten. Wir müssen ihnen erklären, was die Wahrheit beinhaltet. Ihnen muss gesagt werden, was die wahre Lehre Gottes von einem Menschen fordert. Wir dürfen dies nicht verschweigen und dabei andere Religionen oder Bewegungen, die ihre Irrlehren in der Welt verbreiten, tolerieren. Wir dürfen uns niemals neutral in dieser Angelegenheit verhalten, sondern müssen vor allen Mitmenschen eine entschiedene Haltung zur Wahrheit und zu allem Irrtum einnehmen. Bei Jesus gibt es keine Neutralität. Christus spricht:

- *„Wer nicht mit mir ist, ist gegen mich, und wer nicht mit mir sammelt, zerstreut" (Mt. 12,30).*

Jesus schaut auf unser Handeln und Wandeln. Er weiß, ob wir wirklich Zeugen der Wahrheit sind. Um die Wahrheit unter den Menschen bezeugen zu können, müssen wir uns in den Schriften der Bibel auskennen. Mir wurde von einem Mann berichtet, der in einem Krankenhaus im Sterben lag. Ihm wurde plötzlich sein sündiger Zustand bewusst, und er wusste, dass er so nicht im Frieden sterben wird. Er fragte verzweifelt die anwesende Krankenschwester, was er denn tun müsse, um gerettet zu werden. Doch die Krankenschwester konnte dem Mann keine Antwort auf seine Frage geben, da sie selbst nicht den Herrn Jesus als ihren Retter hatte. Wie groß aber ist doch unsere Verantwortung allen Menschen gegenüber, die von der Wahrheit nichts wissen, wir aber die Wahrheit erkannt haben! Ein Mensch, der ertrinkt, greift auch nach einem Strohhalm. Wenn wir diesen *Ertrinkenden* nun nicht das Rettungsseil zuwerfen und sagen: *„Ergreife dieses Seil, und du wirst gerettet!"*, dann sind wir an seinem Tod schuld. Diese Seele wird einst vor Gott jenen Menschen, der die Wahrheit wusste, beschuldigen, ihn nicht auf die Rettung durch Jesus Christus hingewiesen zu haben. Aus Liebe zu uns ließ Gott uns die Wahrheit durch seinen Sohn erkennen. Nun haben wir das große Vorrecht, selbst Söhne des allmächtigen Gottes sein zu dürfen. Gott verlangt von seinen Kindern, Zeugen der Wahrheit in der Welt zu sein. Dies sind wir unserem Vater im Himmel mehr als schuldig. Wir dürfen niemals eine neutrale Stellung gegenüber der Wahrheit einnehmen und unseren Mitmenschen dieses ernste Thema vorenthalten, nur weil wir sie bloß nicht beunruhigen oder belästigen wollen. Auch dürfen wir keine Angst vor den Reaktionen der Ungläubigen haben, wenn wir sie auf die Wahrheit und ihre persönliche Rettung ansprechen. Wenn wir uns aber durch unser öffentliches Zeugnis in ernsthafte Gefahr begeben und nicht nur uns, sondern auch unsere Brüder und Schwestern in Gefahr bringen, dann sollten wir vorsichtig sein und den Herrn um Rat bitten. In manch einem solchen Fall ist es weise zu schweigen.

Jesus warnte:

• *„Ihr sollt das Heilige nicht den Hunden geben, und eure Perlen sollt ihr nicht vor die Säue werfen, damit sie diese nicht zertreten mit ihren Füßen und sich umwenden und euch zerreißen." (Mt. 7,6)*

Wir - Kinder Gottes zeugen von der Wahrheit durch unseren Mund, unseren Wandel und durch unser äußeres Erscheinungsbild. In einem unserer Lieder singen wir folgenden Text: *„Zieret dein Wandel die Lehre, die herrliche Lehre des Herrn; lebst du vor ihm völlig heilig, folgest du ihm immer gern? Dass, wenn die Welt dich betrachtet, Jesum sie in dir kann sehn"* (Evangeliumsklänge, Lied Nr. 16). Sobald wir uns vor den Weltmenschen zu Jesus Christus bekannt haben, geben sie fortan auf unser Verhalten mehr acht, als uns überhaupt bewusst ist. Jede emotionale Regung unsererseits wird von ihnen sofort auf die Waagschale gelegt. Ein Mensch, der im Umgang mit andern ungeduldig ist, offenbart durch seine Ungeduld seinen Stolz. Ein aufbrausender Mensch zeigt durch seine Wut seine Lieblosigkeit. In solchen Verhaltensweisen zeigt sich am Menschen der Mangel an Liebe, an Demut, an Ergebenheit und vielen weiteren Tugenden. Geraten Menschen in große Not oder sind sie mit einem Mal von schwerer Krankheit befallen, kann man an ihnen sehr oft eine Wesensveränderung feststellen. Wenn der Mensch früher hochmütig und stolz war, so wird er in der Zeit des Leidens demütig, still und nachdenklich. Es gibt ein russisches Sprichwort, das da heißt: *„Er ist stiller als das Wasser und niedriger als das Gras geworden."* Es ist das Schicksal, das den Menschen in seinem Wesen verändern kann. Ein stolzer Mensch kann oft erst durch Schicksalsschläge lernen, demütig zu sein. Oftmals gibt es für Gott keine andere Möglichkeit, als durch Leiden und Not den Stolz des Menschen zu brechen, um aus ihm einen ergebenen und demütigen Menschen zu machen, der nach Gott fragt. Wir lesen in dem Alten Testament von dem babylonischen König Nebukadnezar. Er war zur Zeit seiner Regierung ein sehr erhabener und stolzer Herrscher. Gott aber demütigte ihn schwer. Er erkannte, dass die Demütigung von Gott war und dass ihm dies zu einer Lehre gereichen sollte. Daraufhin ließ er ein Schreiben aufsetzen, welches er an alle Städte seines Reiches sandte. In diesem Schreiben ermahnte der

König alle Bewohner des babylonischen Reiches, sich vor Hochmut und Stolz zu hüten, und ließ die ganze Welt wissen, dass Gott ihn gedemütigt hatte. Gott helfe uns, dass wir selbst die Demut erwählen, bevor Gott keine andere Wahl hat, als uns zu demütigen. Ich habe schon oft jenen Mann erwähnt, über den sich die Leute wegen seiner großen Sanftmut wunderten. Jemand fragte ihn einmal: *„Lukas, warum bist du so weich?"* Darauf antwortete er: *„Weil man mich weich geknetet hat."* Dieser Mann hatte in seinem bisherigen Leben viel Bedrängnis von Seiten liebloser und grober Mitmenschen erdulden müssen. Sie hatten den Lukas sichtlich weich geknetet. Aus dieser schweren Prüfung ging ein sehr sanftmütiger Mann hervor, der jedem noch so unfreundlichen Menschen mit seiner Sanftmut entgegen kommen konnte. Dem Lukas war es aber bis zum Erreichen eines solch erhabenen Charakters ein schwerer Weg. Oftmals entzog er sich dieser harten Prüfung. Gott aber fand Mittel und Wege, ihn zu einem sanftmütigen Menschen zu machen: Gott sah keinen anderen Weg, als ihn unter grobe Menschen zu stellen. Dies war dem Lukas erst recht eine harte Schule, doch bestand er schließlich jede Prüfung im Umgang mit seinen Mitmenschen. Gott in seiner Weisheit lässt es zu, uns in Kontakt mit Geistern zu bringen, durch die wir gedemütigt werden, durch die wir lernen geduldig zu sein, durch die er uns die Möglichkeit gibt, in der Liebe wachsen zu können und durch die wir schließlich jedem Menschen freundlich begegnen können. Für uns Kinder Gottes ist es daher nicht nur wichtig, mit unserem Mund zu zeugen, sondern ebenso mit unserem Temperament und unseren Werken. Alles in allem muss unser ganzes Leben ein Zeugnis zur Ehre Gottes sein. Egal, an welchem Ort wir auch sind, ob zu Hause, auf der Arbeit, in der Schule oder in der Stadt: überall muss unsere Gotteskindschaft bezeugen und der Welt zeigen, dass wir in der Wahrheit stehen.

Ebenso zeugt auch die Kindererziehung davon, ob man in der Wahrheit ist. Es müsse angezweifelt werden, in der Wahrheit zu stehen, wenn zum Beispiel die eigenen Kinder laut herumtoben würden, während ein Gast zu Besuch ist, der wegen all des Lärms kaum zu Wort kommen kann.

Beweisen

Wenn wir nicht jedem Anspruch unserer Zeugenschaft nachkommen, so wird das Zeugnis unseres Mundes allein ungültig sein. Das Glaubenszeugnis eines weltlich gekleideten „Christen", der es liebt, zu scherzen und über unnütze Themen zu plappern, wird niemals irgendeinen

Menschen überzeugen. Auch Gott wird das Zeugnis eines solchen Menschen nicht annehmen. Gott will solche Zeugen auf Erden haben, die durch ihr Benehmen, ihren Charakter, ihre Worte und ihr gesamtes äußeres Erscheinungsbild Zeugnis allen Menschen in ihrem Umfeld geben. Ein wahrer Christ verstellt sich nicht in seinem Verhalten entsprechend der Umgebung, in der er sich gerade befindet. In jeder Umgebung und in jeder Lage ist er ein beständiger, aufrichtiger und treuer Zeuge seines Herrn Jesus Christus.

Es wurde schon mehrmals erwähnt, welche große Bedeutung das äußere Erscheinungsbild eines Christen hat, der ein Zeuge Gottes in der Welt sein will. Noch wichtiger aber als alle Äußerlichkeit ist **das Bezeugen durch Taten der Gerechtigkeit.** Gott führt das Leben eines Christen oft so, dass der Glaube geprüft wird. Er prüft den Glauben mit verschiedensten Nöten und Bedrängnissen, z. B. mit Krankheit oder einem Leben mit mancherlei irdischen Sorgen. In solchen Situationen muss sich der Glaube bewähren. Als Jesus mit seinen Jüngern im Boot auf dem Meer war und die Wellen sehr tobten, sahen die Jünger ihren sicheren Tod bevorstehen. Trotz des aufbrausenden Meeres schlief Jesus tief und fest. Seine Jünger weckten ihn auf und riefen:

• *„Meister, Meister, wir kommen um!" (Lk. 8, 24).*

Daraufhin entgegnete Jesus ihnen:

• *„Wo ist eurer Glaube?" (Lk. 8, 25).*

Beweisen wir in jeder Lebenslage unseren Glauben? Wir Christen haben unseren Glauben in den schwierigsten Momenten unseres Lebens zu beweisen. Die Welt will sehen, dass wir den Glauben beweisen können; denn bezeugen ohne zu beweisen kann jeder Mensch. Wie zeigst du deinen Glauben in deinem praktischen Leben? Nicht nur die Welt, sondern auch Gott will den Glauben an uns sehen, den wir in der Tat beweisen. Ob in Not, in Gefahr oder in Krankheit – in jeder Lage und zu jeder Zeit müssen wir unseren Glauben beweisen. Glauben wir an Gott, und glauben wir daran, dass der Allmächtige auf unserer Seite ist oder nicht? In einem Lied schrieb der Dichter: *„Es deuchte mir, ein andrer sollt nie erschrocken sein, dem Feinde zu begegnen und schlagen mutig drein; doch aber ich erbebte, wenn es zum Kampfe ging... (Lied Nr. 174)* Besonders in Zeiten der Krankheit wird unser Glaube auf die Probe gestellt. Wenn es um die Heilung von Krankheiten geht, können wir ihn beweisen. Auch wenn die Krankheit über viele Jahre anhält, so müssen wir den Glauben an Heilung beibehalten. Hier ist Geduld im Glauben erforderlich. Bei Gott sind alle Dinge möglich. Zu seiner Zeit wird er uns aus jeder Art von Schwierigkeit, Leid und Not befreien. Wir müssen auch **unsere Liebe beweisen**. Der Apostel Johannes sagt:

• *„Lasst uns nicht lieben mit Worten noch mit der Zunge, sondern in Tat und Wahrheit!" (1. Joh. 3,18).*

Apostel Paulus schrieb in seinem zweiten Brief an die Korinther:

• *„Erbringt den Beweis eurer Liebe" (2. Kor. 8, 24).*

Jakobus schrieb in seinem Brief:

• *„Wenn aber ein Bruder oder eine Schwester nichts anzuziehen und Mangel an der täglichen Nahrung hätte und jemand unter euch sagte zu ihnen:»Geht hin in Frieden, wärmt euch und sättigt euch! «, ihr gebt ihnen aber nicht, was der Leib nötig hat: Was würde ihnen das helfen?" (Jak. 2, 15-16).*

Haben wir Barmherzigkeit und die Liebe zu unseren Mitmenschen allein durch ermutigende und tröstende Worte zu beweisen? Nein, sondern wir beweisen unsere Liebe zu ihnen durch die Tat, ihnen zum Wohl. So beweisen wir eine Opferbereitschaft aus Liebe zu unseren bedürftigen Brüdern und Schwestern. Gott will, dass wir nicht nur von Liebe sprechen, sondern die Liebe in der Tat beweisen.

Dass wir **Gott geweiht** sind und in völliger Hingabe für ihn leben, haben wir der Welt ebenso zu bezeugen und zu beweisen. Jeder Mensch, der auf unsern Wandel achtgibt, muss erfahren, dass wir den Heiligen Geist empfangen haben. Jeder unter uns solle sich selbst fragen: *„Habe ich wirklich alles dem Herrn geweiht? Verfügt mein Heiland über meine Zeit, meine Kräfte und über alle meine Fähigkeiten. Steht Jesus für mich über alles, auch über meiner Familie?* Ich muss sagen können: *„Herr, führe du, regiere du in meinem Leben. Ich will alles nur zu deiner Ehre verwenden."* Auf diese Art beweisen wir unsere Weihe zu Gott. Der Herr weiß, ob wir ihm völlig geweiht sind, aber auch unsere Mitmenschen erkennen an uns, ob wir Gott bedingungslos alles übergeben haben. Dies kann weder vor dem Herrn noch vor unseren Mitmenschen geheim gehalten werden. Das völlige Opfer eines Menschen wird jedermann in seinem Umfeld erkennen. Wenn ich so über die Weihe nachdenke, so muss ich an all die Menschen denken, die sich über viele Jahre viel Geld zusammengespart hatten, die aber mit einem Mal alle Ersparnisse durch eine Fehlinvestition oder einer Finanzkrise verloren. Ich habe schon mit finanziell ruinierten Menschen gesprochen, die mir weinend ihr Leid geklagt haben. Wir wissen, dass die Finanzkrise auch heute noch nicht ausgestanden ist. Ein Mann, der heute reich an ersparten Geldern ist, kann schon nächste Woche pleite sein. Ihre jahrelangen Bemühungen, Geld anzuhäufen, sind mit einem Mal zunichte geworden. Wenn auch jede Bank der Welt bankrottgehen kann, so gibt es eine Bank, bei der dies niemals geschehen wird. Und dies ist die Himmelsbank. Auf der Himmelsbank bewahrt der wahre Christ sein *Vermögen* auf. Sein Vermögen ist der Lohn, den der Christ durch sein Wirken für Jesus während seiner Zeit auf Erden erarbeitet hat. Wenn wir im Himmel unser *Vermögen* anlegen, ist uns ein ewiger Schatz sicher; denn dort fressen weder Motte noch Rost, und kein Dieb bricht dort ein und stiehlt (Mt. 6, 19). Wir werden auch auf **unsere Treue** geprüft. Unsere Treue zu unserem Heiland wird einst überschwänglich belohnt werden.

• 	*„Über wenigem bist du treu gewesen, ich will dich über viel setzen" (Mt. 25,23).*

Ein Mann, der im Geringen treu ist, wird auch im Großen treu sein. Unsere aktuelle Losung hinter dem Rednerpult heißt:

• 	*„Ein treuer Mann wird viel gesegnet" (Spr. 28, 20).*

Gott prüft, ob wir mit dem Gut, welches er uns anvertraut hat, treu umgehen. Unser ganzes Leben ist eine beständige Prüfung unserer Treue zu Gott. Der Apostel Paulus schrieb in seinem ersten Brief an die Korinther:

• 	*„Mein Wort und meine Predigt geschahen nicht mit überredenden Worten menschlicher Weisheit, <u>sondern in Erweisung des Geistes und der Kraft</u>" (1. Kor. 2,4).*

Überwinden wir die Welt, allen Irrtum und schließlich uns selbst, so beweist dies, dass der **Heilige Geist und seine Kraft** in uns wirksam sind. Er gibt sich nicht durch Schreien, Klatschen und Hüpfen zu erkennen, wie es viele Menschen aus den Kreisen der Charismatiker glauben. Der Teufel kann den Menschen dieser und ähnlicher Glaubensrichtung durch gewisse Gefühlsregungen den Heiligen Geist vortäuschen. Er ist in der Lage, vieles zu vollbringen und zu täuschen. Wozu aber ist er nicht in der Lage? Er kann sich nicht erniedrigen, er kann sich nicht demütigen, auch kann er nicht um Vergebung bitten. Den Geist und die Kraft zu beweisen, bedeutet, sich selbst erniedrigen zu können. Was könnte mehr die Herzens-niedrigkeit beweisen, als ein Diener aller Menschen zu sein? Dies ist, was von wahrer Größe zeugt. Wer sich selbst erniedrigt, der wird erhöht werden. Jesus erwies seine Größe in seinem Dienen.

- *„Ihr nennt mich Meister und Herr und sagt es mit Recht, denn ich bin es auch" (Joh. 13, 13).*

- *„Ich aber bin unter euch wie ein Diener" (Lk. 22, 27).*

Jesus bewies seine Kraft und Größe in seinem Dienst an allen Menschen. Ebenso wie Jesus müssen auch wir, seine Nachfolger, die Haltung eines Dieners in dieser Welt einnehmen. Möchten wir ein Diener nach dem Vorbild Jesu Christi sein, so ist Selbsterniedrigung notwendig. Der Schreiber des Hebräerbriefs mahnt seine Adressaten, an den Verheißungen Gottes festzuhalten. Hier lesen wir im 6. Kapitel:

- *„Wir wünschen aber, dass jeder von euch denselben Eifer beweist zur vollen Gewissheit der Hoffnung bis ans Ende" (Hebr. 6, 11).*

Die Bibel spricht viel von **Fleiß und Eifer** in geistlicher Arbeit. Ein wahrer Christ beweist seinen Eifer für seinen Heiland bis an sein Lebensende. Der Verfasser eines unserer Lieder dichtete: *Hier gilt es Treue zu zeigen, lasst uns die Eifrigsten sein, nicht als die trägen und Feigen flieh`n aus den kämpfenden Reih'n* (Evangeliumsklänge; Lied Nr. 509).

Jesus spricht:

- *„Hierin wird mein Vater verherrlicht, dass ihr viel Frucht bringt" (Joh. 15, 8).*

Gott will die rechtschaffenen Früchte an uns sehen. Ja, dies will auch die Welt an uns sehen, wenn wir uns vor ihnen zu Jesus Christus bekennen. Alle Menschen in unserer Umgebung müssen erkennen, dass wir für das Reich Gottes eifern. Oft warnte Jesus in seinen Reden, nicht nach den irdischen Dingen zu trachten, die doch vergänglich sind, sondern nach dem Reich Gottes. Sind wir wirksam im Reiche Gottes, so häufen wir uns durch unsere geistliche Arbeit Schätze im Himmel an, welche ewigen Wert haben. Wir lesen von Jesus, wie er bei den Schwestern Maria und Martha zu Besuch war. Während Martha mit häuslicher Arbeit zum Wohl ihres Gastes sehr beschäftigt war, saß Maria zu den Füßen Jesu und gab seinen Worten acht. Darauf klagte Martha Jesu ihre Mühe, die sie alleine in der Bewirtung ihrer Gäste hatte, und forderte, Maria solle ihr doch helfen. Da sprach Jesus zu Martha:

- *„Maria hat das gute Teil erwählt" (Lk. 10,42).*

Martha war sehr beschäftigt; allerdings mit einer irdischen Angelegenheit. Nach Jesu Ansicht aber, hatte Maria das gute Teil erwählt, indem sie seinen Worten zuhörte. Die Arbeit auf geistlichem Gebiet ist weitaus wichtiger als alle irdische Arbeit. Hier gibt es für uns sehr viel zu tun; sei es Seelen retten, den Glauben unserer Brüder und Schwestern stärken, der geistlichen Erziehung unserer Kinder dienen oder den Kranken und Witwen unter uns Beistand leisten. Gott ruft nach Arbeitern, die in diesen Aufgaben tätig sind. Er ruft besonders nach einer Jugend, die geistlich gesund und kräftig ist und voller Tatendrang für das Reich Gottes wirkt. Gott hat jedem Menschen gewisse Gaben gegeben, die in geistlichen Arbeiten eingesetzt werden können. Gerade unsere Jugend hat die besten Voraussetzungen, im Reiche Gottes erfolgreich zu wirken, denn sie steht im Hinblick auf die geistige und körperliche Verfassung in voller Blüte. Doch vorerst müssen die Kräfte unserer Jugend in die rechten Bahnen gelenkt werden, und hierzu ist ein brennender Geist die Grundvoraussetzung. Befindest du dich, liebe Seele, jetzt gerade in einer guten geistigen und körperlichen Verfassung, so fange noch heute an, mit deinen Fähigkeiten für Gott wirksam zu sein. Bedenke, dass es schon viele Menschen gegeben hat, die auf dem Sterbebett mit Schrecken feststellen mussten, dass sie in Kürze mit zu wenig oder gar keiner Frucht vor Gott erscheinen müssen. Im Angesicht des Todes bereut der Mensch bitter seine Tatenlosigkeit in geistlicher Arbeit. Gott stellt jedem Menschen eine gewisse Zeit zur Verfügung, in der er mit seinen Fähigkeiten in einer gesunden geistigen und körperlichen Verfassung wirksam sein und so für seine ewige Seligkeit vorsorgen kann. Viele Menschen bereuen vor ihrem Abscheiden bitterlich, diese angenehme Zeit für Gott nicht genutzt zu haben. Wer nun einsieht, dass er jetzt in dieser angenehmen Zeit lebt, möge doch jetzt diese Zeit nutzen! Denn es kommt die Nacht, da niemand mehr wirken kann. Nachdem Jesus auferstanden war, hatte er mehrere Male Gemeinschaft mit seinen Jüngern. Während sie einmal beisammensaßen, fragte Jesus Petrus:

- *„Simon Jona, liebst du mich mehr als diese anderen?"*

Petrus antwortete:

- *„Ja, Herr, du weißt, dass ich dich lieb habe"* (Joh. 21, 15).

Dreimal fragte Jesus den Petrus, ob er ihn liebhabe, und jedes Mal versicherte Petrus Jesus seine Liebe . Gott sei Dank! Auch uns fragt Jesus auf vielerlei Weise mehrmals im Verlauf des Tages, wie es mit unserer Liebe zu ihm steht. Was für eine Antwort erwartet dann Jesus von uns? Ist es damit getan, unsere Liebe zu Jesus allein durch das Bekennen mit dem Munde zu beweisen? Nein, sondern wir müssen vielmehr **unsere Liebe zu unsrem Heiland in der Tat beweisen.** Petrus fragte Jesus:

- *„Herr, wie oft soll ich meinem Bruder, der gegen mich sündigt, vergeben? Bis siebenmal?"* (Mt. 18, 21).Darauf antwortete Jesus ihm:

- *„Nicht bis siebenmal, sondern bis siebzig mal siebenmal"* (Mt. 18, 22).

In den verschiedensten Prüfungen des Lebens haben wir auf gleiche Weise so zu handeln, wie Jesus es uns durch seine Antwort auf die Frage des Petrus gebietet. Dieselbe Antwort erhalten wir, wenn wir uns zum Beispiel die Frage stellen, wie oft wir am Tag geduldig sein sollen. Wir Kinder Gottes müssen zu jeder Zeit am Tage und in jeder Lebenslage geduldig bleiben. In der Geduld habe auch ich mich noch zu üben. Jesus, obwohl er als der Sohn Gottes auf Erden war, musste über die Unverständigkeit und wegen der Schwachheit im Glauben mancher Mitmenschen seufzen. An einer Stelle sagte er:

- *„Bis wann soll ich bei euch sein? Bis wann soll ich euch ertragen?" (Mk. 9, 19).*

Wir müssen beständig auf das Leben Jesu blicken und aus seinem Leben lernen. Wenn auch jemand die Unverständlichkeit und Schwachheit seiner Mitmenschen schwer ertragen kann, so konnte sie Jesus dennoch ertragen, auch wenn er darüber seufzen musste. Im Hinblick auf unsere Geduld lesen wir im ersten Thessalonicher-Brief:

- *„Tragt die Schwachen, seid geduldig gegen jedermann"* (1. Thess. 5, 14).

Gott lässt es zu, dass wir im Verlauf des Tages immer wieder geprüft werden. Hierüber schrieb der Apostel Paulus:

- *„Um deinetwillen werden wir getötet den ganzen Tag; wir sind geachtet wie Schlachtschafe" (Röm. 8,36).*

Wie oft soll ich wohl sagen *„Weiche von mir, Satan!"*, wenn mir schlechte Gedanken kommen? Reicht es einmal, reicht es siebenmal? Nein, siebzigmal siebenmal – ständig müssen wir dem Teufel entschieden entgegentreten. Diese Kämpfe hören in diesem Erdenleben nie auf. So werde nur niemand müde im Kampf, und keiner lasse den Mut sinken, wenn auch die Anfechtungen des Teufels kein Ende nehmen. Hier ist Geduld nötig und ein festes Vertrauen auf die Rettung des Herrn. In einem Lied heißt es: *„Hier gibt es keinen Stillstand und keinen Ruheort, drum lasset uns vorwärtsgehen."* Müde werden bedeutet zurückzugehen, denn Stillstand ist Rückgang. Ein Sportler muss beständig trainieren, um in Form zu bleiben. Auch ein Musiker muss regelmäßig auf seinem Instrument üben. Es heißt, wenn ein Musiker einen Tag nicht spielt, merkt er es schon am nächsten Tag, dass er den einen Tag nicht gespielt hat. Wenn er drei Tage nicht gespielt hat, so merken es seine Freunde. Wenn er aber einen Monat nicht gespielt hat, so merkt es sein Publikum. Ständig in Übung bleiben, ist in vielerlei Hinsicht notwendig. Gott sei gedankt, dass er uns jeden Tag so viele Möglichkeiten gibt, um in geistlichen Tugenden in Übung zu bleiben! Er lässt uns in Situationen kommen, in denen wir uns zum Beispiel in der Liebe oder in der Geduld üben können. Er prüft auch unsere Weihe und unsere Demut. Er prüft uns fortwährend! Es ist gut, dass wir so viele Kämpfe und Anfechtungen haben, denn diese erhalten uns in dem rechten Stand zu Gott. Der Glaube und die Liebe werden gerade in Zeiten der Prüfungen und Anfechtungen gestärkt, wenn man sich nur auf den Herrn verlässt. Dank sei Gott für jede Prüfungszeit, denn auf diesem Wege zeigt er uns, wie sehr wir von ihm abhängig sind. Durch Leiden zieht er uns näher zu sich. Der Herr helfe uns, dass wir die Dinge aus dieser Sicht betrachten können und nicht darüber klagen, wie schwer wir es in so manchen Zeiten haben. Alles, was für den Moment nötig ist, gibt uns Gott. Jede Prüfungszeit ist für uns eine Läuterung, wodurch wir immer reiner werden. Im Alten Testament steht geschrieben, dass das Gold siebenmal geläutert wird. Reicht es denn nicht, es einmal zu läutern, um vollständig gereinigtes Gold zu erhalten? Nein, alle Schlacken können durch nur eine Läuterung nicht beseitigt werden, sondern nur durch mehrmaliges Erhitzen. Wir Kinder Gottes können ebenso unmöglich durch nur eine Prüfung im Leben völlig rein werden. Viele Lebensprüfungen sind für uns nötig, um einst völlig rein vor Gott erscheinen zu können. Wenn wir auch mehrmals am Tage in den glühenden Ofen zu unserer Läuterung geworfen werden, müssen wir Gott dafür dankbar sein, denn es dient uns nur zum Besten. Es schadet uns nicht. Jesus will nur alle Schlacken aus unserem Herzen entfernen. Er will nur das wegnehmen, was ihm nicht wohlgefällig ist, und dies ist der fleischliche Sinn. Der Geist aber geht gestärkt aus jeder Läuterung hervor. Gott helfe uns, dass wir im geistlichen Kampf nicht müde werden, sondern immer vorwärtsgehen. Er verhelfe uns zudem, seinem Sohn Jesus Christus immer ähnlicher zu werden. Amen. 22.11.2009

Die Eigenschaften des Heiligen Geistes

Ich möchte zu Beginn mitteilen, dass gestern Abend, um etwa zwanzig nach neun, unser Bruder Ivan Eckert verstorben ist. Man rief mich gestern an und teilte mir mit, dass sich der Bruder kurz vor seinem Hinscheiden befinde. Ich kann bezeugen, dass er bis zum Ende fest im Glauben blieb, da ich ihn in seiner letzten Zeit fast jeden Tag besuchte. So haben wir gestern Abend die Zeit abgewartet und gemerkt, wie sein Atmen abflachte und manchmal für kurze Zeit aussetzte. Seine Frau, Schwester Irmgard und ich fühlten seinen Puls an Handgelenk und Hals, und schließlich hörte sein Herz auf zu schlagen. Sie drückte ihrem Mann noch die Augen zu, und musste weinen. Ich tröstete sie und konnte ihr sagen, dass ihr Mann noch in der zwölften Stunde Gnade vor Gott gefunden hatte und nun an einem wunderbaren Ort sei. Gewiss sollten meine Worte von jungen Leuten nicht so verstanden werden, es sei noch in ihrer Sterbestunde im hohem Alter Zeit für eine Bekehrung. Kein Mensch kann wissen, wann er von Gott abgerufen wird. Deshalb ist es für einen jeden Menschen wichtig, allezeit bereit zum Hinscheiden zu sein.

Nun hat ein neues Jahr seinen Lauf genommen, und wir können wieder rückblickend sagen, dass Gott uns auch im vergangenen Jahr beschützt und bewahrt hat. In einer unserer Wahrheitsperlen lesen wir, dass es nicht so sehr darauf ankommt, wie lange wir leben, sondern vielmehr, dass das Leben einen rechten Inhalt hat. So viel Gott einem jeden von uns an Zeit zugedacht hat, so lasset uns diese Zeit recht nutzen. Gott will uns viel schenken. Wir lesen im Wort Gottes:

• *„Er, der doch seinen eigenen Sohn nicht verschont, sondern ihn für uns alle hingegeben hat – wie wird er uns mit ihm nicht auch alles schenken?" (Röm. 8, 32).*

Wir als Kinder Gottes haben das Vorrecht, Erben Gottes und Miterben Christi zu sein. Wir können uns in die göttliche Natur verwandeln lassen, und Erben des ganzen Himmels sein, wenn wir es nur wollen.

Zum Jahreswechsel nimmt man sich gewöhnlich gute Vorsätze für das neue Jahr vor. Doch darf es nicht allein bei den guten Vorsätzen bleiben; wichtig ist, diese guten Vorsätze zu erfüllen. Es heißt, dass der Weg zur Hölle mit lauter guten Vorsätzen gepflastert ist. Der Teufel hat nichts dagegen, wenn sich der Mensch gute Vorsätze erwählt. Doch sucht er zu verhindern, dass der Mensch sie in die Tat umsetzt. Er versucht den Menschen immer dazu zu bewegen, seine guten Vorsätze in die Zukunft zu verschieben. Gott möge uns helfen, dass wir das, was wir uns an guten Vorsätzen vorgenommen haben, auch erfüllen mögen.

Die Propheten im Alten Bund weissagten bereits über dieses Vorrecht des Menschen im Neuen Bund.

• *„Und ich werde reines Wasser über euch sprengen, und ihr werdet rein sein von allen euren Unreinheiten; von allen euren Götzen werde ich euch reinigen. Und ich will euch ein neues Herz geben und einen neuen Geist in euer Inneres legen. Und ich werde das steinerne Herz aus eurem Fleisch wegnehmen und euch ein fleischernes Herz geben; und ich werden meinen Geist in euer Inneres geben; und ich werde machen, dass ihr in meinen Ordnungen lebt und meine Rechtsbestimmungen bewahrt und tut" (Hes. 36, 25-27).*

Gott versprach durch den Propheten Hesekiel, den Menschen ein neues Herz und einen neuen Geist zu geben. Ich möchte aber diesen neuen Geist hervorheben. Es heißt, dass wir uns von aller Befleckung des Fleisches und des Geistes reinigen sollen. Auch Jesus sprach von dieser Reinigung, indem er sagte:

• *„Jede Rebe, die Frucht bringt, die reinigt er, dass sie mehr Frucht bringe" (Joh. 15, 2).*

Dies bedeutet, dass wenn allein die Sünden vergeben sind, das Werk noch kein völliges ist. Gott will dem Menschen hierzu einen neuen Geist geben. Was ist wohl dieser neue Geist, und woran können wir ihn erkennen? Worin unterscheidet sich dieser Geist von dem Geist, der im Menschen des Alten Bundes wohnte? Es ist für uns wichtig, dass wir die Antworten auf diese Fragen wissen. Denn wenn wir diese nicht beantworten können, ist es für uns schwierig, geistliche Dinge zu verstehen.

Der Geist der Sohnschaft

Der Apostel Paulus, welcher der Apostel der Heiden war, schrieb im Brief an die Gemeinde zu Rom:

• *„Denn ihr habt nicht einen Geist der Knechtschaft empfangen, wieder zur Furcht, sondern einen Geist der Sohnschaft habt ihr empfangen, in dem wir rufen: Abba, Vater!" (Röm. 8, 15).*

Durch den Heiligen Geist können wir als Kinder Gottes nun im Neuen Bund rufen: Abba lieber Vater! Es bedeutet, dass wir als Kinder Gottes das

79

Vorrecht haben, Gott unseren Vater zu nennen, und ihn anzurufen. Jesus bestätigte dies, als er sagte:

• *„Ich fahre auf zu meinem Vater und eurem Vater und zu meinem Gott und eurem Gott!" (Joh. 20, 17).*

Wir können dankbar sein, dass wir einen Vater im Himmel haben, der so väterlich für uns sorgt. Wenn unser irdischer Vater uns nicht recht erzogen hat, so erzieht uns aber unser himmlischer Vater. Gottes Art zu erziehen, ist viel weiser. Die Liebe Gottes zu uns ist viel größer als die Liebe einer Mutter zu ihrem Kind. Wir bekommen häufig mit, wie grausam sich Eltern gegenüber ihren Kindern verhalten können. Auf eine solche Weise verfährt Gott mit seinen Kinder niemals. Gottes Liebe ist viel größer als die größte menschliche Liebe. Der Heilige Geist, den wir empfangen haben, ist ein Geist der Sohnschaft. Durch diesen Geist leben wir in dem Bewusstsein, dass wir Kinder Gottes sind.

Der Geist der Kraft, Liebe und Zucht

In dem zweiten Brief an Timotheus nennt uns der Apostel Paulus ein weiteres Merkmal des Heiligen Geistes:

• *„Denn Gott hat uns nicht einen Geist der Furchtsamkeit gegeben, sondern der Kraft und der Liebe und der Zucht" (2. Tim. 1, 7).*

Auch sprach Jesus nach seiner Auferstehung zu seinen Jüngern, dass sie in Jerusalem bleiben sollen, bis sie angetan seien mit der Kraft aus der Höhe. Jesus sprach außerdem, dass Johannes mit Wasser getauft hatte, sie aber mit Heiligem Geist getauft werden sollen. Der Heilige Geist gibt dem Menschen die Kraft, den finsteren Mächten zu widerstehen und *Nein* zu allem Bösen sagen zu können. Der Mensch hat durch den Heiligen Geist das Vorrecht, ein Sieger und Überwinder im geistlichen Kampf zu sein. Er gibt dem Menschen Kraft, von jeglicher üblen Gewohnheit freizukommen, an die er einst gebunden war. Was mit menschlicher Kraft und Anstrengung unmöglich ist, das kann der Mensch mit Hilfe des Heiligen Geistes möglich machen. Durch ihn kann er von den schwersten Gebundenheiten befreit werden. Er kann dann von Herzen singen: *„Frei, frei, frei, von Sünden bin ich frei! Von Welt und ihrer Eitelkeit hat Christus mich befreit. "*
Demnach beinhaltet die frohe Botschaft nicht nur die Vergebung von Sünde und Schuld, sondern auch, als Überwinder und Sieger aus dem bevorstehenden geistlichen Lebenskampf mit Hilfe des Heiligen Geistes hervorzugehen. Wir Kinder Gottes sind schon im jetzigen Leben glücklich,

da wir wissen, dass in jedem Kampf der Sieg auf unserer Seite sein kann. So singen wir auch in einem unserer Lieder: *„Immer sind wir Sieger, so ertönt es wieder."* Viele Lieder unseres Liederbuches handeln von Überwindung und Sieg. So können auch viele unserer Geschwister aus eigener Erfahrung von einem siegreichen Leben sprechen. Es sind herrliche Erfahrungen, die ein Kind Gottes als Überwinder machen kann. Der Geist der Kraft ist viel stärker als alle finsteren Mächte. Es heißt:

* *„Wiederseht dem Teufel, so flieht er von euch!" (Jak. 4, 7).*

Ein geheiligtes Kind Gottes ist stärker als der Teufel selbst. Ist ein Kind Gottes mit der himmlischen Kraft des Heiligen Geistes ausgerüstet, so muss der Teufel vor diesem fliehen. Dieser Christ trägt die ganze Waffenrüstung Gottes, ist beständig im Gebet und wacht darin beharrlich. Nur mit solcher geistlichen Ausrüstung und einer solchen Gebetshaltung ist der Mensch fähig, den Teufel in die Flucht zu schlagen.

An einer anderen Stelle spricht der Apostel von einer Kraft der Liebe. Bereits im Alten Bund war das Gebot, zu lieben, gegeben: *Du sollst deinen Nächsten lieben.* Jesus hat diesem Gebot viel mehr Bedeutung zugesprochen. Der Maßstab der Liebe ist durch Jesus noch viel höher gesetzt als je zuvor. So sprach Jesus:

* *„Ich aber sage euch: Liebt eure Feinde." (Mt. 5, 39).*

Im Alten Bund dagegen wurde geboten den Freund zu lieben, den Feind aber zu hassen. Jesus sprach weiter zu seinen Jüngern:

* *„Ein neues Gebot gebe ich euch, dass ihr euch untereinander liebt, gleich wie ich euch geliebt habe" (Joh. 15, 12).*

Auch in Bezug auf die Liebe untereinander war der Maßstab der Liebe des Alten Bundes gegenüber dem Neuen Bund nie so hoch gesetzt, denn die Liebe des Neuen Bundes soll sogar so weit gehen, das Leben für seinen Nächsten zu lassen.

* *„Größere Liebe hat niemand als die, dass er sein Leben hingibt für seine Freunde" (Joh. 15, 13).*

Durch Zeugnisse von Geschwistern haben wir erfahren, dass Kinder Gottes fähig sind, das Leben für Freunde und sogar auch für Feinde zu lassen. Es trug sich zu, dass auf einem sinkenden Schiff die Rettungsbote nur für die Hälfte der Passagiere ausreichten. Nur jeder Zweite konnte also eines der Rettungsbote betreten, und so wurde das Los geworfen. Es war ein Christ an Bord, der während der Schiffsreise mit einem Mann ins Gespräch kam.

Es stellte sich heraus, dass dieser ein Atheist war. Als nun die Lose verteilt wurden, viel das Los der Rettung auf den Christen, der Atheist aber musste an Bord des sinkenden Schiffes bleiben. Der Christ aber entschied sich dafür, sein Los dem Atheisten zu geben, und sprach zu ihm: *„Geh, und suche Gott! Ich will an deinem Platz sterben, denn ich bin bereit zu sterben. Siehe nun zu, dass du auch dort hinkommst, wo ich sein werde. Ich werde auf dich im Himmel warten."* Diese Begebenheit zeigt, welch eine Liebe ein geheiligtes Kind Gottes sogar zu seinen Feinden hat. Ein wahrer Christ geht so weit, dass er sich selbst opfert, um jemand anderen zu retten. Dies unterscheidet ein Kind Gottes von allen anderen Menschen, die den Heiligen Geist, welcher der Geist der Liebe ist, nicht haben. Einen solchen Geist der Liebe finden wir weder in Kirchen noch in Sekten. Es ist ein Geist, der an wahren Christen zu erkennen ist. Jesus sprach:

- *„Daran werden alle erkennen, dass ihr meine Jünger seid, wenn ihr Liebe untereinander habt" (Joh. 13, 35).*

In dem ersten Brief an die Gemeinde zu Korinth schrieb der Apostel Paulus:

- *„Und wenn ich alle meine Habe den Armen gäbe, und ließe meinen Leib verbrennen, und hätte der Liebe nicht, so wäre es mir nichts nütze" (1. Kor. 13, 3).*

Wenn in allem unseren Tun die Liebe Gottes nicht mitwirkt, auch wenn die Taten noch so aufopfernd sind, wirken wir vergebens. Taten ohne Liebe kann Gott dem Menschen einst nicht anrechnen. Wir Lesen in der Offenbarung die Worte:

- *„Selig die Toten, die von jetzt an in dem Herrn sterben" (Offb. 14, 13).*

Von jetzt an bedeutet ab dem Zeitpunkt, an dem der Geist der Liebe ausgegossen wurde. Diese Menschen sind selig, denn ihre Werke folgen ihnen nach. Sie werden für ihre Werke, die sie aus Liebe taten, den rechten Lohn empfangen. So der Mensch aber seine Werke nicht aus Liebe tat, wird ihm auch einst kein Lohn zuteil. Jesus sprach damals über die Pharisäer, dass sie ihren Lohn bereits dahin haben. Denn alles was sie taten, taten sie nur, um Ehre von Menschen zu empfangen. Die Beweggründe, die sie zu ihren Taten veranlassten, waren nicht rein, nicht vollkommen und vor Gott nicht wohlgefällig. Gott sieht die Beweggründe hinter jeder unserer Tat, während die Menschen meist nur die Taten sehen. Für Gott ist von wichtigster Bedeutung, aus welchem Motiv ich dies oder jenes tue. Taten, die aus Beweggründen wie Pflichtgefühl, Formalität oder dem Suchen nach Ehre von Menschen entspringen, kann Gott nicht anerkennen. Allein die Taten, welche aus reiner Herzensliebe geschehen, sind Gott wohlgefällig. Es sei uns für das neue Jahr ein guter Vorsatz, wenn wir den Beweggrund hinter jeder Tat erforschen. Jeder muss sich beständig selbst die Frage stellen, was ihn zu jener Tat bewegt. Unterliegt meine Tat der wahren Liebe, die aus dem Heiligen Geist entspringt, oder tue ich sie nur aus Eigennutz oder Pflichtgefühl? Gott will uns den Heiligen Geist geben, durch den uns diese reine Herzensliebe zuteil wird.

Eines unserer Traktate handelt von einer Schwester, Sarah Smith, welche bezeugen konnte, dass, nachdem sie den Heiligen Geist empfangen hatte, der Geist der Furcht nicht mehr in ihr war. Gleiches konnten auch damals viele andere der Pionierbrüder bezeugen. Sie wurden durch die Kraft des Heiligen Geistes mutig. In der Offenbarung wird daher ein Kind Gottes mit einem Löwen verglichen, was bedeutet, dass es mutig wie ein Löwe ist.

An anderer Stelle der Bibel lesen wir von einem Geist der Zucht. Wir lesen in den Sprüchen über diesen Geist:

- *„Weisheit und Zucht verachten nur die Narren" (Spr. 1, 7).*

Weiter lesen wir im Epheserbrief über die rechte Kindererziehung:

- *„(...) zieht sie auf in der Zucht und Ermahnung des Herrn!"*
(Eph. 4, 6).

Dann lesen wir im ersten Timotheusbrief Worte, die an unsere Schwestern gerichtet sind. Ihnen wird verordnet, dass sie sich mit Scham und Zucht zieren sollen (1. Tim. 2, 9). Sich mit Scham und Zucht zu zieren, betrifft gewiss nicht nur die Schwestern, sondern uns alle. Der Heilige Geist in einem Menschen macht sich an Zucht und keuscher Verhaltensweise bemerkbar. Bezeugt ein Mensch, er habe die Heiligung erlangt, und besitzt nicht die Charaktereigenschaften der Keuschheit und Zucht, so ist sein Zeugnis ein leeres Zeugnis. Es heißt, dass nicht das Zeugnis unserer Lippen die Welt überzeugen wird, sondern das Zeugnis unseres Wandels. In einem unserer Lieder heißt es in einem Vers: *„Zeigt euren Wandel Geschwister, dass Gottes Worte sind wahr."* Wenn sich auch heute die Weltmenschen öffentlich eher ausziehen, anstatt sich anzuziehen, so stellen sich wahre Kinder Gottes nicht der Welt gleich, sondern kleiden sich keusch. Wir sind gewiss keine Fanatiker und legen keine gewisse Form in der Kleiderwahl fest, wie es manche Sekten tun, indem sie sich uniform kleiden, doch müssen wir darauf achtgeben, dass unsere Kleidung der verordneten

Keuschheit der Bibel entspricht, auf dass uns von Außenstehenden nichts Böses nachgesagt werden kann. Mögen sich unsere Brüder und Schwestern immer in diesem Geist der Zucht kleiden und verhalten, damit die Lehre Christi durch ihren Wandel geziert wird. Der Herr helfe uns, dass wir in der Frage des keuschen Wandels niemanden zum Anstoß werden. Lasst uns auch in dieser Sache immer auf dem biblischen Weg bleiben. Wir wissen, dass die Welt in Sachen Mode immer zur Übertreibung neigt. Entweder maximal große Röcke oder Miniröcke; Hauptsache man fällt auf und ist im Äußerlichen aufreizend. Ein Zwischending bei Röcken gefällt der Welt nicht sonderlich. Wir müssen auf dem Mittelweg der Bibel bleiben und dürfen weder zur Rechten noch zur Linken abweichen. Wenn der Mensch den Heiligen Geist besitzt, dann wird er auch erkennen, was in Äußerlichkeiten Gott wohlgefällig ist. Er wird dann auch das Anlegen von Schmuck und sonstigen überflüssigen Modeaccessoires nicht der biblischen Keuschheit und Zucht entspricht. Wie bereits erwähnt, spricht die Bibel von einem Sich-Zieren in Scham und Zucht. Lasst uns darauf achtgeben, dass wir den Namen der Gemeinde Gottes weder durch unseren Kleidungsstil noch durch unser Verhalten verunehren. Vielmehr lasst der Gemeinde Gottes durch unseren äußerlichen Wandel Ehre zukommen. Das Wort Gottes sagt von den falschen Christen, dass um derer willen der Name Gottes unter den Heiden verlästert wird. Wie viele Menschen gibt es heutzutage, die sich Christen nennen und sich als gläubig bezeichnen, die aber im Äußerlichen nicht dem biblischen Verordnungen nachkommen. Die Heiden lästern über solche, denn auch sie wissen, was die Bibel von einem Menschen fordert. Gewiss haben die Heiden dann allen Grund über solche Menschen, die sich zu Unrecht Christen nennen, zu lästern, und es ist eine Schande für das wahre Christentum. Doch einst werden diese Menschen ihr Urteil empfangen.

Der Geist der Wahrheit

Der Heilige Geist ist auch der Geist der Wahrheit. Jesus sprach:

• *„Wenn aber jener, der Geist der Wahrheit, gekommen ist, wird er euch in die ganze Wahrheit leiten" (Joh. 16, 13).*

Den Geist der Wahrheit besitzen, bedeutet nicht, im Irrtum zu sein. Durch den Heiligen Geist sind wir in der Lage, die Dinge so zu sehen, wie Gott sie ansieht. Ein geheiligtes Kind Gottes richtet sich nicht nach den Ansichten der Menschen, was in ihren Augen Gut und Böse ist. Ich kam einst mit einer Frau ins Gespräch, und wir sprachen über eine gewisse sündige Tat. Sie sagte mir: „Aber Bruder Harry. Das ist doch keine so große Sünde!" Eine solche Aussage zeugt davon, dass diese Frau den Geist der Wahrheit nicht besaß, denn wenn sie den Geist der Wahrheit hätte, so würde sie wissen, was vor Gott recht und was unrecht ist. Sie müsste dann ebenfalls wissen, dass Gott schon eine kleine Sünde nicht dulden kann. Was der Mensch äußerlich zu erkennen gibt, ist ein Zeugnis seines Inneren. Jesus wies darauf hin, dass dies alles aus dem Herzen des Menschen kommt. Wenn Geschwister den Geist der Wahrheit besitzen, so braucht ein Bruder den anderen auch nicht ermahnen, indem er spricht: Erkenne den Herrn. Denn durch den Heiligen Geist sind alle voll der Erkenntnis Gottes. Die Menschen sollen durch den Heiligen Geist erkennen, was gut und was böse ist. Dies wiederum zu erkennen oder nicht zu erkennen, ist ein Anzeichen, ob wir den Geist der Wahrheit besitzen oder nicht. Wenn man immer wieder auf die anstandsmäßige Kleidung, auf die Haartracht oder andere unangebrachte äußerliche Dinge hinweisen muss, so zeigt dies, dass jene Geschwister, die ermahnt werden müssen, sich nicht vom Heiligen Geist leiten lassen. Den Heiligen Geist möchte ich ihnen nicht absprechen, aber sie darauf hinweisen, dass sie dem Heiligen Geist nicht folgen. Es heißt, dass wir den Heiligen Geist nicht betrüben dürfen. Wenn wir durch den Heiligen Geist ermahnt werden und wenn Geschwister uns in gleicher Sache ermahnen, so lasst uns jene unangebrachte Tat nicht immer wieder tun. Lasst uns diese Mahnungen annehmen, damit wir uns nach Gottes Wohlgefallen verändern können. Wer weiß, wie viel Gelegenheit Gott uns noch gibt, uns zu verändern. Mögen wir doch alle, wenn der Herr wiederkommt, vor ihm in dem geheiligten Wesen erscheinen. Deswegen möchte ich zurufen: Lasst euch ermahnen und zurechtweisen, denn die Zeit ist kurz. Passt euch im Äußerlichen nicht der Welt an.

Der Geist der Rettung

Der Heilige Geist ist ein Rettergeist. Uns ist verordnet, die Seele unseres Nächsten zu gewinnen. In den Psalmen lesen wir die Worte: *„Mein Bruder, schlage mich freundlich."* Dies darf nicht im Zorn und Grimm geschehen, sondern in der Liebe. Lasst uns darauf achtgeben, einander nicht zu verletzen.
Die Jünger Jesu wollten damals, dass Jesus Feuer vom Himmel auf jenes Dorf fallenlasse, aus dem sie abgewiesen wurden. Darauf sprach Jesus zu ihnen:

- *„Wisset ihr nicht, welches Geistes Kinder ihr seid? Denn der Menschensohn ist nicht gekommen, die Seelen der Menschen zu vernichten, sondern zu erretten."* *(Lk. 9, 55.56).*

Deshalb müssen auch wir immer einen solchen Rettersinn haben, und beständig um die Seelen verlorener Menschen beten. Lasst uns für diese Menschen im Gebet einstehen und Gott bitten, er möge ihnen die Augen öffnen, damit sie den Weg der Wahrheit erkennen. Gegenüber allen Menschen, auch gegenüber unserem Feinde, müssen wir einen Rettersinn haben. Der Heilige Geist ist ein Rettergeist.

Der Geist der Sanftmut und Demut

Auch ist der Heilige Geist ein demütiger Geist. Jesus sprach:

- *„Lernet von mir, denn ich bin sanftmütig, und von Herzen demütig"* *(Mt. 11, 29).*

Der Heilige Geist gibt sich eben nicht durch ein stolzes Wesen zu erkennen. Ein Mensch, der mit ihm erfüllt ist, wird sich niemals über seinen Nächsten stellen noch ihn verachten. Die Apostel sprachen:

- *„Einer komme dem andern mit Ehrerbietung zuvor"* *(Röm. 12, 10).*

Durch den Heiligen Geist achtet einer den anderen höher als sich selbst. In vielen Glaubensbewegungen konnte ich feststellen, dass bei ihnen kein demütiger Geist vorhanden ist. So kommt es unter ihnen vor, dass einer gegen den anderen predigt, um sich größer vor den Versammelten zu zeigen. Menschen, die solches tun, sind gewiss nicht durch einen demütigen Geist geleitet. Wären sie mit dem Heiligen Geist erfüllt, so würden sie sich in Demut unterordnen. Jesus sagte:

- *„Ihr nennt mich Meister und Herr und sagt es mit Recht"* *(Joh. 13, 13).*

Doch Jesus sprach, dass er unter ihnen wie ein Diener ist. Jesus gab seinen Jüngern dies immer wieder zu verstehen, da sie den Geist der Wahrheit noch nicht besaßen. Deshalb entstanden unter den Jüngern immer Uneinigkeit und Streit. Dies können wir auch aus der Bibelstelle entnehmen, in der die Jünger fragten, wer wohl der Größte unter ihnen sei. Jesus stellte darauf ein Kind in ihre Mitte und sprach:

- *„Wahrlich, ich sage euch: Wenn ihr nicht umkehrt und werdet wie die Kinder, dann werdet ihr nicht in das Himmelreich kommen. Wer* *nun sich selbst erniedrigen wird wie dieses Kind, der ist der Größte im Himmelreich" (Mt. 18, 3.4).*

Jesus sagt uns durch diese Worte, dass wir ohne den demütigen Geist nicht in den Himmel kommen können. Wenn Jesus stolze Menschen in den Himmel zulassen würde, so würde es ein Verderben des ganzen Himmels bedeuten. Gott wird einen stolzen Geist nicht Einlass ins Himmelreich gewähren. Es heißt an anderer Stelle:

* *„So demütig euch nun unter die gewaltige Hand Gottes" (1. Petr. 5, 6).*

Die Apostel mahnen uns, dass sich einer dem anderen in Demut unterzuordnen hat. Sich in mehr Demut zu erweisen, sei für uns ein weiterer guter Vorsatz für das kommende neue Jahr. Lasst uns weiter in das Tal der Demut gehen und dem Nächsten in Liebe und Demut dienen. Wir müssen wissen, dass wir Kinder Gottes hier auf Erden nicht zum Herrschen, sondern zum Dienen sind. Der Apostel Petrus sprach als Ältester der Gemeinde zu den Mitältesten:

* *„Weidet die Herde Gottes, die euch anvertraut ist (…); nicht als solche, die über das Anvertraute herrschen, sondern als Vorbilder der Herde" (1. Petr. 5, 2.3).*

Demnach sollen die Ältesten Vorbilder in der Demut sein. Der Apostel Petrus hat sich selbst in seinem Leben in Demut bewiesen. Möge uns der Herr im neuen Jahr zu mehr Sanftmut verhelfen. Jesus sprach von sich:

* *„Ich bin sanftmütig und von Herzen demütig" (Mt. 11, 29).*

Ein sanftmütiger Mensch gebraucht keine groben Worte. Es heißt, dass die stillen und sanften Worte die mächtigsten sind. Ein sanftes und stilles Wesen ist Gott wohlgefällig. Wir lesen im Alten Testament, wie der Prophet Elia Gott in einem sanften und stillen Wehen wahrnahm. Dies ist der wahre Geist, den wir besitzen sollten. Wenn man uns will in Streitigkeiten zu ziehen, so müssen wir an die Worte denken:

* *„Ein Diener des Herrn soll nicht streiten, sondern freundlich gegen alle sein" (2. Tim. 2, 24).*

Im Hinblick auf ein sanftmütiges und friedfertiges Wesen können wir auch an anderer Stelle der Bibel von Jesus lernen. Während Jesus bei Pilatus war, tobte draußen die Volksmenge, die Jesu Todesstrafe forderte. Auch die anwesenden Hohepriester beschuldigten ihn vieler Dinge. Doch auch auf ihre Beschuldigungen antwortete Jesus kein Wort. Darauf sprach Pilatus zu

Jesus:

- *„Antwortest du nichts? Sieh, wie viele Dinge sie gegen dich vorbringen!" (Mk. 15, 4).*

Jesus antwortete aber nichts mehr, so dass sich Pilatus wunderte. Jesus hätte sich gegenüber allen Beschuldigungen rechtfertigen können. Warum tat er dies dann nicht? Weil er wusste, dass es sich nicht lohnte. Wollen dann auch wir weiter streiten und diskutieren, wobei jeder auf sein Recht beharrt? Wenn wir vor Gott im Recht sind, so wird er uns das Recht wie das Licht hervorheben. Es wird der Tag kommen, an dem jeder sehen kann, wer im Recht und wer im Unrecht ist. Doch es heißt an anderer Stelle: Hier ist Geduld der Heiligen notwendig. Das Wort *Geduld* kommt von dem Wort *dulden*. Man erduldet, wenn man zum Beispiel zu Unrecht beschuldigt wird und unter den Folgen leidet. Sanftmütig ist der Mensch dann, wenn er solches Unrecht über sich ergehen lässt. Gott helfe uns, dass wir diesen Geist der Sanftmut besitzen. Möge ein jedes Familienmitglied ein sanftmütiges und demütiges Wesen besitzen, auf dass das Familienleben ein friedliches sei. Wie bereits erwähnt wurde, sind nämlich die sanften und stillen Worte die mächtigsten Worte.

Ich erinnere mich an die Zeit vor meiner Bekehrung, als ich mich in der Schule nicht recht verhielt. Darauf befahl mir der Schuldirektor, sofort in sein Büro mitzukommen. Er schrie mich nicht an, was mir viel lieber gewesen wäre. Stattdessen redete er mit mir ganz still und sanft, was mich sehr beschämte. Seine Worte gingen mir so zu Herzen, dass ich sie bis heute nicht vergessen kann. Die Lektion, die mir damals mein Schuldirektor erteilte, bleibt mir für das ganze Leben. Vielleicht hätte ich seine Worte schon längst vergessen, wenn er mich angeschrien hätte, aber dieses sanfte und stille Wesen hatte auf mich sehr gewirkt. Wir Kinder Gottes müssen ebenso in sanften Worten reden können. Wir haben uns in einem sanften Wesen in der Gemeinde, in der Familie und in aller Öffentlichkeit zu beweisen. Lasst uns nicht in Ungeduld und Schroffheit unseren Mitmenschen gegenübertreten, denn wenn wir ein sanftmütiges Wesen in den schwierigsten Lagen beibehalten, wird dies die Weltmenschen überzeugen. Es zeigt ihnen, dass wir wahrhaftig mit dem Heiligen Geist erfüllt sind. Nicht das Zeugnis unserer Lippen überzeugt, sondern vielmehr unser Wandel.

Der Geist des Friedens

Das Wort Gottes sagt:

• *„Jaget nach dem Frieden gegen jedermann, und der Heiligung, ohne welche wird niemand den Herrn sehen" (Hebr. 12, 14).*

Jemand stellte einst die Frage, was wohl der Friede mit der Heiligung zu tun habe. Darauf antwortete der Bruder: Sehr viel! Dort wo kein Friede ist, kann man auch nicht von Heiligung sprechen. Denn der Heilige Geist ist ein friedlicher Geist. Kinder Gottes sind Kinder des Friedens. Unser Erlöser Jesus Christus ist ein Fürst des Friedens. Wir lesen, dass Melchisedek aus Salem Fürst des Friedens bedeutet. Der Name Salem stammt aus dem Arabischen und heißt *Salom*, was Frieden heißt. Wenn wir den Heiligen Geist besitzen, so lasst uns bestrebt sein, keine Friedensstörer, sondern Friedensstifter zu sein. Jesus sprach:

• *„Selig sind, die Frieden stiften, denn sie werden Gottes Kinder heißen" (Mt. 5, 9).*

Es gibt solche Menschen, die den Frieden in den Familien, in den Gemeinden und in ihren Freundschaften immer stören. Ich bin kein Richter, aber kann mir nicht vorstellen, dass solche Menschen einst in den Himmel kommen werden. Der Himmel wird diesen Menschen verschlossen sein, denn sie würden ihn mit ihrer Umgangsart verderben. Lasst uns bestrebt sein, diesen Frieden zu erhalten, denn es steht geschrieben, dass wir *dem Frieden nachjagen* sollen. Und soviel an uns ist, so sollen wir mit allen Menschen Frieden halten, was nicht bedeutet, dass wir Unrecht tun sollen, um der Welt zu gefallen. Jedoch in Angelegenheiten, die vor Gott kein Unrecht sind, können mit der Welt Kompromisse gemacht werden, die dem Frieden dienen. Es ist nicht recht, wenn jemand seinen eigenen Willen durchsetzen will, wo er doch eigentlich den Frieden wahren könnte, wenn er von seinem Wollen ablässt. In solchen Fällen muss ein Kind Gottes nachgeben. Es begab sich, dass eine Schwester mit ihrem unbekehrten Mann und ihren Kindern einen Ausflug in die Berge machte. Ihr Mann machte sie auf einen Gebirgsfluss aufmerksam und sprach: *„Schaut mal. Der Fluss fließt den Berg hinauf! Dort hinten, wo der Fluss hinfließt, ist es höher als hier. Ist dies nicht sonderbar?"* Sie sagte ihm, dass dies doch unmöglich sei, doch ihr Mann machte sie immer wieder auf den Höhenunterschied aufmerksam und war der Überzeugung, dass der Fluss den Berg hinauffließe. Auch die Kinder verstanden nicht, wie der Vater dies allen Ernstes behaupten konnte. Die Kinder fragten die Mutter später, wie sie seine irrtümliche Behauptung so stillschweigend hinnehmen konnte. Da sprach sie: *„Ach Kinder, lassen wir den Fluss heute mal den Berg hinauffließen."* Es zeugt von Vernunft und Weisheit, wenn man sich nicht auf Diskussionen einlässt, die belanglose Themen betreffen. Das Verhalten der Mutter war ein Vermeiden von Auseinandersetzungen, um den Frieden zu wahren.

Mögen wir uns auch im neuen Jahr in Eintracht in Frieden und Liebe gut verstehen. Wenn jemand unter uns auch eine andere Meinung hat, so lasst uns doch geduldig miteinander umgehen. Das Wort Gottes sagt uns: *„Ihr, die ihr stark seid, traget die Schwachen."* Wir müssen Geduld mit denen haben, die anderer Ansicht sind, und immer in der Hoffnung bleiben, dass Gott diesen Menschen Klarheit schenkt.

Der Geist der Entschiedenheit

Lasst uns auch gesagt sein, dass der Heilige Geist ein entschiedener Geist ist. Es mangelt heute an Entschiedenheit in der Christenheit, und wir leben in einer Zeit, in der Jesus zu manch einem Menschen sagen muss: *„Ach, wenn du kalt oder warm wärest! Weil du aber lau bist, so werde ich dich ausspeien aus meinem Munde."* Das heutige Christentum ist in der Hinsicht lau geworden, dass es vermehrt Kompromisse eingeht, die mit dem rechten biblischen Maßstab nicht mehr zu vereinbaren sind. Es sind Kompromisse, die auf Kosten der Wahrheit eingegangen werden. Zu nennen ist hier die Ökumene wie auch andere Allianzen zwischen Gemeinden. Sie sind alle Zusammenschlüsse von Gutem und Bösem, Licht und Finsternis. Gott hat bereits von Anbeginn der Welt das Licht von der Finsternis getrennt. Möge Gott uns helfen, dass wir als Kinder des Lichts uns auf die Seite der Wahrheit stellen. Lasst uns entschieden sein und uns nicht mit dem Irrtum vermischen. Wir haben diesen entschiedenen Geist überaus nötig! Jesus sprach bezüglich der Entschiedenheit:

• *„Wer nicht mit mir ist, der ist gegen mich; und wer nicht mit mir sammelt, der zerstreut" (Mt. 12, 30).*

Wir dürfen nicht aus Licht Finsternis machen, sondern haben allen Dingen den rechten Namen zu geben: Wenn es böse ist, dann ist es böse. Wenn es nicht biblisch ist, ist es nicht biblisch. Hier müssen wir klar entschieden sein und für die Bibel einstehen. Wir dürfen nicht etwas gutheißen, was biblisch gesehen böse ist, um vielleicht den Menschen zu gefallen. Apostel

Paulus sagte treffend:

- *„Wenn ich noch Menschen gefällig wäre, dann wäre ich Christi Knecht nicht" (Gal. 1, 10).*

Der Geist der Einheit

Der Heilige Geist macht auch sich erkenntlich, wenn Einheit unter den Geschwistern ist. Jesus sprach einst im Gebet zu seinem Vater:

- *„Und die Herrlichkeit, die du mir gegeben hast, habe ich ihnen gegeben, dass sie eins seien, wie wir eins sind" (Joh. 17, 22).*

Wenn Glaubensgeschwister in der Wahrheit sind, so wird es keinen Grund zu Streitigkeiten geben. Es wird keine Auseinandersetzungen geben, und keiner wird den anderen in irgendeiner Weise verletzen. Menschen, welche mit dem Geist der Wahrheit erfüllt sind, werden sich niemals im Streit trennen.

Wir leben heute in einer Zeit großer Verantwortung. In dieser Zeit erwartet Gott von uns sehr viel. Auf geistlichem Gebiet gibt es viel Arbeit zu verrichten. Doch Gott ist mächtig, uns zur Bewältigung dieser wichtigen Aufgaben mit allem nötigen auszurüsten. Gott helfe allen, die noch nicht den Heiligen Geist besitzen, dass sie sich mit ihm von Gott ausrüsten lassen. Nur mit Hilfe des Heiligen Geistes sind wir fähig, die geistlichen Aufgaben zu erfüllen, und wir können nur durch ihn einst als Überwinder und Sieger vor Gott erscheinen und einen großen Lohn empfangen. Gott helfe uns allen dazu aus Gnade. Amen.

03.01.2010

Das vollkommene Gesetz der Freiheit

Jesus sprach über die wahre Gemeinde Gottes:

• *„Die Pforten der Hölle werden sie nicht überwältigen können"* *(Mt. 16, 18).*

Diese Worte Jesu sind uns eine Zusicherung und ein großer Trost. Alles andere wird einst zerfallen, doch die Gemeinde Gottes allein wird wie ein Fels bestehen bleiben. Der Apostel Johannes sah all jene Menschen, die im geistlichen Kampf überwunden haben, geschmückt mit weißen Kleidern vor dem Thron Gottes stehen. Die weißen Kleider symbolisieren die gerechten Taten der Heiligen. Gott helfe uns, dass wir an der Gemeinde Gottes unsere Lust haben und von Herzen die Gemeinde lieben. Manchmal kann man Menschen antreffen, die an der Gemeinde Gottes viel zu kritisieren haben. Kritisiert ein Mensch die wahre Gemeinde Gottes und seine Heiligen, so liegt dies an seinem Herzenszustand. Viele dieser Menschen erkennen Gottes Gemeinde und seine Kinder allein aus dem Grund nicht, weil sie das geistliche Sehvermögen nicht besitzen. Wohl dem Menschen, der die göttliche Erkenntnis besitzt, um die Wahrheit zu erkennen.

Um diese Frage zu erleuchten, wird es uns helfen, wenn wir die verschiedenen Gesetze betrachten. Die Menschen in den unterschiedlichen Glaubensrichtungen haben auch unterschiedliche Glaubensbekenntnisse, und jedes Glaubensbekenntnis hat seine eigene Glaubensregel. Eine Gemeinde fordert das Einhalten dieser Regeln, die andere hält ein anderes Gesetz hoch, wieder eine andere Gemeinde gehört zu einer anderen Konfession. Die Frage ist nun: Welchem Gesetz muss sich denn der Mensch unterstellen? Es gibt unter allen Gesetzen nur ein Gesetz, dass Gott wohlgefällig ist.

Das Gesetz des Gewissens und des Moses

Wir wissen, dass die Menschen bis zu der Zeit Moses ohne Gesetz lebten. Der Apostel Paulus sprach damals davon, wie die Heidenvölker ohne ein Gesetz waren. Doch lebte trotzdem jeder nach seinem Gesetz; und dieses Gesetz war in seinem Herzen und seinem Gewissen geschrieben. Es gibt heute viele Menschen, die bisher von keinem Gesetz gehört haben. Doch hat Gott auch diesen Menschen sein Gesetz in ihr Gewissen vom Mutterleib an angelegt. Das Gesetz richtet den Menschen nach seinen

Gedanken. Das, was diesen Menschen gegen das Gewissen geht, das wird ihnen von Gott als Sünde zugerechnet. Somit wird dieser Mensch zum Übertreter des Gesetzes Gottes. Gewiss sind die Anklagen des Gewissens bei den Menschen sehr unterschiedlich, und wir lesen, dass das, was nicht aus dem festen Glauben kommt, Sünde ist. Paulus erzählte, wie er damals ohne Gesetz lebte. Er lebte ein Leben, indem er nicht zwischen Gut und Böse unterscheiden konnte. Ein Kleinkind weiß nichts von dem Gesetz. Es ist daher vor Gott unschuldig. Hierüber sagte der Apostel Paulus, dass dort, wo kein Gesetz ist, die Sünde nicht angerechnet wird. Über die minderjährigen Kinder sprach Jesus:

• *„Lasst die Kinder, und verwehrt ihnen nicht, zu mir zu kommen; denn solchen gehört das Himmelreich" (Mt. 19, 14).*

Die Kleinkinder wissen nicht, was gut und was böse ist, denn sie leben ohne Gesetz. *„Doch als das Gesetz kam, starb ich"*, sprach Apostel Paulus. Ab dem Zeitpunkt, an dem Paulus das Gesetz Gottes erkannte, wurde ihm bewusst, wie sich verschiedene Lüste in ihm regten.

Nun sei es das Gesetz des Gewissens, oder sei es das Gesetz Moses; unter einem der beiden Gesetze standen früher alle Menschen. Ein feuriges Gesetz prophezeit. Lasst uns dazu einige Worte aus dem 5. Buch Mose, dem 33. Kapitel vorlesen:

• *„Dies ist der Segen, mit dem Mose, der Mann Gottes, die Kinder Israel vor seinem Tod segnete. Und er sagte: „Der Herr ist von Sinai gekommen und ist ihnen aufgeleuchtet von Seir her. Er ist hervorgebrochen von dem Berg Paran und ist gekommen mit vielen tausend Heiligen; in seiner Rechten ist ein feuriges Gesetz für sie" (5. Mo. 33, 1.2).*

Was hat es mit diesem *feurigen Gesetz* auf sich? Johannes der Täufer sprach damals:

• *„Ich taufe euch in Wasser zur Buße; der aber nach mir kommt (…) der wird euch mit Heiligem Geist und Feuer taufen" (Mt. 3, 11).*

Dinge, die im Feuer geläutert sind, sind reiner, als Dinge, die durch Wasser gereinigt sind. Der Apostel sagt, dass das Gesetz geistlich ist. Aus der Hand Gottes geht ein feuriges Gesetz hervor, durch welches Gott uns reinigen und heiligen will. Jeden Menschen, der nach diesem Gesetz lebt, wird Gott durch und durch reinigen und heiligen.

Das Gesetz des Todes

Der Apostel schrieb in seinem Brief an die Römer von einem Gesetz des Todes. Im 7. Kapitel des Briefes lesen wir:

• *„So diene ich selbst nun mit dem Gemüt dem Gesetz Gottes, aber mit dem Leib dem Gesetz der Sünde" (Röm. 7, 25).*

Jeder Mensch, der nicht nach dem Gesetz Gottes sein Leben ausrichtet, ist nicht nur ein Diener der Sünde, sondern steht auch unter dem Gesetz des Todes. Bereits im Alten Bund sprach Gott die Worte: *„Welchen Tages du dieses Gesetz übertrittst, wirst du des Todes sterben."* Dieses Gesetz, welches Gott den ersten Menschen gegeben hatte, wurde dennoch übertreten. Daraufhin sind jene geistlich gestorben, die sich von dem Zeitpunkt ihrer Übertretung an unter dem Gesetz des Todes befanden. Das Gesetz der Sünde und des Todes trieb die Menschen immer weiter weg von Gott. Die ersten Menschen schloss Gott aus seiner Gemeinschaft aus, und vertrieb sie aus dem Garten Eden. Es gibt viele Menschen, die sich Christen nennen und sagen, dass der Mensch ohne Sünde nicht leben kann. Sie behaupten, dass der Mensch jeden Tag mehr oder weniger sündigt. Deshalb sind diese Menschen Sklaven der Sünde und Diener des Gesetzes des Todes. Das Ende eines Sündenlebens ist der Tod, denn es steht geschrieben:

• *„Der Sünde Sold ist der Tod" (Röm. 6, 23).*

Ein sündiger Mensch ist aus der Gemeinschaft Gottes ausgeschlossen. Es steht geschrieben, dass Gott den Sünder nicht erhört. Nach dem Gesetz Gottes kann der Mensch nur den ewigen Tod erwarten, wenn er sein Leben weiterhin unter dem Gesetz des Todes führt.

Das Gesetz der Gerechtigkeit

Wir lesen im 9. Kapitel des Römerbriefes von einem Gesetz der Gerechtigkeit:

• *„Israel aber strebt nach dem Gesetz der Gerechtigkeit und hat das Gesetz der Gerechtigkeit nicht erreicht" (Röm. 9, 31).*

Warum haben die Israeliten das Gesetz der Gerechtigkeit nicht erreicht? Darum, weil sie dieses Gesetz nicht im Glauben erlangen wollten, sondern meinten, sie können es durch ihre Werke erreichen. Die Israeliten, die nicht glaubten, haben sich an dem Stein des Anstoßes gestoßen. Der Prophet Jesaja prophezeite:

• *„Siehe, ich lege in Zion einen Stein des Anstoßes, und einen Fels* *des Ärgernisses, und wer an ihn glaubt, wird nicht zuschanden werden"* *(Jes. 28, 16).*

Uns ist klar, dass dieser Stein des Anstoßes Jesus Christus war. Das Gesetz der Gerechtigkeit behauptet, dass dem Menschen seine Sünden ohne Zutun von Werken vergeben werden. Das Gesetz ist so einfach: Glaube an das Opfer Jesu Christi. Der Apostel Paulus schrieb in seinem Brief an die Römer, dass die Juden wohl dieses Gesetz suchten. Sie wollten gerechtfertigt werden und Vergebung von ihren Sünden von Gott empfangen. Doch sie suchten es auf einem falschen Weg. Sie wollten nämlich ihre Rechtfertigung durch die Gesetzeswerke erlangen und nicht durch den Glauben an Jesus Christus. Das Wort Gottes sagt:

• *„Christus ist des Gesetzes Ende, zur Gerechtigkeit für jeden, der glaubt" (Röm. 10, 4).*

Jedem Menschen, der an das Opfer Jesu Christi glaubt und Buße tut, wird Gott seine Sünden vergeben. Von nun an wird sich der zu Christus bekehrte Mensch unter dem Gesetz der Gerechtigkeit befinden. Dies bedeutet: *gerechtfertigt sein.* Dieser Mensch ist dann gerecht und ohne Schuld vor Gott, wie groß auch seine Sünden waren, die er vorher begangen hatte.

Das Gesetz des Geistes

Zu Anfang des 8. Kapitels des Römerbriefes steht geschrieben:

• *„So gibt es nun keine Verdammnis für die, die in Christus Jesus sind, die nicht nach dem Fleisch leben, sondern nach dem Geist" (Röm. 8, 1).*

Nach dem Fleisch wandeln bedeutet: in Sünden zu leben. Wenn der Mensch nun die Vergebung seiner Sünden empfangen hat, bemüht er sich, nicht mehr das zu vollbringen, was das Fleisch will, sondern das, wozu der Geist Gottes ihn auffordert. Weiter schreibt der Apostel im selben Kapitel des Römerbriefes:

• *„Denn das Gesetz des Geistes in Christus Jesus hat mich frei gemacht von dem Gesetz der Sünde und des Todes" (Röm. 8, 2).*

So erkennen wir auch in diesem Vers die zwei Gesetze gegenübergestellt. Ist der Mensch gerechtfertigt vor Gott, so befindet er sich unter dem Gesetz des Lebens. Der Mensch ist von da an von neuem geboren. Der Geist Gottes, welcher nun im neugeborenen Menschen wohnt, macht lebendig. Allein durch den Geist Gottes kann der Mensch lebendig werden.

Unmöglich ist dies durch Fleischeswerke.

Dieses Gesetz des Glaubens hat Paulus freigemacht. Doch was bedeutet es, in diesem Sinne *frei* zu sein? Dieses *Freisein* ist erst mal ein Freisein von Schuld, was das Freisein von Verdammnis und Sünde beinhaltet. Gewiss befindet sich der Mensch nach der Bekehrung noch nicht in der vollen Freiheit, aber die Freiheit von Schuld ist ihm sicher.

Das Gesetz Christi

Von da an geht der Mensch unter das Gesetz Christi. Im Brief an die Galater lesen wir folgende Worte:

• *"Einer trage des andern Last, so werdet ihr das Gesetz Christi erfüllen" (Gal. 6, 2).*

Als ein neugeborener Mensch ist der Mensch nun ganz neuen Satzungen und Geboten unterstellt. Dem Menschen sind zwar alle seine Sünden vergeben, aber an ihn werden viele neue Forderungen gestellt. Welche wichtige Verpflichtungen an den neubekehrten Menschen gestellt werden, sprach Jesus selbst aus:

• *"Wenn jemand zu mir kommt und nicht seinen Vater, Mutter, Frau, Kinder, Brüder, Schwestern, auch dazu sein eigenes Leben hasst, der kann nicht mein Jünger sein" (Lk. 14, 26)*

"So kann auch keiner von euch, der nicht allem absagt, was er hat, mein Jünger sein" (Lk. 14, 33).

Gewiss sind viel mehr Pflichten an den Nachfolger Christi gestellt, doch sind in diesen beiden Forderungen alle anderen inbegriffen. Das ewige Leben ist nur dann zu erlangen, wenn sich der Mensch dem Gesetz Christi unterstellt. Wenn sich jemand bekehrt hat, so ist er versöhnt mit Gott. Wie der Mensch nun mit Gott versöhnt ist, so hat er sich ebenso mit allen anderen Menschen zu versöhnen, denen er in seinem alten Leben in irgendeiner Weise Unrecht getan hat. Es ist wichtig, das man nicht mehr in der Bringschuld irgendeines Menschen steht, sondern die Versöhnung mit allen Menschen hat und diesen Frieden wahrt. Diese Versöhnungstat beinhaltet das Gesetz Christi ebenso.

Wie bereits erwähnt, beinhaltet das Gesetz Christi auch die Last des andern zu tragen (Gal. 6,2). Ein neugeborenes Kind Gottes hat nicht allein seine Last zu tragen, sondern muss auch seinem Nächsten im Lastentragen helfen. Demnach sollen wir nicht nur auf uns schauen, sondern auch auf das, was dem anderen zur Hilfe gereicht. Die Gemeinde Gottes ist schließlich eine Gemeinschaft und besteht nicht aus vielen Einzelgängern. Sie ist eine geistliche Familie, in der einer des anderen Last trägt. Kinder Gottes beten füreinander, helfen und unterstützen sich, wo immer es geht, sie ermutigen und trösten sich gegenseitig, weisen sich zurecht, und wenn es notwendig ist, strafen sie. Jesus sprach:

• *„Sündigt aber dein Bruder gegen dich, so geh hin und weise ihn zurecht zwischen dir und ihm allein. Hört er auf dich, so hast du deinen Bruder gewonnen" (Mt. 18, 15).*

Erfüllen wir dies alles an unserem Nächsten, so erfüllen wir das Gesetz Christi. Ein Kind Gottes stellt sein persönliches Wohlergehen in den Hintergrund und sucht das allgemeine Wohl der Gemeinde. In einem unserer Lieder singen wir: *„Ich liebe die Gemeinde."* Der Apostel Johannes sagte:

• *„Lasst uns nicht mit Worten oder mit der Zunge lieben, sondern mit der Tat und mit der Wahrheit" (1. Joh. 3, 18).*

Gott schaut auf uns vom Himmel her, ob wir das Gesetz Christi befolgen, worin mit eingeschlossen ist, dass einer des anderen Last trägt. Wohl uns, wenn wir die Lasten des anderen tragen! Wenn aber nicht, so ist uns heute noch die Zeit gegeben, uns zu korrigieren und zu bessern. Die Lasten des anderen zu tagen, ist eine Forderung Gottes. Jesus sprach:

• *„Was ihr für einen von diesen meinen geringsten Brüdern getan habt, das habt ihr für mich getan" (Mt. 25, 40).*

Es mag sein, dass so manch einer abschätzig auf die Kinder blickt, wenn sie ihre Verse in der Samstagsversammlung vortragen. Doch gestern hätte so manch einer wieder etwas von einer Kindergeschichte lernen können. Die Geschichte handelte von einem kleinen Jungen, der ein wahres Glaubensleben führte. Der Lebenswandel des Jungen überzeugte einen Mann, der sich daraufhin bekehrte. Ein kleiner Junge hatte also durch seinen Glauben eine Seele gerettet. Jesus sprach wiederum:

• *„Die Letzten werden Erste und die Ersten letzte sein" (Mt. 20, 16).*

Es kann demnach sein, dass ein Kind in der einen oder anderen Tat mehr belohnt wird als manch ein Erwachsener, nämlich darum, weil das Kind das Gesetz Christi erfüllte.

Ein königliches Gesetz

In dem Brief des Jakobus lesen wir die Worte:

• *„Wenn ihr das königliche Gesetz erfüllt nach der Schrift: 'Liebe deinen Nächsten wie dich selbst', dann handelt ihr richtig" (Jak. 2, 8).*

Hier ist die Rede von einem königlichen Gesetz. Welcher König ist hier gemeint? Sicher ist es Jesus Christus. Jesus gab seinen Jüngern ein neues Gebot, das da beinhaltet, einander zu lieben, ebenso, wie Jesus sie geliebt hat. Und wir wissen, dass Jesus uns bis in den Tod liebte, denn es steht geschrieben:

• *„Wie er die Seinen geliebt hatte, die in der Welt waren, so liebte er sie bis ans Ende" (Joh. 13, 1).*

Jesus hat seine Liebe zu uns bis zum Tod bewiesen. Er liebte nicht nur seine Freunde, sondern auch seine Feinde. Ein Mensch mag vielleicht für einen Gerechten sterben, doch die Liebe Gottes zu uns Menschen ist so groß, dass er sogar seinen eigenen Sohn für alle Menschen, auch die ihm feindlich gesinnten, opferte. Es ist ein königliches Gesetz, das da heißt:

• *„Liebe deinen Nächsten, wie dich selbst" (3. Mo. 19, 18).*

Es gibt Menschen, die durchaus in der Lage sind, die Lasten des anderen zu tragen, aber sie tun dies nur aus Pflicht oder Gewohnheit, nicht aber aus Liebe. Der Apostel Paulus schrieb:

• *„Und wenn ich alle meine Habe den Armen gäbe und ließe meinen Leib verbrennen, und hätte keine Liebe, so wäre es mir nichts nütze" (1. Kor. 13, 3).*

Doch das Gesetz der Liebe unseres Heilands Jesus Christus ist ein königliches Gesetz. Und dieses Gesetz gibt Gott nur seinen Kindern, denn sie sind Königskinder. Wir singen in einem unserer Lieder: *„Ich bin ein königlich Kind. Ein Fürst in dem Reiche der Lieb."* So ist uns königlichen Kindern in dem Reich der Liebe geboten, unseren Nächsten zu lieben, ebenso, wie wir uns selbst lieben. Wie viel egoistisches Verhalten erkennen wir heutzutage unter den Menschen, ja sogar unter den Namenschristen. Jesus aber gebot uns, dass es bei uns nicht so sein soll. Jesus sprach:

• *„Ein neues Gebot gebe ich euch, dass ihr einander liebt" (Mt. 13, 34).*

Ein Mensch, der dieses königliche Gebot nicht befolgt, arbeitet und lebt womöglich umsonst. Dieses Gesetz muss von einem jedem Menschen befolgt werden.

Das Gesetz der Freiheit

Wir lesen im 2. Kapitel des Jakobusbriefs von einem weiteren Gesetzesbegriff:

- *„So redet und handelt entsprechend, als solche, die durchs Gesetz der Freiheit gerichtet werden sollen" (Jak. 2, 12).*

Was verstand Jakobus unter dem *Gesetz der Freiheit*? Frei zu sein von Schuld, ist noch nicht alles. Dies wusste Jakobus sicherlich und sprach deshalb an anderer Stelle, dass der Glaube ohne Werke tot ist. Demnach ist im Gesetz der Freiheit nicht nur die Freiheit von Schuld mit eingeschlossen, sondern auch die Freiheit von üblen Gewohnheiten, also von allem, was Gott nicht wohlgefällig ist. Wir lesen im 1. Korintherbrief die Worte des Apostels Paulus:

- *„Alles ist mir erlaubt, aber es ist nicht alles nützlich" (1. Kor. 6, 12).*

Doch lesen wir im nächsten Satz desselben Verses die Worte:

- *„Alles ist mir erlaubt, aber es soll mich nichts gefangen nehmen"*

Wenn wir wollen, dass auch wir nach dem Gesetz der Freiheit einst gerichtet werden, dann müssen wir in Wort und Tat frei sein von allem Übel, das Gott missfällt. Ein jeder sollte sich selbst auf seine Worte prüfen, die er im Umgang mit seinen Mitmenschen verwendet. Benutze ich Beiworte, rede ich scherzhafte und unnütze Worte, oder lüge ich sogar? Für jedes unnütze Wort muss der Mensch einst Rechenschaft vor Gott ablegen. So muss ich mich unter diesem Gesetz verpflichtet fühlen, nur Gott wohlgefällige Worte zu gebrauchen. Ebenso ist uns geboten, gemäß dem Gesetz der Freiheit gottwohlgefällig zu handeln, um ja nicht einst durch ein falsches Werk gerichtet zu werden. Es steht geschrieben, dass im Gericht Bücher aufgetan werden und ein jeder nach seinen Werken gerichtet wird, die in den Büchern aufgeschrieben sind. Auch ich schreibe durch meinen Lebenswandel ein Buch. Alle meine Worte, Werke und Gedanken, die ich zu Lebzeiten sprach, tat und dachte, werden darin verzeichnet. Nochmals, lasst uns der Worte des Apostels Jakobus gedenken, der da schrieb, dass wir entsprechend reden und handeln sollen, als solche, die nach dem Gesetz der Freiheit gerichtet werden sollen. Meine Werke müssen bezeugen, dass ich frei bin. Wir singen in einem unserer Lieder: *„Frei, frei, frei, von Sünde bin* *ich frei, von Welt und ihrer Eitelkeit hat Christus mich befreit. "* Der Apostel Jakobus sagte, dass derjenige, der gestohlen hat, nicht mehr stehlen soll, und wer gelogen hat, soll fortan nicht mehr lügen. Dies befolgt der Mensch, nachdem er sich unter das Gesetz der Freiheit gestellt hat.

Das vollkommene Gesetz der Freiheit

Wir lesen an anderer Stelle im Brief des Jakobus weitere Worte über das Gesetz der Freiheit:

• *„Wer aber in das vollkommene Gesetz der Freiheit hineingeschaut hat und darin beharrt und nicht ein vergesslicher Hörer ist, sondern ein Täter des Werkes, der wird in seinem Tun glückselig sein" (Jak. 1, 25).*

Hier schrieb Jakobus nun von einem *vollkommenen Gesetz der Freiheit.* Was haben wir darunter zu verstehen? Man stelle sich vor, ein Vogel ist an zehn Fäden angebunden. Nach und nach wird ein Faden nach dem anderen durchtrennt. Am Ende lässt man nur einen Faden übrig. Kann der Vogel wohl davonfliegen, nachdem die neun Fäden durchtrennt wurden? Natürlich nicht, da ein einziger Faden den Vogel immer noch bindet. Somit ist der Vogel nicht ganz frei. In dem vollkommenen Gesetz der Freiheit ist viel enthalten. Der Apostel sprach:

• *„Denn wenn jemand das ganze Gesetz hält und sündigt in einem Gebot, der ist ganz schuldig" (Jak. 2, 10).*

Jener Mensch, der sich auf diese Weise schuldig macht, ist demnach nicht völlig frei. Jesus aber sprach:

• *„Wenn euch nun der Sohn des Menschen frei macht, dann seid ihr wirklich frei" (Joh. 8, 36).*

Ein Mensch, der das Gesetz der Freiheit nicht nur mit seinem Verstand begriffen hat, sondern es auch als ein Täter des Werkes auslebt, ist ein wirklich glücklicher Mensch (vgl. Jak. 1, 25). Wenn wir die Weltmenschen betrachten, ja auch diese, welche sich zur Christenheit zählen, so müssen wir feststellen, dass sie alle in irgendeiner Weise gebunden sind. Sie sind nicht wirklich frei. Kann etwa ein Mensch, der von einer Sache abhängig und an sie gebunden ist, in das vollkommene Gesetz der Freiheit hineingeschaut haben? Wenn ein Mensch zu viel isst, so ist ihm das viele Essen eine Sucht. Fressen ist ein Werk des Fleisches. Auch ich war damals in einer Sache abhängig. Es war das Fotografieren. Dies war eine große

Leidenschaft von mir, der ich zu viel Platz in meinem Leben einräumte. Als ich hierin die Abhängigkeit erkannte, beschloss ich, den Fotoapparat für ein Jahr beiseite-zulegen, um von dieser Leidenschaft frei zu werden. Wir sehen also, dass der Mensch nicht nur in Abhängigkeit von gängigen Drogen wie Alkohol oder Nikotin geraten kann. Alle Arten von Leidenschaften weltlicher und fleischlicher Art haben Suchtpotential. Viele Kinder und Jugendliche sind heutzutage abhängig vom Computer und Computerspielen. Mir ist zu Ohren gekommen, dass sogar in unserer Gemeinde einige dieser Leidenschaft verfallen sind. Auch dieses Medium macht den Menschen süchtig. Ein Mensch, der sich diesen Süchten hingibt, hat nicht das vollkommene Gesetz der Freiheit durchschaut. Ein wahres Kind Gottes wird sich jederzeit prüfen, ob es in irgendeiner Sache gebunden ist und ob sich eine Gebundenheit langsam entwickelt. Ein wahres Kind Gottes wird in einem solchen Fall alles daran setzen, die aufkommenden Leidenschaften im Keim zu ersticken. Sie nehmen sich die Worte Jesu zu Herzen, der da sprach:

• *„Wenn aber deine Hand oder dein Fuß dich zur Sünde verführt, so haue sie ab und wirf sie von dir. Es ist besser für dich, dass du lahm oder als Krüppel zum Leben eingehst, als dass du zwei Hände oder zwei Füße hast und ins ewige Feuer geworfen wirst. Und wenn dich dein Auge zur Sünde verführt, reiß es aus und wirf es von dir. Es ist besser für dich, dass du einäugig zum Leben eingehst, als dass du zwei Augen hast und ins höllische Feuer geworfen wirst"* (Mt. 18, 8.9).

Ein wahrer Christ wird dies tun, um ja unter dem Gesetz der Freiheit zu bleiben, wodurch es in das ewige Leben eingehen kann. Der Teufel hat die Absicht, den Menschen zu binden; womit er den Menschen bindet, ist ihm egal: Er kann ihn durch Fressen, Saufen, Tabak, sonstigen harten Drogen, Computerspielen und vielen Leidenschaften mehr binden. Womit er den Menschen in Abhängigkeit bringt, ist dem Teufel einerlei, Hauptsache der Mensch erlangt nicht die von Jesus angebotene wirkliche Freiheit. Doch Jesus möchte einen jeden von uns frei sehen, damit der Mensch das wahre Glück erlangt. Nur die völlige Freiheit wird eine wahre Glückseligkeit mit sich bringen. Auch Jakobus versichert uns dies in seinem Brief, als er schrieb, dass jener Mensch, welcher das vollkommene Gesetz der Freiheit begriffen hat, in seinem Tun glückselig sein wird. Jeder vollkommen freie Mensch kann von Herzen singen: *„Glücklich, immer glücklich meine Zung' ihn preist."* Ein Mensch aber, der von irgendeiner Sache abhängig ist, wird, solange er sich in Abhängigkeit befindet, dieses Glück nicht erfahren, da ihn das Wort Gottes und sein Gewissen immer und immer wieder strafen werden. Nur mit der Hilfe des Heiligen Geistes können wir unter das Gesetz der Freiheit kommen und unter diesem bleiben. Allein mit der Kraft des Heiligen Geistes können wir uns allem entsagen, was Gott nicht wohlgefällig ist. Gott möge uns helfen, unser Leben nach diesem Gesetz auszurichten, denn wir werden nach diesem Gesetz einst gerichtet werden.

Ungerechte Gesetze

In der Schrift des Propheten Jesaja lesen wir folgende Worte:

• 	*„Wehe denen, die ungerechte Gesetze machen" (Jes. 10, 1).*

Jesus warnte uns vor den falschen Propheten und sagte, wir sollen uns vor ihnen hüten. Heutzutage gibt es viele Menschen in der sogenannten Christenheit, die ihre Gesetze machen, und diese anderen Menschen auferlegen. Sie sprechen: *„ICH habe nichts gegen dieses und: ICH habe nichts gegen jenes."* Dabei betonen sie ihr ICH. Was sind das für Menschen, die ihre eigenen Gesetze machen? Der Apostel Paulus sprach, dass es nur einen Gesetzgeber gibt: Und dieser Gesetzgeber ist Gott. Solche, die ungerechte Gesetze in die Gemeinden und Kirchen einbringen, berufen sich auch auf Worte der Bibel wie: *Schicket euch in die Zeit.* Sie sagen, dass man sich in einer gewissen Weise den Sitten des Landes anpassen muss und dass man das Glaubensleben nicht zu fanatisch ausleben darf. Wenn wir klug sind, so prüfen wir auf das Genaueste, ob unser Lebenswandel mit dem Worte Gottes und dem darin enthaltenen Gesetz der Freiheit übereinstimmt. Apostel Paulus sprach, dass er lieber kein Fleisch essen und keinen Wein trinken möchte, wenn er auf diese Weise den Brüdern und Schwestern ein Anstoß ist. Er war zu jeder Zeit bereit, das Gesetz der Freiheit zu erfüllen.

Das Gesetz der Wahrheit

Lasst uns zum Schluss noch eine Stelle aus der Schrift des Propheten Maleachi betrachten. Hier sprach der Prophet über den wahren Priester. Heute im Neuen Bund werden wir Kinder Gottes vor Gott als Könige und Priester erachtet. So lesen wir im zweiten Kapitel:

• 	*„Das Gesetz der Wahrheit war in seinem Mund, und nichts Böses kam über seine Lippen. Er lebte vor mir in Frieden und Aufrichtigkeit und bekehrte viele von Sünden" (Mal. 2, 6).*

Manche Menschen beziehen diese Schriftstelle auf Jesus, was nicht verkehrt ist. Doch hier ist auch die Rede von den rechten Priestern Gottes. Wenn wir also Jünger Jesu sind, so muss auch in unserem Munde das Gesetz der Wahrheit sein. Das Gesetz der Wahrheit stimmt mit dem Gesetz der Bibel überein.

Es sei die Frage gestellt, welches Gesetz wir wohl erwählen. Sicherlich erwählen wir nicht das Gesetz der Sünde. Wir gehören nicht zu denen, welche das Gesetz der Vergebung falsch verstehen und sagen, dass Jesus gestorben ist, um die Sünden immer wieder aufs Neue zu vergeben, aus welchem Grund sie ihr ständiges Sündigen rechtfertigen. Jesus will, dass wir das vollkommene Gesetz der Freiheit erkennen und erfüllen. Zu viele Menschen können nicht erkennen, was dieses Gesetz wirklich beinhaltet. Warum vermögen die meisten von ihnen nicht, dieses Gesetz zu erfassen? Weil ihr Herz verstockt ist. Es sind viele Menschen, die sich Kinder Gottes nennen, doch kann man von vielen nicht behaupten, dass sie das vollkommene Gesetz der Freiheit erfasst haben. Bei vielen muss man feststellen, wie sie in mancherlei Hinsicht gebunden sind. Der Geist der Welt, der Mode, des Stolzes und viele andere Einflüsse, die man nicht direkt als Sünde bezeichnen kann, welche aber zur Sünde führen können, bindet so manchen Menschen. Viele Menschen, die sich einst bekehrt haben, werden nachlässig in ihrem Christenleben und fangen an, den Weltgeistern mit der Zeit mehr und mehr Raum in ihren Herzen zu geben. Dinge, die sie einst zu Beginn ihrer Nachfolge Jesu verdammten, erscheinen ihnen mit der Zeit immer harmloser. Solche Menschen fangen an, geistlich zu erblinden. Es heißt, dass Gott ihnen kräftige Irrtümer sendet. Viele können das vollkommene Gesetz der Freiheit nicht durchschauen, weil sie nicht den Heiligen Geist haben, oder dämpfen und betrüben. Da aber viele den Weg verlassen haben, sind sie in den geistlichen Irrtum geraten. Der Teufel hat diesen Menschen Brillen aufgesetzt, mit denen es ihnen nicht möglich ist, die geistlichen Tiefen des Wortes Gottes zu ergründen. Wir lesen in der Bibel von der Gemeinde zu Laodizea, dass sie von sich behauptete, sie stände im rechten Verhältnis zu Gott. Ihre Mitglieder sagten, sie seien reich und ihnen mangele an nichts. Jesus aber gab dieser Gemeinde ihren wahren geistlichen Zustand zu erkennen und sprach:

• *„Du aber bist arm, blind und bloß. Ich rate dir deine Augen mit Augensalbe zu salben, damit du sehend wirst" (Offb. 3, 17.18).*

So viele von den sogenannten Kindern Gottes sind geistlich erblindet, da sie nicht das Gesetz der völligen Freiheit annehmen möchten. Diese werden einst vor dem Richterstuhl Gottes als die Törichten erscheinen müssen, wenn sie nicht ihr geistliches Leben ändern. Auch uns müssen die Worte aus der Offenbarung ein Mahnruf sein. Lasst uns in einem wachenden und betenden Stand verbleiben. *„So besteht nun in dieser Freiheit, zu der euch Christus befreit hat, und lasst euch nicht wiederum in das knechtische Joch fangen."* Wir müssen aufpassen, dass wir uns nicht in irgendwelche Abhängigkeiten begeben. Wir müssen uns beständig prüfen, ob wir uns immer noch in der vollkommenen Freiheit befinden. Viele Menschen erlangten einst die völlige Freiheit und konnten viele Jahre in dieser Freiheit bestehen. Doch es kam die Zeit, da es dem Teufel gelang, diese Seelen in Abhängigkeiten zu bringen und so für sich zu gewinnen. Gott helfe uns und steh uns bei, dass wir nicht in die Hände des Teufels fallen. Eines unserer Lieder hat den Titel: *„Ich liebe die Gemeinde."* Die Pforten der Hölle kann diese Gemeinde nicht überwältigen. Gott aber lässt es zu, dass wir auf das Härteste geprüft werden. Wir müssen durch das Feuer der Prüfungen und Anfechtungen gehen, denn nur so können wir nach Gottes Wohlgefallen geläutert und gereinigt werden. Der Apostel Paulus schrieb in seinem Brief an die Thessalonicher:

• *„Der Gott aber allen Friedens, der euch berufen hat zu seiner ewigen Herrlichkeit, bewahre euren Leib, samt Seele und Geist, untadelig, unsträflich, für die Ankunft unseres Herrn Jesus Christus. Getreu ist er, er wird es auch tun" (1. Thess, 5, 23.24).*

Gott wird uns bewahren, wenn wir uns nur seinem Heiligen Gesetz unterstellen. Deshalb sei mein Zuruf an euch alle: Lasst uns das vollkommene Gesetz der Freiheit erwählen und in diesem bis ans Ende verharren. Werden wir dies tun, werden wir einst großen Lohn im Himmel empfangen. Gott helfe uns aus Gnaden. Amen.
17.01.2010

Der Gemeinde Gottes ihre Kämpfe

Das Dienen und das einander Helfen bilden eine wichtige Aufgabe eines Kindes Gottes. Um das Dienen ging es auch in dem soeben gesungenen Lied. Wir müssen immer bereit sein, unseren Nächsten zu unterstützen, ob durch Gebet, durch Taten oder tröstende und ermutigende Worte. Es ist der Wille Jesu, dass wir einander dienen und wie eine Familie füreinander einstehen. Es heißt, dass die Gemeinde Gottes eine Schar fröhlicher Arbeiter ist. Jedes Glied in der Gemeinde ist in irgendeiner geistlichen Aufgabe tätig. Da ist kein Fauler, sondern alle helfen mit, den Evangeliumswagen zu schieben. Jeder hat Arbeit, und da gibt es keinen, der den anderen in seiner Arbeit hindert. So sahen es die Propheten des Alten Bundes. Viele der alttestamentlichen Prophezeiungen sind für uns noch heute von großer Bedeutung, denn Jesus bestätigte damals die Erfüllung der Prophezeiungen, die auf ihn und auf den Neuen Bund hindeuteten. Wir befinden uns heute in einer Zeit, in der man sagen kann, dass so ziemlich alle Prophezeiungen erfüllt sind. Ich halte es für wichtig, heute über die Geschichte der Gemeinde Gottes zu sprechen. Wir können wohl behaupten, dass wir heute in der letzten Zeit leben und dazu in der schwierigsten Phase der Geschichte der Gemeinde Gottes. Die Bibel spricht von der letzten Zeit als von einer Zeit großer Bedrängnisse und Prüfungen, welche die Kinder Gottes zu erdulden haben. Dem Teufel ist gestattet, alle seine Geister auszusenden, um die Menschen zu verführen. Jesus sprach, dass in der letzten Zeit die bösen Geister, wo es möglich ist, auch die Auserwählten in den Irrtum führen. Wer erkennt den Ernst und die Wichtigkeit dieser Zeit? Erkennen wir die Anzeichen und Gefahren dieser Zeit und fühlen wir als Kinder Gottes die Verantwortung, die wir gerade in dieser Zeit zu tragen haben?

Jesus klagte zu seiner Zeit über Jerusalem und sprach:

• *„Wenn doch auch du, gerade du, zumindest an diesem deinem Tag erkannt hättest, was zu deinem Frieden dient! Aber nun ist es vor deinen Augen verborgen" (Lk. 19, 42).*

Gott bewahre uns, dass wir nicht diesen blinden Pharisäern der damaligen Zeit gleichen und heute vor lauter geistlicher Blindheit die Zeichen der letzten Zeit nicht erkennen! Gewiss sprechen über das Erkennen der Zeitzeichen auch die Weltmenschen, wobei sie darüber hinaus versuchen, zukünftige Geschehnisse zu erahnen. Doch diese Menschen können weder

Gegenwärtiges noch Zukünftiges recht verstehen und deuten, wenn sie die Geschichte der Gemeinde Gottes nicht kennen, ganz falsch. Daher ist es für uns Kinder Gottes sehr wichtig, die Geschichte der Gemeinde Gottes zu kennen. Kennen wir ihre Geschichte, so verstehen wir die Zeichen der Zeit. Doch wir können auch aus der Geschichte lernen, nämlich welche Kämpfe unsere Glaubensväter einst ausgefochten hatten. Sie gehen uns als ein Beispiel voran. An jenen aber, welche gefallen sind, sollen wir den Ernst Gottes erkennen; so sagte einst der Apostel. Wie viele Menschen sind doch damals gefallen! Wir möchten jetzt gewiss nicht die gesamte Geschichte der Menschheit wie auch die Geschichte der Kinder Israels betrachten. Lesen wir den Hebräerbrief, so finden wir dort eine Zusammenfassung vieler Ereignisse des Alten Bundes, welche für uns von Bedeutung sind. Hier steht von den Siegen und Niederlagen der Kinder Israels geschrieben, aber auch Gottes Handeln mit den Menschen wird durch die Berichte ersichtlich: Gott befreite sein Volk aus der ägyptischen Knechtschaft, ließ aber später viele von ihnen in der Wüste wegen ihres Götzendienstes umkommen.

Dies sei für uns eine Warnung. Lasst uns, die wir erlöst sind, nicht wieder der Sünde dienen, was den geistlichen Tod zur Folge hätte und wodurch wir das Ziel nicht erreichen könnten. Ich spreche diesen Punkt an, nicht mit der Absicht, zu entmutigen, sondern zu warnen. Vielmehr möchten diese Worte jeden ermutigen und seinen geistlichen Willen stärken, damit er einst als Sieger und Überwinder vor Jesus erscheinen kann. Niemand von uns soll am Ende zuschanden werden, sondern wir alle sollen Sieger sein. Man möchte nochmals sagen, dass wir die geschilderten Kämpfe der Gemeinde Gottes in der Bibel genau kennen müssen. Alle in der Bibel erwähnten Personen, welche vom rechten Weg abgeirrt und gefallen sind, müssen uns ein warnendes Beispiel sein.

Jesus sprach die verheißenden Worte über seine Gemeinde:

•   *„Und die Pforten der Hölle werden sie nicht überwältigen"* (Mt. *16, 18).*

Doch zu jeder Zeit, in der viele Menschen vom Glauben abgefallen sind, gab es immer eine Anzahl Kinder Gottes, die bis ans Ende dem Heiland treu blieben.

Zu unserem heutigen Thema lasst uns einige Verse aus dem Buch des Propheten Amos anführen. Gott führte die Propheten des Alten Bundes mit Heiligem Geist, durch den es ihnen möglich war, zukünftige Geschehnisse im Neuen Bund zu erblicken. Welche Bedeutung die Propheten des Alten Bundes für uns heute haben, wird uns aus den Worten des Apostels Paulus deutlich. Er sagte, dass wir auf dem Grund der Apostel und Propheten stehen. Also lasst uns einige Worte aus dem 9. Kapitel des Propheten Amos anführen:

• *„Sieh, die Augen des Herrn Herrn sehen auf das sündige Königreich, um es vom Erdboden zu vertilgen" (Amos 9, 8).*
Hier spricht der Prophet von dem Königreich Israel. Weiter steht geschrieben:

• *„Aber ich will das Haus Jakob nicht ganz und gar vertilgen, sagt der Herr. Denn sieh, ich will befehlen und das Haus Israel unter allen Nationen sichten lassen, wie man mit einem Sieb sichtet, und kein Steinchen soll auf die Erde fallen" (Verse 8 und 9).*
Kein Steinchen soll auf die Erde fallen: Dies bedeutet, dass keines der wahren Kinder Gottes verlorengehen wird. Diese Sichtung geschieht nicht zum Verderben der Knechten Gottes, sondern zu ihrer Läuterung. Gott hat immer Gedanken des Friedens. Dann steht geschrieben:

• *„Alle Sünder in meinem Volk sollen durchs Schwert sterben, die da sagen: Es wird das Unglück nicht so nahe sein und uns nicht treffen" (Vers 10).*
Wir sehen hier also, dass Gott sein Volk sichtet und reinigt. Doch wozu dies? Darum, weil Gott sich auf diese Weise eine reine Gemeinde zubereitet. Der letzte Prophet des Alten Bundes, welcher Johannes der Täufer war, sprach auf Jesus hindeutend:

• *„Er hat seine Wurfschaufel in der Hand; er wird seine Tenne gründlich fegen und den Weizen in seine Scheune sammeln; aber die Spreu wird er verbrennen mit unauslöschlichem Feuer" (Mt. 3, 12).*
Wir lesen im 22. Kapitel des Lukasevangeliums die Worte Jesu, die er zu Simon Petrus sprach, bevor dieser ihn verleugnete:

• *„Simon, Simon! Siehe, der Satan hat euer begehrt, euch zu sichten wie den Weizen. Ich aber habe für dich gebetet, dass dein Glaube nicht aufhöre" (Lk. 22, 31).*
Wie im Alten Bund, so sichtet Gott auch im Neuen Bund sein Volk. Jesus fegt noch heute seine Tenne. Er reinigt sein Volk von allen sündigen Menschen. Die Worte aus dem Alten Bund *„Alle Sünder sollen durchs Schwert sterben"* sind auch heute noch aktuell. Dieses Schwert ist das Wort

Gottes, welches die Sünder nicht ertragen können. Wahren Kindern Gottes ist das Wort Gottes nicht zu hart. Sie freuen sich, wenn sie durch das Wort ermahnt und zurechtgewiesen werden. Entdecken Kinder Gottes an sich einen Makel, der Gott nicht gefallen kann, so suchen sie umgehend diesen Fehler an sich zu korrigieren. Wahre Christen ärgern sich nicht an den Worten der Bibel. Jesus sprach über solche, denen seine Worte nicht zum Ärgernis sind:

• *„Glückselig ist, wer sich nicht an mir ärgert." (Mt. 11,6).*

Am Stein des Anstoßes, welcher vielen Menschen zum Anstoß und zum Ärgernis geworden ist, stoßen sich die wahren Jünger nicht. Zu Jesu Zeiten stießen sich die Juden an ihm. Jedes Wort Jesu ist für uns köstlich und wertvoll und wir wissen, dass es für uns keine andere Lehre als Eckstein geben kann als allein die Lehre Jesu. Würden sich Menschen nicht an dem Stein des Anstoßes stoßen und folglich die wahren Kinder Gottes verfolgen, so könnte die Gemeinde Gottes auch nicht so rein dastehen. Eine reine Gemeinde wäre nicht möglich, wenn Gott nicht seine Sichtungen immer wieder durchführen würde.

Im Alten, wie auch im Neuen Testament lesen wir, dass die Schreiber häufig auf die Geschichte des Volkes Israel zurückblickten und zudem oft Stammbäume wichtiger Personen, die früher wie auch zu ihrer Zeit auftraten, auflisteten. Von Stephanus lesen wir, dass er in seiner Rede vor dem Hohen Rat die Geschichte Israels, von Abraham beginnend, vortrug. Nachdem Stephanus den Anwesenden vor Augen geführt hatte, was Gott bisher an dem Volk Israel getan hatte und er durch seine Rede die Widerspenstigkeit der Vorväter bewies, konnte er sagen:

• *„Ihr Unbeschnittenen an Herzen und Ohren, ihr widerstrebt allezeit dem Heiligen Geist, wie eure Väter, so auch ihr" (Apg. 7, 51).*

Wir möchten gewiss nicht wie die Pharisäer sein, die in ihrer Überhebung sprachen:

• *„Hätten wir zu den Zeiten unserer Väter gelebt, dann hätten wir uns nicht mitschuldig gemacht am Blut der Propheten! (Mt. 23,30)*

Jesus antwortete ihnen:

• *So gebt ihr gegen euch selbst Zeugnis, dass ihr Kinder derer seid, die die Propheten ermordet haben. Wohlan, so erfüllt auch ihr das Maß eurer Väter!" (Mt. 23,31-32)*

Die Nachkömmlinge derjenigen, welche die Propheten töteten, brachten zuletzt auch den Sohn Gottes um. Wir zählen nicht zu den Kindern, deren Väter die Propheten getötet hatten, sondern wir erachten uns selbst als Kinder der Propheten. Auf die Propheten als unsere Urväter lasst uns blicken, und darauf, wie sie sich in ihren Kämpfen bewährten und den Anfeindungen standhielten.

Die Geschichte berichtet uns, dass die erste Gemeinde durch Verfolgungen geprüft wurde. Jesus prophezeite seinen Jüngern, was in Zukunft mit all jenen geschehen wird, die sich seiner Gemeinde anschließen:

- *„Dann werden sie euch in Trübsal übergeben und werden euch töten. Und ihr werdet um meines Namens willen von allen Völkern gehasst werden. (Mt. 24,9).*

Im 12. Kapitel der Offenbarung steht von einem feuerroten Drachen geschrieben. Dieser Drache zog aus, um gegen die Frau, welche einen Knaben geboren hatte, zu kämpfen. Der Knabe wurde zu Gott entrückt, die Frau aber blieb zurück und konnte sich vor den Angriffen des Drachen in der Wüste in Sicherheit bringen. In der Wüste wurde die Frau 1260 Tage ernährt. Diese 1260 Tage stehen für 1260 Jahre. Diese Zeitspanne in der Geschichte der Gemeinde Gottes war geprägt von Christenverfolgungen der Katholischen Kirche. Es waren Angriffe des Satans, durch welche er versuchte, die Gemeinde Gottes zu vernichten. Doch Jesus sprach, dass die Pforten der Hölle seine Gemeinde nicht überwältigen können. Verfolgungen lässt Gott zu, doch wahre Kinder Gottes werden auch in solchen Prüfungen standhalten. Die Berichte von den ersten Christen sagen aus, wie heldenhaft die wahren Christen in der Zeit der Verfolgung standhaft blieben. Man muss sich wundern, mit welchem Mut und welcher Freude die wahren Jünger damals vor ihren Märtyrern Zeugnis von ihrem Herrn Jesus Christus abgelegt hatten. Johannes sah in der Offenbarung eine Schar in weißen Kleidern. Er fragte den Engel bei ihm, woher diese gekommen seien. Er antwortete ihm, dass jene aus großer Trübsal gekommen seien und ihr Leben nicht geliebt hätten, bis in den Tod. Diese Schar hat gesiegt durch das Blut Jesu Christi und durch ihr Zeugnis, und ihr Sieg war herrlich. Jesus sagte:

- *„Ich sah den Satan wie einen Blitz vom Himmel fallen." (Lu. 10,18)*

Dieses Bild bezieht sich auf den Fall des Heidentums. Durch die Verkündigung des Evangeliums waren diese Geister in der Achtung und Ansehen der Menschen gefallen und wurden von ihnen verworfen.

Zeitzeugen aus der Zeit der Christenverfolgung berichteten, dass das Blut derjenigen, welche den Märtyrertod starben, wie Samen war. Starben hunderte Menschen für Jesus, so bekehrten sich kurze Zeit später tausende zu Jesus. Waren tausende gestorben, so mögen es sogar zehntausende gewesen sein, die Jesus als ihren Heiland annahmen. Durch die Christenverfolgung bekehrten sich Millionen von Menschen, wodurch das Heidentum letztlich zu Fall kam. Schließlich wurde das Christentum im Römischen Reich sogar als Staatsreligion eingeführt. Welch eine Freudigkeit im Kampf, und welch eine Bereitschaft zum Sterben stellen wir unter den ersten Christen fest! Bruder D.S.Warner schrieb in einem seiner Lieder: *„Wer will mit dem Heiland leiden? Wer nimmt's Kreuz und trägt's ihm nach?"* Geschwister, lasst uns Vergleiche ziehen zwischen uns und den ersten Christen! Sind auch wir heute in der Lage in gleicher Weise zu leiden, wenn nicht gar für Jesus zu sterben? Ob gemartert, gefoltert, auf dem Scheiterhaufen verbrannt, von wilden Tieren zerrissen, oder welch einen qualvollen Tod sie auch erleiden mussten – die ersten Christen starben tapfer für Jesus. Zeitzeugen berichteten, dass viele von ihnen sogar freudig singend in den Tod gegangen sind. Wie steht es mit uns? Ich glaube, dass heute so manch einer von uns leidensscheu ist. So manch einer schämt sich heutzutage vielleicht vor den Blicken anderer, wenn sie erfahren, dass man ein Christ ist. Man mag heute wegen des Glaubens belächelt oder verspottet werden, doch ist dies in keiner Weise vergleichbar mit dem, was die ersten Christen erleiden mussten. Können wir uns einst in die Reihe jener Menschen einreihen, die um des Namens Jesu willen enthauptet wurden? Können wir gleich diesen Menschen auf ein Leben voller Leiden für Jesus zurückblicken? Man möchte hierin besonders unsere Jugend anspornen, immer freudig Jesus nachzufolgen, auch wenn die Nachfolge mit manchen Trübsalen und Leiden verbunden ist. Mit Verspottung, Verhöhnung, Verachtung oder Verfolgung hat ein wahres Kind Gottes in dieser Welt zu rechnen.

Als das Christentum in vielen Ländern zur Staatsreligion wurde, wurde das Heidentum bekämpft. Aber auch diese Zeitspanne war eine Gefahr für das Christentum. Diese Zeit war nämlich durch eine Abkühlung des Christentums gekennzeichnet.

Jesus sprach zu der Gemeinde zu Ephesus:

* *„Ich habe gegen dich, dass du deine erste Liebe verlassen hast. Denke nun daran, wovon du gefallen bist, kehre um und tu die ersten Werke!" (Offb. 2, 4.5).*

Wo die geistlichen Kämpfe aufhören, da hört oft auch die brennende Liebe zu Jesus und seinem Evangelium auf. Sicherlich kann es durchaus sein, dass in der Gemeinde zu Ephesus nicht jedes Herz erkaltete, denn auch unter ihnen konnten noch wahre Kinder Gottes sein. Wahre Kinder Gottes behalten diese brennende Liebe in ihren Herzen bis ans Ende. Doch hier muss wohl die Mehrheit lau und träge im geistlichen Wirken geworden sein. Sie haben die erste Liebe verlassen. Wie steht es mit uns und unserer Liebe heute? Droht auch unsere erste Liebe abzukühlen? Sind wir wirklich immer noch brennend im Geist? Durch das Gleichnis der zehn Jungfrauen will Jesus uns zeigen, wie gegensätzlich sich die gläubigen Menschen in der letzten Zeit auf Jesu Wiederkunft vorbereiten werden. Fünf Jungfrauen waren klug, fünf waren töricht. Die klugen Jungfrauen konnten mit brennenden Lampen dem Bräutigam entgegengehen, dagegen bei den törichten die Lampen erloschen. Die törichten Jungfrauen hatten nur ein Glaubensbekenntnis, welches die Lampe symbolisiert, doch fehlte der Lampe das Öl, mit dem sie nur leuchten konnte. Das Öl symbolisiert den Heiligen Geist und die Liebe des Herzens. Das Gleichnis gibt uns zu verstehen, dass Jesus ein formelles Christentum nicht annehmen wird. Vor Jesus haben rein formelle Sitten und Bräuche des sogenannten Christentums keine Bedeutung. Ohne den Heiligen Geist kann ein Mensch im Kampf gegen die Sünde und die Welt nicht auf Dauer bestehen. Wenn wir heute bestehen wollen, so müssen wir aus der Vergangenheit lernen. Die Gemeinde zu Ephesus, zum Beispiel, muss uns ein warnendes Beispiel sein. Ihr geistlicher Stand symbolisiert eben diese Phase der Abkühlung des Christentums. Zu dieser Phase haben viele Christen ihre erste Liebe verlassen.

Auf diese Phase des Christentums folgte eine andere, welche symbolisch in dem Sendschreiben an die Gemeinde zu Pergamon beschrieben wird. Jesus sprach zu dieser Gemeinde:

- *„Ich habe etwas gegen dich: dass du solche dort hast, die an der Lehre Bileams festhalten" (Offb. 2, 12-17).*

Wir erfahren durch diese Worte, dass in der darauffolgenden Zeit viele Christen anfingen, falsche Lehren zu tolerieren. Vielen Menschen, damals wie auch heute, reicht nur eine Lehre nicht aus. Sie fragen sich, ob der Mensch nicht auch durch eine andere Lehre als allein durch die biblische Lehre in den Himmel kommen kann. Jesus sprach zu der Gemeinde zu Pergamon in Offb. 2, 16:

- *„Tu nun Buße! Wenn aber nicht, so komme ich zu dir bald und werde Krieg mit ihnen führen mit dem Schwert meines Mundes"*

Lasst uns aus der Geschichte des Christentums lernen. Lasst uns fragen, wie es heute um uns geistlich steht. Begehen wir vielleicht dieselben Fehler, wie sie einst viele gläubige Menschen begingen? Wir waren kürzlich im Süden, wo man mit so manchem sprechen konnte. Ich sprach mit jemandem, der genau diese falsche Einstellung in Bezug auf die reine biblische Lehre hatte. Wir sprachen über die Lehre der Gemeinde der Wiederherstellung. Er sagte mir: *„Warum sollte allein die Gemeinde Gottes Recht haben? Warum ist nicht auch diese und jene Lehre richtig?"* So manch ein Mensch, der vielleicht vorher in der Wahrheit stand, dachte in einer solchen fanatischen Lehre, wie sie die Gemeinde der Wiederherstellung ausübt, das Richtige zu finden. Doch viele dieser Menschen erkannten irgendwann ihre Irrlehre und kehrten dieser Gemeinde den Rücken. Sie kamen geistlich völlig ausgebrannt und verzweifelt zurück. *„Wohin denn noch gehen?"* – fragen sie sich. Schließlich entscheiden sich die Meisten, in keine Gemeinde mehr zu gehen, sondern halten ihre Andacht zu Hause allein oder haben die Welt liebgewonnen. Andere Menschen sind dagegen der Ansicht, in jede Gemeinde gehen zu können. Wer solcher Ansicht ist, wird leider vom Teufel betrogen. Wie der Teufel von jeher die Menschen betrogen hat, so betrügt er sie auch heute. Häufig fragen solche Menschen, warum denn gerade bei uns die Wahrheit zu finden und warum alles andere Babylon sei. Sie sind der Überzeugung, dass diese Worte von uns ausgedacht seien, und dabei wissen sie nicht, dass die Bibel klar und deutlich von der einen wahren Gemeinde Gottes spricht; wogegen alles, was dem Maßstab der Gemeinde Gottes nicht entspricht, als Babylon zu bezeichnen ist. Jesus sagt uns, dass es nur einen Weg gibt. Gemeinden, die einst in der Wahrheit standen, sich aber später mit Gemeinden zusammenschlossen, die an einer Irrlehre festhielten, wurden verdorben. Geschehnisse wie diese gereichen uns als warnendes Beispiel. Wenn wir heute standhalten wollen, so lasst uns aus der Geschichte lernen.

Der Phase der Toleranz gegenüber Irrlehren folgte eine noch viel schlimmere Zeitspanne. Diese Phase wird uns im Sendschreiben an die Gemeinde zu Thyatira in der Offenbarung geschildert. In dieser Zeit ließen viele Ortsgemeinden Irrlehrer als Redner in ihren Versammlungen zu. Wir sehen also, wie der Verfall der Christenheit mit der Zeit voranschritt: Während sich eine gewisse Loyalität zu falschen Lehren in der vorherigen Phase unter den Christen breitmachte, so gestattete man in dieser Phase jenen falschen Lehrern, das Wort in den Versammlungen erheben zu dürfen. Dies verurteilt Jesus scharf, indem er zu allen Gemeinden, die in gleicher Weise handeln, spricht:

• *„Aber ich habe etwas gegen dich: dass du Isebel, die Frau, die sich selbst als Prophetin bezeichnet, lehren und meine Knechte verführen lässt, Unzucht zu treiben und Götzenopfer zu essen. Und ich habe ihr Zeit gegeben Buße zu tun für ihre Unzucht, aber sie will nicht umkehren. Sieh ich werfe sie auf ein Krankenbett, und die mit ihr die Ehe gebrochen haben, bringe ich in große Bedrängnis, wenn sie nicht Buße tun für ihre Werke; und ihre Kinder werde ich töten" (Offb. 2, 20-22).*

Man kann jene Zeit in der Geschichte der Christenheit auch als *Zeit der Isebel* bezeichnen. Wenn wir uns heute in der Christenheit umschauen, müssen wir dann nicht erkennen, dass wir uns immer noch in eben dieser Gefahr befinden? Ist es nicht so, dass viele Gemeinden heutzutage falsche Prediger in ihren Versammlungen predigen lassen? Sie gehen so weit, dass sie sogar alle, die sich als christlich gläubig bezeichnen, als ihre Brüder und Schwestern anerkennen! Sollen wir diesen Gemeinden folgen, indem wir ebenso handeln? Auf keinen Fall! Lasst uns aus der Geschichte der Christenheit lernen, und uns warnen lassen! Apostel Paulus sprach:

• *„Ein wenig Sauerteig durchsäuert den ganzen Teig" (Gal. 5, 9).*

Lassen wir nur einen falschen Prediger in unserer Gemeinde zu, so werden in Zukunft unsere Kinder durch die Irrlehre geistlich zu Tode geschlagen. Ich kannte solch einen Prediger, der Irrlehrer in seiner Gemeinde zuließ. Am Ende haben ihn seine eigenen Kinder aus der Gemeinde gejagt, da sie mit bösen Geistern, welche durch die Irrlehre in die Gemeinde kamen, befallen waren. Würden wir also ebenso handeln, indem wir Irrlehrern gestatten, das Wort in unseren Versammlungen zu ergreifen, so würden auch wir mit den Geistern der Irrlehre erfüllt werden. Dann wird jeder, der das falsche Wort hört und annimmt, geistlich getötet werden. Ein geistliches Leben wird nicht mehr möglich sein. Dies soll uns eine Warnung sein. Wir dürfen uns nicht wundern und uns fragen, warum wir den Gottesdienst in dieser Weise ausüben, wie wir ihn schon immer ausgeführt haben. Wir dürfen kein Beispiel an solchen Gemeinden nehmen, die nicht in der Wahrheit stehen. Fängt heute eine Gemeinde an, Irrlehren in ihren Versammlungen zu verkündigen, dann wird der geistliche Verfall vielleicht nicht sofort offensichtlich. Doch schon bald wird man feststellen, dass sich die Gemeinde nach und nach selbst ruiniert. Bereits im Jahre 72 n. Chr. sind falsche Lehren in die Ortsgemeinden eingedrungen. Diese Gemeinden kamen später alle zu Fall.

Dann folgte die Zeit des Katholizismus. Die Katholische Kirche war und ist wie eine Pyramide aufgebaut. An oberster Spitze steht der Papst, der über alle kirchlichen Einrichtungen herrscht. Die Zeit des Katholizismus war für das wahre Christentum eine äußerst finstere Zeit in der Geschichte. Wie wir in der Offenbarung von der Frau lesen, welche vor dem Drachen in die Wüste floh, so flohen damals die Kinder Gottes vor der Gewalt der Kirche. Jesus sprach zu der Gemeinde zu Sardes:

• *„Ich kenne deine Werke, dass du den Namen hast, dass du lebst, und bist tot (…). Aber du hast einige wenige in Sardes, die ihre Kleider nicht besudelt haben; und sie werden mit mir einhergehen in weißen Kleidern, denn sie sind es wert" (Offb. 3, 1. 4).*

Diese Textstelle bezieht sich auf die Zeit des Katholizismus. In den 1260 Jahren des Katholizismus gab es dennoch immer wahre Kinder Gottes. Diese hatten trotz der schlimmen Umstände, in denen sie lebten, ihre Kleider nicht besudelt. Es ist herrlich zu wissen, dass es auch in dieser für Christen dunklen Zeit viele Menschen gab, die trotz Inquisition der Kirche Jesus und seiner wahren Gemeinde treu blieben. Diese Christen haben ihr Leben nicht bis in den Tod geliebt. Man vermutet, dass die Katholische Kirche etwa genau so viele Menschen umgebracht hat wie das Heidentum. Geschwister, wie ist heute unsere Einstellung zu all dem geistlich Falschen? Lasst uns jenen Kindern Gottes gleichen, die in vergangenen Zeiten, trotz der schwierigen und gefährlichen Umstände, ihre weißen Kleider rein hielten. Während um sie herum geistlich alles zerfiel, blieben sie dennoch bis ans Ende auf dem festen Grund des Wortes Gottes stehen.

Im 13. Kapitel der Offenbarung lesen wir von einem Wesen, welches Johannes in seiner Vision sah, Folgendes:

• *„Und ich sah ein anderes Tier aus der Erde aufsteigen; das hatte zwei Hörner wie ein Lamm und redete wie ein Drache" (Offb. 13,11).*

Diese Stelle nimmt Bezug auf die Entstehung der Reformation. Durch die Reformation wurde der Katholischen Kirche die Macht genommen. Zum einen freuen wir uns, dass die Reformation eintrat, denn sie hatte ein finsteres Kapitel in der Geschichte der Christenheit beendet. Mit der Reformation jedoch trat ein neues Übel auf: Die Zersplitterung des Volkes Gottes. Aus der Reformation gingen hunderte, ja vielleicht tausende Sekten hervor. Der Teufel führte sein Werk der Zersplitterung bis auf den heutigen Tag aus, und er wird dieses Werk fernerhin weiter ausführen. Er weiß, wo noch echte Christen sind, und gerade unter ihnen will er Trennungen herbeiführen. Er will bewirken, dass die Christen durch all die Trennungen und Zerstreuungen ihre geistliche Orientierung verlieren und nicht mehr wissen, wo die wahre Gemeinde Gottes ist. Die wahren Kinder Gottes aber finden dennoch in diesem geistlichen Durcheinander zurecht. Sie bleiben in der wahren Gemeinde Gottes. Die eine Gemeinde Gottes besteht nur aus wahren Kindern Gottes. Sünder haben an ihr keinen Anteil. Wahre Kinder Gottes verursachen keine Trennungen, sondern sie haben die herrliche Verheißung, dass sie eins sind. Sie bilden deshalb eine Einheit, weil sie sich ganz an das Wort der Bibel halten, und sich nicht menschlichen Lehren unterstellen.

Mit dem Jahr 1880 begann eine neue Phase des Christentums. Es war die Zeit der letzten Reformation, in der Gott die Menschen die volle Wahrheit erkennen und verkünden ließ. Diese Phase wird in dem 3. Kapitel der Offenbarung, dem Sendschreiben an die Gemeinde zu Philadelphia beschrieben:

• *-„Ich kenne deine Werke. Siehe, ich habe eine geöffnete Tür vor dir gegeben, die niemand schließen kann; denn du hast eine kleine Kraft und hast mein Wort bewahrt und hast meinen Namen nicht verleugnet" (Offb. 3, 8).*

Wir schätzen die Geschwister der Zeit der letzten Reformation sehr hoch. Der Name *Reformation* ist nicht ganz passend, denn diese Zeit war vielmehr eine Zeit der Wiederherstellung der biblischen Gemeinde. Hier wurde die biblische Wahrheit wiederhergestellt. Wir singen in einem unserer Lieder aus dieser Zeit: *„Wieder zurück zu der Bibel, zu dem Wort Gottes zurück."* Tausende und Abertausende Menschen verließen weltweit die Sekten und Kirchen und sammelten sich in den Gemeinden, in denen die volle Wahrheit gepredigt wurde. Alle Gemeinden waren ein Herz und eine Seele, da alle ihre Mitglieder auf dem ganzen Wort Gottes gegründet waren. Dem Teufel konnte diese Errungenschaft gewiss nicht gefallen, und so suchte er sie anzugreifen. Auch an diesen Gemeinden ließ Gott eine Sichtung zu, wie man den Weizen sichtet. Doch kein Körnchen sollte auf die Erde fallen. Auch in dieser Sichtung sind wahre Kinder Gottes nicht umgekommen. Allein das, was sich an Spreu in diesen Gemeinden befand, wurde bei der Sichtung wie vom Wind weggeblasen. Jesus hat mit seiner

Wurfschaufel seine Tenne gefegt, indem er den kostbaren Weizen von der unbrauchbaren Spreu trennte. Diese Reinigung der Tenne hat den wahren Kindern Gottes nicht geschadet. Sie sind sogar hierdurch noch viel stärker, herrlicher und reiner geworden.

Nach einigen Jahren der letzten Reformationszeit standen Leute auf, die ein „neues Licht" verkündigten. Mit ihrer neuen Lehre versuchten diese Personen, die höhere und vornehmere Klasse der Gesellschaft zu erreichen. Doch mit ihrer Lehre nahm die Weltlichkeit Einzug in die Gemeinde, wodurch viele Gläubige geistlich zu Fall gekommen sind. Schließlich trennte sich die Gruppe der weltlich gesinnten von der Gemeinde Gottes. Die Zeit, welche der Zeit der letzten Reformation folgte, war durch weltlich gesinnte Gemeinden eines lauen und trägen Christentums sowie durch ständige Trennungen der Gemeinden, gekennzeichnet. Diese Phase finden wir in dem 3. Kapitel der Offenbarung, dem Sendschreiben zu Laodizea, wieder. Jesus spricht zu dieser Gemeinde:

• *„Wenn du doch kalt oder heiß wärst! Weil du aber lau bist und weder kalt noch heiß, werde ich dich aus meinem Mund ausspeien" (Offb. 3, 15.16).*

Dieser Zustand der Gemeinden hält bis heute an. Werden auch wir uns „abkühlen" oder entmutigen lassen? Verlieren auch wir unser Öl für die Lampen, oder haben wir noch genügend Öl auf Vorrat? Werden auch wir dem Herrn einst mit brennenden Herzen begegnen können? Wir dürfen nicht wie die falschen Christen schlafend sein, sondern müssen immer wachend und betend bleiben. Wir müssen uns fragen, wie es heute um unseren geistlichen Stand steht!

In der letzten Phase des Christentums sah Johannes in seiner Vision drei unreine Geister, die das Heerlager der Heiligen umringten. Diese drei unreinen Geister, welche sich vor einiger Zeit noch gegenseitig bekämpften, haben sich nun im Kampf gegen die Heiligen zusammengeschlossen. Die drei unreinen Geister sind das Heidentum, der Katholizismus und alle Kirchen und Sekten des Protestantismus. Diese kämpfen in unserer heutigen Zeit gegen die Heiligen. Erkennen wir, wie sie uns umringen? Die drei unreinen Geister wollen auf die Kinder Gottes durch allerlei Literatur einwirken und versuchen auch durch Freundschaften, die Heiligen für ihre Lehre zu gewinnen. Die Weltlichkeit des Heidentums sucht Eintritt in die Gemeinde Gottes, der formelle und oberflächliche Gottesdienst der Katholischen Kirche mit ihrer Irrlehre will in die Gemeinde Gottes eindringen. Dem Teufel ist es letztlich egal, welcher Geist Einlass in unsere Gemeinde findet. Nur will er, dass sich die Gemeinde Gottes mit einem der Geister verunreinigt. Gewähren wir nur einem dieser Geister Einlass in unsere Gemeinde, so wird uns einst dasselbe Schicksal ereilen, welches den falschen Christen und allen gottlosen Menschen bevorsteht. Auch wir werden dann wie Spreu sein, die vom Wind weggetrieben wird. Gott sprach über solche:

• *„wenn ... (er) ein Siegelring an meiner rechten Hand wäre, so wollte ich dich doch wegreißen" (Jer. 22,24).*

Gott verfährt mit jedem Menschen auf gleiche Weise, der einst in seinen Augen wie ein goldenes Siegel kostbar und wertvoll war, der jedoch durch das Annehmen einer falschen Lehre unrein geworden ist. Gott hatte damals sein Volk aus der ägyptischen Gefangenschaft hinausgeführt, sie aber später vertilgt, als sie sich in der Wüste den Götzen zuwandten. So wird auch Gott uns nicht verschonen, wenn wir jetzt seine Heiligen sind, künftig aber den unreinen Geistern Einlass gewähren. Dies sage ich nicht zur Entmutigung, sondern zur Warnung der Gefahr und Ermutigung zum Kampf. Wir müssen aus der Geschichte der Gemeinde Gottes lernen und erkennen, in welcher Zeit sich die Gemeinde Gottes heute befindet und welche Gefahren ihr heute drohen. Die Geschichte lehrt uns, wie wir heute geistlich zu kämpfen haben, um einst als Sieger vor Gott zu stehen. Jesus spricht:

• *„Wer überwindet, dem werde ich das Recht geben, mit mir auf meinem Thron zu sitzen, wie auch ich überwunden habe und mich mit meinem Vater auf seinen Thron gesetzt habe" (Offb. 3,21).*

Was kann es Größeres geben! Jesus möchte uns alle als Überwinder sehen. Er möchte, dass wir die Weltgeister, alle Geister des Irrtums und uns selbst überwinden. Jesus sagte zu Petrus:

• *„Wer ist denn der treue und kluge Knecht, den sein Herr über seine Dienerschaft gesetzt hat, damit er ihnen zur rechten Zeit Speise gibt? Glückselig ist jener Knecht, den sein Herr, wenn er kommt, bei solchem Tun findet. Wahrlich, ich sage euch: Er wird ihn über alle euch: Er wird ihn über alle seine Güter setzen. (Mt. 24,45-47).*

Wichtig für uns ist, immer wachend und betend und ständig in der Bereitschaft zu sein, dem Herrn mit reinem Herzen und reinem Gewissen zu begegnen. Wir müssen in Heiligkeit und Reinheit vor dem Herrn stehen und ihm wie eine geschmückte Braut entgegengehen. Der Lohn, den wir dann empfangen werden, wird sehr groß sein. Der Lohn wird etwas sein, was kein Auge gesehen, kein Ohr gehört hat und in keines Menschen Herz gekommen ist. Dieser Lohn wird denen zuteil, die dem Herrn bis zuletzt treu bleiben. Der Lohn ist groß, aber der Kampf ist hart. Denn der Teufel geht umher wie ein brüllender Löwe und sucht, wen er verschlingen kann. Doch von der anderen Seite wird Gott den Überwindern der heutigen Zeit einen größeren Lohn zuteilwerden lassen als jemals zuvor. Alles, was uns zu einem göttlichen Wandel dient, wie Erkenntnis und vielerlei Gaben, hat er uns geschenkt. Es ist deshalb eine herrliche Zeit, in der wir leben dürfen, aber zugleich auch eine sehr verantwortungsvolle. Lasst uns deshalb kämpfen und überwinden, Geschwister, damit wir vor Gott nicht als Spreu, sondern als Weizen befunden werden. Es ist mein Begehren, meine Bitte zu Gott und mein Gebet für euch alle, dass wir vor Gott einst wie geläutertes Gold befunden werden. Ich bin bestrebt und bemüht gleich wie Paulus, Christus eine reine Braut zuzuführen, die weder Flecken noch Runzel hat. Gott helfe uns allen, richtig zu kämpfen, damit wir an unserem Lebensende gleich wie Apostel Paulus sagen können:

• *„Ich habe den guten Kampf gekämpft, ich habe den Lauf vollendet, ich habe Glauben gehalten; nun liegt für mich die Krone der Gerechtigkeit bereit, die mir der Herr, der gerechte Richter, an jenem Tag geben wird" (2. Tim. 4,7.8).*

Wir werden heute auf geistlichem Gebiet von so vielen Feinden bekämpft wie niemals zuvor. Aber Gott gibt uns auch alle Möglichkeiten, aus den heutigen Kämpfen als Sieger und Überwinder hervorzugehen. Lasst uns von den angebotenen Gaben Gottes Gebrauch machen. Mögen wir uns alle vor dem Gnadenthron Gottes wiederfinden und uns mit denen gemeinsam freuen, denen die Überwindung bereits gelungen ist. Dort werden wir gemeinsam Gott loben und preisen, bis in alle Ewigkeit. Gott helfe uns aus Gnade. Amen.
(24.01.2010)

Welches Zeugnis haben wir?

Es ist für uns überaus wichtig, im Glauben zu bleiben. Wir, die wir zu Jesus Christus bekehrt sind, befinden uns in einem beständigen Kampf um den Glauben. Der Apostel sprach, dass wir für den Glauben kämpfen müssen, der einmal den Heiligen übergeben ist.

In der Einleitung haben wir gehört, dass die Menschen unterschiedliche Ziele in ihrem Leben verfolgen. Doch gibt es auch Menschen, die keine Ziele haben. Auch solche Menschen trifft man an, die auf die Frage, wo sie einst in der Ewigkeit sein werden, gleichgültig antworten. Auf diese Frage antwortete mir einmal ein Mann: *„Ich gehe dahin, wo alle anderen Menschen hingehen. Auch wenn es die Hölle ist, so werde auch ich in die Hölle gehen."* Er war recht gelassen in seiner Haltung, doch verbirgt sich auch hinter einem solchen Charakter Furcht und bange Erwartung hinsichtlich der Dinge, die einer unerlösten Seele in Ewigkeit bevorsteht. Diese Ungewissheit bezüglich der Ewigkeit plagt den Menschen zu seinen Lebzeiten immer wieder. Ich selbst erinnere mich an die Zeit vor meiner Bekehrung. Es war für mich eine Zeit großer Ungewissheit und Unruhe. Ich ward mir meiner Sünden bewusst und bat Gott, er möge mir vergeben. Doch es schien mir unmöglich, dass Gott mir meine Sünden vergeben könnte. Daraufhin beschloss ich, das zu tun, was ich tun kann und was das Beste ist. Ich lebte dennoch in einer ständigen Ungewissheit. Dies war eine wirkliche Last für mich, die ich fast nicht ertragen konnte. Ungewissheit ist eine Pein, welche nicht von Gott kommt, sondern von dem Teufel.

Es gibt wiederum Menschen, die sich Ziele setzten, denen aber der Teufel arg zusetzt, damit sie ihre Ziele nie erreichen. Aus der Geschichte der Menschheit erfahren wir, dass Gott mit der Schöpfung des Menschen auch ein Ziel verfolgte. Es heißt, dass er den Menschen schuf, sich zum Bilde. Wir lesen auch von Jesus, dem erstgeborenen Sohn Gottes, dass er nicht allein sein sollte, sondern sich unter vielen Brüdern und Schwestern aufzuhalten und zu wirken hatte. Dies war Gottes Ziel.

Gott setzte dem Menschen das Ziel, dem Sohne Gottes ähnlich zu sein. Das wollte der Teufel verhindern und beschloss daher, dem Menschen ein ähnliches Ziel zu setzten. Im Paradies verleitete er Adam und Eva, von der verbotenen Frucht des Baumes der Erkenntnis zu essen. Er versicherte Adam und Eva, dass sie Gott gleich sein werden, wenn sie von der Frucht dieses Baumes essen. Dieses Ziel war für sie so verlockend und so leicht zu erreichen, da man, um dieses Ziel zu erreichen, einfach nur in eine Frucht beißen musste. Auf diesem Weg gelang es dem Teufel, die Menschen zu betrügen.

Auch heute sucht der Teufel die Menschen in die Irre zu führen. Gott will, dass der Mensch nicht in Unkenntnis bezüglich der Dinge leben soll, die ihn in Zukunft erwarten. Gott zeigt seinem Geschöpf den Weg, wie er erlöst werden kann. Der Teufel aber zeigt ihm andere Wege, durch die er scheinbar zu seiner Erlösung kommen kann. Lebt der Mensch in Unwissenheit der zukünftigen Dinge und hat ein Verlangen, sie zu erfahren, so kann ihn der Teufel zum Beispiel zu einem Wahrsager schicken. Für einen Unerlösten sind die Wege des Teufels leichter zu gehen, als den erlösenden schmalen Pfad Gottes zu betreten. Wir haben ein Traktat mit dem Titel *Anklagen – ihre Ursachen und Gegenmittel*. Hierin wird das Thema behandelt, auf welche Weise der Teufel versucht, Kinder Gottes anzuklagen und sie in Zweifel zu versetzten. Sein erstes Ziel ist, dem bekehrten Menschen die Gewissheit seines ewigen Heils zu rauben. So manch eine Seele hat das Gespräch mit mir gesucht, welche in großer Ungewissheit lebte. Der Teufel sendet viele falsche Propheten aus, welche bekehrten Menschen sagen, sie hätten keine wahre Bekehrung erfahren, und die ihnen einreden, dass sie nicht geheiligt seien. Ich traf auch solche Menschen an, die aufgrund dessen sich viele Male aufs Neue bekehrten. Irgendwann verzweifeln sie dann an ihrer Bekehrung und fragen sich, welche von ihren vielen Bekehrungen wohl die richtige gewesen sei. Es gibt auch Menschen, die sich immer wieder aufs Neue heiligen. Der Teufel will gerade die bekehrten Menschen in große Verwirrung bringen. Er will sie dahin führen, dass sie alles, was christlich ist, aufgeben. „Du kannst nie eine echte Gewissheit erlangen" – spricht er zu einer bekehrten Seele. Gott aber hat etwas ganz anderes mit uns vor. Gott will, dass wir uns in Bezug auf unsere Bekehrung oder Heiligung immer ganz gewiss sind. Gerade diese Gewissheit macht den Menschen glücklich. Die Seele, welche den Erlösungsplan Gottes erkannt und verstanden und die völlige Erlösung praktisch erfahren hat, singt: „*Sel'ge Gewissheit, Jesus ist mein! Nun kann erst recht ich des Lebens mich freun'. Selig, wer dessen sicher kann sein, Jesus gehör' ich Jesus ist mein.*" Gott sieht es in seinem Erlösungsplan vor, dass wir uns in unserem geistlichen Stand ganz gewiss sind. Ein Kind Gottes, welches von den Vorrechten Gottes Gebrauch macht, weiß, wo es geistlich steht, woher es kommt und wohin es einmal gehen wird. Es weiß, was der Teufel im Sinn hat, doch schenkt es seinen Einflüsterungen kein

Gehör. Johannes sah in der Offenbarung die Beschaffenheit und Charaktereigenschaften der geheiligten Kinder Gottes in Gestalt von vier Wesen. Diese Wesen waren inwendig und auswendig voller Augen. Es bedeutet, dass die wahren Kinder Gottes voller Erkenntnis und Selbsterkenntnis sind. Sie haben die volle Gewissheit. Dies ist etwas Herrliches, was ein Kind Gottes besitzen kann! Ich möchte jedem zurufen: Lasst euch nicht verwirren durch Einflüsterungen, die euch der Feind immer wieder vor Augen führt!

Beim Lesen der Briefe des Neuen Testaments fällt auf, dass kein anderer Apostel so oft von der Gewissheit sprach, wie der Apostel Johannes. Die Briefe des Johannes wurden viel später verfasst als die Briefe des Paulus oder Petrus. Während der Zeit, in der Johannes seine Briefe verfasste, versuchte der Teufel bereits, die an Christus gläubig Gewordenen durch falsche Lehren in einen Zustand der Ungewissheit zu führen. Johannes schrieb im ersten seiner Briefe:

- *„Und ihr habt die Salbung von dem der heilig ist, und wisst alles"* *(1. Joh. 2, 20).*

Kinder Gottes wissen alles, was die Wege Gottes betrifft.

Jesus sprach:

- *„Alles, was ich von meinem Vater gehört habe, das habe ich euch kundgetan" (Joh. 15, 15).*

Es heißt, dass die Kinder Gottes sogar die Tiefen der Gottheit wissen können, und an dieser Stelle steht geschrieben, dass der Geist Gottes alle Dinge erforscht. Es ist herrlich, in keinem Punkt der biblischen Lehre in Ungewissheit zu sein! Den Kindern Gottes ist alles, was im Worte Gottes verborgen ist, aufgedeckt. Die Salbung, von der der Apostel Johannes spricht, ist die Salbung mit dem Heiligen Geist. Es ist Gottes Plan, seine Kinder durch den Heiligen Geist in alle Wahrheit zu führen. Nichts, was die Wege Gottes und seinen Erlösungsplan betrifft, soll einem wahren Christ verborgen bleiben. Wie anders ist doch die Lehre der Katholischen Kirche. Diese Kirche hält vieles vor Kirchenmitgliedern und Außenstehenden geheim. Auch lehrt die Katholische Kirche seinen Mitgliedern, dass selbst vieles, was in der Bibel steht, ein Geheimnis ist und unergründbar bleibt. Uns ist aber von Gott das Vorrecht gegeben, alles Göttliche zu wissen und zu erfassen. Den wahren Kindern Gottes, welche das volle Heil besitzen, gibt Gott seine Wege klar und deutlich zu erkennen. Ist dies nicht herrlich!?

Gottes Zeugnis

Im 5. Kapitel des ersten Briefes des Apostels Johannes lesen wir Folgendes:

• *„Wenn wir das Zeugnis der Menschen annehmen, dann ist Gottes Zeugnis noch größer; denn Gottes Zeugnis ist das, das er von seinem Sohn bezeugt hat" (1. Joh. 5, 9).*

Als die Juden einst Jesus vieler Dinge beschuldigten und Jesus ihnen sagte, wer er sei, da glaubten sie seinem Zeugnis nicht. Sie behaupteten, Jesus würde von sich selbst zeugen. Jesus antwortete ihnen, dass nicht allein er von sich zeuge, sondern auch sein Vater von ihm zeugt. Jesus hielt den Juden ihr Gesetz vor, wo geschrieben steht, dass zwei gleiche Zeugnisse wahr sind. Welche Zeugnisse müssen wir als Kinder Gottes haben? Unser Zeugnis muss unsere Erlösung beinhalten und auch, dass wir uns auf dem rechten Weg befinden und wir das rechte Ziel verfolgen. In all diesen Fragen müssen wir durch unser Zeugnis eine klare Antwort geben können. Weiter lesen wir im 10. Vers desselben Briefes und Kapitels:

• *„Wer an den Sohn Gottes glaubt, der hat dieses Zeugnis in sich" (1. Joh. 5,10).*

Dieser Glaube ist kein Kopfglaube, sondern nachdem der Mensch Buße getan und seine Sünden bekannt hat, trägt er dieses Zeugnis in sich.

• *„Wer Gott nicht glaubt, der hat ihn zum Lügner gemacht; denn er hat nicht an das Zeugnis geglaubt, das Gott von seinem Sohn bezeugt hat. Und das ist das Zeugnis, dass Gott uns das ewige Leben gegeben hat; und dieses Leben ist in seinem Sohn" (1. Joh. 5,10.11).*

Apostel Johannes war sich dessen bewusst, dass Gott uns bereits in diesem Erdenleben das ewige Leben gegeben hat. Das ewige Leben beginnt nicht erst in Zukunft mit dem Beginn der Ewigkeit, sondern schon jetzt. Der Apostel hatte das Zeugnis, dass Gott uns das ewige Leben gegeben hat. Jesus sprach:

• *„Ihr seid vom Tod in das Leben hindurch gedrungen"* (Joh. 5,24)

Das hier erwähnte *Leben* ist das ewige Leben. Ein Mensch kann sich des ewigen Lebens gewiss sein, wenn er vor Gott seine Sünden bekannt und um Vergebung gebeten hat. Es steht geschrieben:

• *„Wenn wir unsere Sünden bekennen, ist er treu und gerecht, dass er uns die Sünden vergibt und uns von aller Ungerechtigkeit reinigt" (1.*

Joh. 1,9).

An Gottes Vergebung dürfen wir nicht zweifeln. Tun wir dies, so machen wir Gott zum Lügner. Wir würden dann den Verfasser dieser Worte selbst, nämlich Johannes, ebenso zum Lügner machen. Der Teufel und seine Helfer sind Lügner. Sie wollen die Menschen dazu bewegen, alles, was von Gott kommt, anzuzweifeln.

In der Apostelgeschichte lesen wir die Worte des Apostels Petrus, der da sprach:

• *„Und Gott, der Herzenskenner, gab ihnen Zeugnis, indem er ihnen den Heiligen Geist gab genau wie uns" (Apg. 15,8).*

Gott selbst gab das Zeugnis. Petrus sah selbst, wie die Heiden den Heiligen Geist empfangen haben. Das, was er sah, war das Zeugnis Gottes. Was brauchte der Apostel an dem, was er sah, noch zweifeln? Vorher ließ Gott Petrus dieses Zeugnis in einer Vision sehen. Nun sah der Apostel dieses Zeugnis wahrhaftig mit eigenen Augen. Auf das, was Petrus mit geistigen Augen in der Vision sah, konnte er sich nicht stützen. Doch als er erkannte, dass der Heilige Geist auf die Heiden ausgegossen worden war, während er ihnen predigte, wusste er, dass Gott hier selbst Zeugnis gab.

Das Zeugnis der Bibel

Jesus kam oft in Situationen, in denen die Juden von ihm Antwort auf gewisse Fragen verlangten. Auf eine ihrer Fragen antwortete Jesus:

• *„Suchet in der Schrift, denn ihr meint, ihr habt das ewige Leben, denn sie ist es, die von mir zeugt" (Joh. 5,39).*

Die Bibel gibt mir ebenso Zeugnis. Sie gibt mir Zeugnis, wenn ich sie lese. Denn durch das Lesen gibt mir die Bibel zu erkennen, wie ich geistlich stehe, wie Gott mich einschätzt, auf welchem Weg ich gehe. In der Bibel kann man Antworten auf diese und viele weitere wichtige Fragen finden, wenn man aufrichtig sucht.

Das Zeugnis des Heiligen Geistes

Dies gleichsam bezeugt auch der Heilige Geist. In der Offenbarung steht geschrieben, dass Gott zwei Zeugen hat. Diese zwei Zeugen sind das Wort Gottes und der Heilige Geist. Im Brief an die Gemeinde zu Rom schrieb der Apostel Paulus:

• *„Der Geist selbst bezeugt zusammen mit unserem Geist, dass wir*

Kinder Gottes sind" (Röm. 8,16).

Der Heilige Geist, so er in dem Menschen wohnt, gibt dem Menschen zu erkennen, dass er ein Kind Gottes ist.

Das Zeugnis des Gewissen

Unser Gewissen gibt uns auch ein Zeugnis. Hierüber steht im 9. Kapitel des Römerbriefes geschrieben:

* *„(...) wobei mein Gewissen mir Zeugnis gibt (...)" (Röm. 9,1).*

Das Gewissen gibt mir Zeugnis von dem geistlichen Stand, in dem ich mich befinde. Der Apostel Johannes sagte, dass wir dann Freudigkeit zu Gott haben, wenn uns unser Herz nicht verdammt. Wir Kinder Gottes müssen unser Gewissen stetig überprüfen, ob es mit dem Wort Gottes im Einklang steht. Wir lesen häufig, dass sich die Apostel oft auf das Gewissen beriefen. Als sich Apostel Paulus vor den Juden verantworten musste, sprach er, dass er immer mit einem guten Gewissen wandelt. Daraufhin ließ der Hohepriester den Apostel auf den Mund schlagen, obwohl er recht geantwortet hatte. Die Taufe bezeugt ja einen Bund mit Gott mit einem guten Gewissen. Mit einem guten Gewissen, und nicht mit einem verletzten Gewissen, dient der Mensch Gott. Wir lesen im zweiten Korintherbrief:

* *„Denn das ist unser Ruhm: das Zeugnis unseres Gewissens" (2. Kor. 1,12).*

Wir können uns in dem rühmen, dass wir ein reines Gewissen haben und uns unser Gewissen nicht beißt, wie Hiob sprach. Viele Menschen werden geplagt von Gewissensbissen. Sie können das Wort Gottes nicht lesen, weil das Wort sie immer beschuldigt, da sie in ihrem Leben und durch ihre Werke nicht dem Wort Gottes entsprechend handeln. Wenn wir aber alles recht vor Gott tun, und das Wort Gottes lesen, so gibt uns unser Gewissen Zeugnis über unseren richtigen geistlichen Stand. Gestern erhielt ich ein Traktat zur inhaltlichen Überprüfung, welches von dem Thema des *Gewissens* handelt. In dieser Schrift war viel Verkehrtes zu lesen. Prediger, die lehren, was in diesem Traktat geschrieben steht, bringen ihre Zuhörer in Ungewissheit statt in Gewissheit. Gott helfe uns, dass wir uns nicht durch falsche Lehren in Unruhe bringen lassen. Apostel Paulus ermahnte die Kolosser, dass sie sich kein Gewissen über Feiertage, Speisen und andere Dinge machen sollten, die vor Gott im Neuen Bund nicht mehr von Bedeutung sind. Zu jener Zeit war wohl diese Zurechtweisung nötig, doch würde sich heute sicherlich keiner ein Gewissen machen, wenn er zum

Beispiel am Sonntag eine Arbeit schnell erledigt, oder eine Speise zu sich nimmt, die im Alten Bund verboten war. Wahre Kinder Gottes machen sich aus diesen äußerlichen und formellen Dingen, die eher mit dem Alten Bund in Verbindung zu bringen sind, kein Gewissen, aber wie viele Menschen gibt es doch, die aus diesen Dingen ein Problem machen. Jesus sagt uns hierüber:

• *„Nicht das, was in den Mund hineingeht, verunreinigt den Menschen" (Mt. 15,11).*

So gibt es auch Gemeinden, die verordnen, keinen Tropfen Wein zu trinken. Stattdessen aber trinken sie beim Abendmahl Traubensaft. Wo steht in der Bibel geschrieben, es so zu tun? Die Bibel ermahnt, dass wir uns nicht mit Wein vollsaufen sollen. Wenn wir aber feststellen, dass wir durch das Essen einer gewissen Speise oder durch das Trinken eines gewissen Getränks unserm Nächsten zum Anstoß sind, so meiden wir jene Speise und jenen Trank unserem Nächsten zuliebe. In gleicher Weise lehrte und handelte Apostel Paulus (vgl. Röm. 14, 13-23).

Wenn wir ein reines Gewissen beibehalten möchten, so müssen wir immer den Zustand unseres Herzens überprüfen. Stellt mir mein Gewissen das Zeugnis, so weiß ich, dass in meinem Herzen nichts Unreines ist. Jesus sprach:

• *„Selig sind, die reines Herzens sind, denn sie werden Gott schauen" (Mt. 5,8).*

Wir singen in einem unserer Lieder: *„Wenn der Abend gekommen, und ich blicke zurück, oh, welch sel'ge Gewissheit dann mein Herze beglückt. Keine böse Vorahnung, und kein Zweifel mich plagt, weil der Heiland von Sünden mich hat selig gemacht."* Auch wenn mich der Heiland selig gemacht hat, muss ich dennoch beständig mein Herz prüfen, ob ich nicht irgendwelchem unreinen Gedanken Raum gebe. Apostel Johannes sprach, wenn uns unser Herz verdammt, so ist Gott größer als unser Herz. Wenn man in einer emotionalen Situation einem Bruder oder einer Schwester etwas nicht sehr Freundliches gesagt hat und die gesagten Worte jene Person verletzt haben, so haben wir unverzüglich um Verzeihung zu bitten. *„Lasst die Sonne nicht über euren Zorn untergehen"* – in einer solchen Situation haben wir an diese Worte zu denken.

Wir müssen achtgeben auf das, was aus unserem Mund herauskommt. Sind es unnötige, alberne oder gar schmutzige Worte, die des Öfteren aus unserem Mund kommen? Bedenke, dass solche Worte nicht nur unser

Gewissen verletzen. Nicht nur unsere Worte, sondern auch unsere Taten müssen Gott wohlgefällig sein. Gott ist ein Gott der Gerechtigkeit, und so müssen unsere Taten ebenso gerecht sein. Es heißt, dass Gott Gericht und Gerechtigkeit liebt. Das Wort Gerechtigkeit begegnet uns in der Bibel sehr oft. Alles, was Unrecht vor Gott ist, das ist Sünde, und das darf unter uns nicht vorkommen. Will ich mein unverletztes Gewissen beibehalten, so muss ich beständig schauen, ob ich täglich nach den Gesetzen der Bibel lebe, aber auch darauf, ob ich die Gesetze unseres Landes befolge. Auf ein wahres Kind Gottes treffen die Worte eines unserer Lieder zu, die da lauten: *"..., dass wenn die Welt dich betrachtet, Jesus sie in dir kann seh'n."* Lasst uns an dieser Stelle die Geschichte von dem fünfjährigen Alex anführen. Ein fremder Mann, der Alex begegnete, gab vor, er sei ein Christ. Ungläubig blickte der Junge auf den Mann, denn er wusste, dass sich ein wahrer Christ nicht so kleidet, wie jener Mann gekleidet war. In kindlicher Direktheit sagte der junge Alex zu dem Mann: *"Du siehst aber einem Christen nicht ähnlich."* - *"Warum?"*, wollte der Mann wissen. Alex antwortete: *"Deine Kleider zeigen mir, dass du kein Christ bist, denn echte Christen kleiden sich nicht so, wie du gekleidet bist."* So konnte ein Fünfjähriger einen erwachsenen Mann beschämen, welcher vorgab, dass er auch ein Gläubiger sei. Wie werden wohl wir von der Welt angesehen und beurteilt? Wir sind nicht nur ein Schauspiel vor der Welt, sondern auch vor den Engeln. Wie beurteilen dann die Engel unser äußerliches Bild? Es muss mit dem, was wir glauben und befolgen übereinstimmen. Jesus sprach hierüber:

- *"Wenn eure Gerechtigkeit nicht besser ist als die der Schriftgelehrten und Pharisäer, werdet ihr auf keinen Fall ins Himmelreich kommen" (Mt. 5,20).*

Dies bezieht sich auch auf unsere Kleidung, wie auch auf unsere Frisur – also auf unser ganzes Aussehen. Auch unser äußerliches Erscheinungsbild muss dem Maßstab der Bibel entsprechen. Gewiss gibt uns die Bibel keine klare Auskunft, wie wir uns zu kleiden haben. Doch unser Gewissen gibt uns zu verstehen, was nach Gottes Willen anständig ist. Echte Kinder Gottes schmücken sich nicht wie die Welt mit teurer und aufreizender Kleidung und unnötigen Accessoires. Sie beweisen ihren inwendigen Menschen mit dem äußerlichen Menschen. *"Es glänzet des Christen inwendiger Mensch."* So heißt es in einer unserer *Wahrheitsperlen.* Unser Schmuck soll demnach inwendig verborgen liegen. Dieser Schmuck ist

Demut, Liebe, Friede und Freude. Nach diesem Schmuck lasst uns trachten. Auch unser Benehmen muss davon zeugen, dass wir wahre Kinder Gottes sind. Man kann von einem Menschen, der sich wild und leichtfertig benimmt und scherzhaft redet, nicht behaupten, dass dieser ein wahres Kind Gottes ist. Ein Kind Gottes ist aber ebenso wenig in ständiger Trauer oder mürrisch und geht nicht mit gesenktem Kopf durchs Leben. Dieses Benehmen sind keine Zeugnisse eines wahren Christen. Ein echter Christ ist immer mutig, freudig und freundlich gegen alle Menschen. Wir singen in einem unserer Lieder: *„Freundlich gegen alle Menschen, lindern stets des Nächsten Not."* An solchem Verhalten allen Menschen gegenüber lasst uns festhalten! Auch unser äußerlicher Mensch muss davon zeugen, dass wir Gottes Kinder sind. Lasst uns nicht anderen Gläubigen in dieser Sache gleichen, die denken, Gott sähe nur auf das Herz des Menschen. Der äußere Mensch gibt Zeugnis von dem, was im Herzen ist. Jesus sprach:

- *„Wes des Herz voll ist, des geht der Mund über."*

Ist im Herzen eines Menschen Unordnung, so trägt ein solcher auch oft unordentliche Kleidung. Unordnung sieht man bei solchen Menschen ebenso oft im Haus und Hof. Es besteht ein Zusammenhang zwischen dem, wie sich der Mensch äußerlich vor seinen Mitmenschen zeigt, und dem, was in seinem Herzen ist. Wenn ich mich selbst prüfen möchte, so muss ich mein ganzes Wesen und Erscheinungsbild sowie alle meine Besitztümer betrachten. Fährt man in diesem Land durch Siedlungen, so muss man feststellen, wie gut so manches Haus gepflegt ist und wie ordentlich es in den Vorgärten aussieht. Geschwister erzählten mir jedoch, dass sie einmal ein Haus betraten, das äußerlich einen sehr gepflegten Eindruck machte. Im Haus drinnen, sagten sie, musste man aber aufpassen, dass man nicht über den rumliegenden Krempel stolpert und sich die Beine bricht. Dieses Beispiel erinnert an die Heuchelei der Pharisäer. Äußerlich gaben sich diese Menschen gerecht, rein und gottesfürchtig, inwendig aber waren sie das genaue Gegenteil. Aus diesem Grund tadelte Jesus die Pharisäer und sprach:

- *„Du blinder Pharisäer, reinige zuerst das Innere des Bechers und der Schüssel, damit auch das Äußere rein wird"* (Mt. 23, 26).

Das Zeugnis, das ich in meinem Herzen habe, muss mit dem Zeugnis meines äußeren Menschen übereinstimmen.

Der Gemeinde ihr Zeugnis

Auch die Gemeinde gibt ein Zeugnis von mir. Euer Zeugnis ist, wie ihr Geschwister mich anseht. Seht ihr mich als einen Heuchler an, einen Leichtfertigen oder einen weltlich gesinnten Menschen? Von einem Zeugnis der Gemeinde steht im dritten Brief des Johannes geschrieben:

• *„Demetrius hat ein gutes Zeugnis von jedem und von der Wahrheit selbst; und auch wir geben Zeugnis, und ihr wisst, dass unser Zeugnis wahr ist. (3. Joh. 12)*

Damals mussten die Gemeinden den Brüdern, welche beabsichtigten, das Evangelium Jesu in anderen Gemeinden zu lehren, ein Zeugnis ausstellen. Dies war nötig, da bereits zu dieser Zeit viele falsche Apostel und Lehrer unter die an Christus gläubig gewordenen Juden und Heiden traten, um sie wieder unter das Gesetz Moses zu bringen. Wie gut ist es doch, wenn die Geschwister einem selbst nichts Böses nachsagen können. Einem jedem muss bewusst sein, dass auch die Geschwister Augen haben, um zu erkennen, wo der eine oder andere sich verfehlt. Hat jemand etwas vor den Geschwistern zu verbergen, so versucht er dies geheim zu halten. Doch auf Dauer wird dieser damit keinen Erfolg haben, denn irgendwann wird das, was er vor den Geschwistern geheim hält, ans Licht kommen. Für einen jeden von uns ist das Zeugnis der Gemeinde auch von großer Wichtigkeit. In der gestrigen Geschichte hörten wir von einer Frau, die lange Zeit ein gutes Zeugnis von der ganzen Gemeinde hatte. Eines Tages legte einer ihrer Hausgenossen einige ihrer kostbaren silbernen Löffel in ihre Bibel. Als die Frau den Verlust bemerkte, vermutete sie dahinter einen Diebstahl, und machte sich folglich sofort auf den Weg, die Bewohner des Dorfes zu befragen, wo ihre Löffel geblieben seien. Viele ihrer Glaubensgeschwister bekamen auf diese Weise von dem Vorfall mit. Lange Zeit suchte die Frau nach ihren silbernen Löffeln. Schließlich entdeckte man das Besteck in ihrer Bibel. Nun wussten einige, dass sie ihre Bibel so lange Zeit nicht geöffnet hatte. Aufgrund dieses Vorfalls konnte man den Grad ihrer Frömmigkeit leicht feststellen.

Das Zeugnis unsern Hausgenossen

Auch erhalten wir ein Zeugnis von unseren Hausgenossen. Unsere Brüder sagten von solchen Geschwistern, welche ihre Frömmigkeit nur außer Haus zeigten, dass sie sich als Gassen-Engel und Hausteufel zugleich zeigen können. Den wahren Charakter und das echte Verhalten eines Bruders oder einer Schwester kennen am besten die eigenen Hausgenossen. Meine Frau, meine Kinder und meine Enkelkinder können mir ein sicheres Zeugnis geben. Es war einmal ein Mann, der Näheres von einem Prediger in Erfahrung bringen wollte. Den Prediger selbst wollte der Mann aber nicht zu seiner Person befragen, sondern entschloss sich, die Informationen über seine Frau zu beziehen. Er sagte sich, dass die Frau sicherlich wissen werde, wie es geistlich um ihren Mann steht. Im Gespräch offenbarte sie: *„Mein Mann predigt über dieses und jenes Thema, und sicher sind alle seine Themen für unser Christenleben von großer Wichtigkeit. Doch wünsche ich mir, dass er das, was er predigt, auch in unserem Heim anwendet. Er handelt nämlich zu hause völlig entgegengesetzt zu dem, was er in den Versammlungen predigt."* Unsere eigenen Hausgenossen können am besten beurteilen, wer wir sind. Auch von unseren Nächsten in der Familie müssen wir ein gutes Zeugnis haben. Sie dürfen uns nichts Böses nachsagen können.

Der Welt ihr Zeugnis

Ein Zeugnis, welches wir als Christen auch nötig haben, ist das Zeugnis, welches uns die Welt ausstellt. So lesen wir im ersten Brief an Timotheus, dass gerade diejenigen, welche der Gemeinde vorstehen, ein solches Zeugnis der Welt nötig haben:

• **„Er muss aber auch ein gutes Zeugnis haben von denen, die draußen sind" (1. Tim. 3,7).**

In einem unserer Lieder singen wir: *„ (...) dass wenn die Welt sich betrachtet, Jesus sie in dir kann sehen. "* Wie sprechen zum Beispiel unsere Nachbarn von uns? Können wir sagen, dass sie in uns Christus sehen? Erkennen sie, dass wir wahre Christen sind? Sehen dasselbe an uns auch unsere Arbeitskollegen? Ich kann mich an eine Situation damals auf der Arbeit erinnern: Eine Frau, welche die Vorarbeiterin einer Abteilung war, fragte einen Bruder, warum er denn nicht so sei wie die anderen in dem Betrieb. Zwar waren sämtliche der Mitarbeiter aus verschiedenen Gemeinden und unterschiedlichen Glaubensrichtungen, doch dennoch zeichnete sich das gute und anständige Verhalten des Bruders von all den anderen Mitarbeitern ab. Der Grund war, dass dieser Bruder ein Kind Gottes aus der wahren Gemeinde Gottes war. Die Mitarbeiterin im Betrieb, welche denen angehörte, die *draußen sind*, konnte an dem Wesen dieses Bruders erkennen, dass er anders ist als alle anderen. Sie stellte ihm ein gutes Zeugnis aus. Wir müssen uns immer befleißigen, dass jeder, der sich außerhalb der Gemeinde befindet, uns ein gutes Zeugnis ausstellen muss. Wenn Weltmenschen aber wissen, dass diese und jene sich als gläubig bezeichnen, denen sie jedoch kein gutes Zeugnis ausstellen können, so wird durch diese Namenschristen das wahre Christentum verunglimpft.

Das Zeugnis unserer Feinde

Wir lesen in der Bibel, wie Jesus sogar ein Zeugnis von seinen Feinden bekam. Seine Feinde versuchten ihn zu beschuldigen, indem sie danach strebten, durch listige Fragen eine unbedachte Antwort zu entlocken, die ihm zum Verhängnis werden konnte. Sie sprachen zu Jesus:

•   *„Meister, wir wissen, dass du wahrhaftig bist und dich nicht um die Meinung von irgendjemand kümmerst; denn du achtest das Ansehen der Menschen nicht, sondern du lehrst den Weg Gottes in Wahrheit. Ist es erlaubt, dass man dem Kaiser steuern gibt oder nicht?" (Mk. 12, 14).*

Auch wir müssen ein solches Zeugnis von unseren Feinden bekommen. Nichts Übles dürfen sie uns nachsagen können. *„Damit der Widersacher beschämt wird"*, so sprach der Apostel (Tit. 2,8). Es so weit zu bringen, dass unsere Feinde uns ein gutes Zeugnis ausstellen müssen, ist nicht einfach, ihr Lieben. Doch eben diese Zeugnisse uns feindlich gesinnter Mitmenschen müssen wir haben. Haben wir kein gutes Zeugnis von jedermann, so müssen wir unseren Lebenswandel als Christ überprüfen und wo es nötig ist, uns in unserem Verhalten korrigieren.

Das Zeugnis unserer Tugend

Im zweiten Kapitel des Briefes an Titus schrieb der Apostel Paulus ferner noch Folgendes über den Lebenswandel eines Christen:

•   *„Genauso ermahne die jungen Männer, dass sie besonnen sein sollen, und erweise dich selbst in allen Dingen als ein Vorbild guter Werke, mit unverfälschter Lehre, mit Ehrbarkeit, mit Ernsthaftigkeit, mit gesundem und untadeligem Wort, damit der Widersacher beschämt wird, weil er nichts böses über euch sagen kann" (Tit. 2, 6-8).*

Diese Worte sind nicht an alle jungen Männer gerichtet, sondern ebenso an alle jungen Frauen. Wichtig für uns als Gemeinde Gottes ist es, dass das Zeugnis von jedermann die hier erwähnten Tugenden und guten Verhaltensweisen beinhaltet. Allein mit dem Mund zu bezeugen und zu sagen, wir würden in der Wahrheit stehen und seien die wahre Gemeinde

Gottes, reicht nicht aus. Wir selbst als Gemeinde Gottes müssen durch unser Verhalten und unser Handeln ein Zeugnis vor denen, die draußen sind, sein. Die Zuneigung untereinander in Liebe, der Friede und die Einheit muss jedem, der unsere Gemeinde besucht, sofort auffallen. Was wird wohl von außen über unsere Gemeinde geredet? Mir kam zu Ohren, dass jemand sagte, in unserer Gemeinde befänden sich nur Behinderte. Nun gut, ich dachte, wenn keine Gesunden in unsere Gemeinde kommen wollen; wir nehmen auch gerne Behinderte auf. Diese Ansicht vertrat Jesus, der da sprach, man solle alle Menschen, auch Arme, Krüppel, Blinde und Lahme einladen, das Wort Gottes zu hören. Gewiss, es mag sein, dass die hämischen Worte über unsere Gemeinde jenes Mannes anders zu verstehen sind. Doch lasst und bedenken, dass Gott das, was in der Welt verachtet ist, in seine Gemeinde aufnimmt. Das, was in der Welt hoch ist, so schrieb der Apostel Paulus, hat Gott verworfen. Das aber, was von den Menschen verachtet und geringgeschätzt wird, hat er sich erwählt. In einem Betrieb in Kirgisien arbeitete ich mit einem Gottesleugner zusammen. Er sagte mir, dass er einmal in die Versammlung von Gläubigen gegangen sei und dort feststellte, dass sie alle irgendwie völlig rückständig waren. Gläubige mögen dann rückständig sein, wenn man sie mit der Welt vergleicht, die so unterhaltsam, modisch, witzig und gebildet ist. Vergleicht man uns mit der Welt, so erscheinen wir als törichte, arme, behinderte Menschen. Auch wenn die Gemeinde Gottes von der Welt als arm angesehen wird, so versichert uns Jesus dennoch, dass wir reich sind (Vgl. Offb. 2, 9).

Wir dürfen nicht nur mit dem Mund bekennen und bezeugen, sondern müssen besonders allen Menschen durch unseren Lebenswandel, der ganz nach den Verordnungen des Wortes Gottes ausgerichtet ist, ein gutes Zeugnis geben. Der Apostel Paulus mahnte sogar die Geschwister, sich von jedem, der sich als Bruder nennt, zu distanzieren, wenn er ein böses Zeugnis hat:

• *„Nun aber habe ich euch geschrieben, ihr sollt nichts mit jemandem zu schaffen haben, der sich Bruder nennen lässt und ein Unzüchtiger, ein Habsüchtiger, ein Götzendiener, ein Lästerer, ein Trunkenbold oder ein Räuber ist; mit einem solchen sollt ihr auch nicht essen." (1. Kor. 5,11)*

Unsere Gemeinde muss sich befleißigen das Zeugnis zu haben, dass alle, die sich hier versammeln, wahre Kinder Gottes sind. Wir müssen erstens darauf achtgeben, dass in unserer Gemeinde allein die Wahrheit gepredigt wird. Wenn wir aber die Wahrheit hören, so lasst uns sie nicht allein hören, sondern sie in unserem Leben ausleben. Befolgt ein jeder dies, so haben wir als Resultat einen herrlichen Frieden in der Gemeinde und eine innige Liebe unter den Geschwistern. Wie uns das Wort Gottes die Gemeinde zur Morgenzeit beschreibt, so lasst auch uns *„ein Herz und eine Seele"* sein. Ein solches inniges Beisammensein möchte Gott an uns sehen. Wenn wir in der einen oder anderen Hinsicht diesem Zustand bisher nicht nachgekommen sind, so hat jetzt noch ein jeder Zeit, sich zu bessern. Ein jeder hat die Möglichkeit, zu einem friedvollen und herzlichen Miteinander in der Gemeinde beizutragen. Ich möchte daher uns allen zurufen: *„Geschwister, lasst uns spiegeln im Worte Gottes!"* Die Bibel sagt uns, wie wir die göttliche Ordnung und den Frieden in der Gemeinde erreichen und erhalten können. Es soll nicht sein, dass wir die Predigt hören und das Gesagte kurze Zeit später wieder vergessen. Apostel Paulus erkannte, dass die Liebe unter den Geschwistern der Gemeinde zu Thessalonich vorhanden war. Trotzdem spornte Paulus die Geschwister an, die Liebe unter ihnen möge doch noch völliger werden. So lasst auch uns alle anspornen, damit auch die Liebe unter uns noch völliger werde. Lasst uns nicht allein völliger in der Liebe werden, sonder auch in der Ergebenheit und in dem Fleiß. Lasst uns bestrebt sein, dass jeder Außenstehende eine Gemeinde voller fleißiger Arbeiter sieht. Ein jeder muss tun, was er kann, um den *„Evangeliumswagen"* in Fahrt zu halten. Alles soll zum Aufbau und zum Wohl der Gemeinde geschehen. Es muss eine Gemeinde sein, in der allen das Herz voll Lob und Dank zu Gott ist, und jeder ein Zeugnis auf seinen Lippen hat. Solch eine Gemeinde will Jesus sehen. Jesus will eine lebendige Gemeinde und keine tote Gemeinde. Das, was in der Gemeinde Jesu ganz nach der Wahrheit gepredigt wird, das soll auch ausgelebt werden!

Wenn wir nun das Zeugnis haben, dass wir im rechten Licht stehen, was sollen wir dann noch Zweifeln. Kommt dann jemand und sagt: *„Du bist nicht recht bekehrt"*, oder *„du bist nicht recht geheiligt"*, dann können wir ihm alle diese Zeugnisse vorlegen: *„Mir zeugt dafür der Heilige Geist, mir zeugt die Bibel, wenn ich sie lese. Von meinem geistlichen Stand zeugt mein Gewissen."* Wir können diesen Menschen getrost zu den Geschwistern schicken, wo er sich erkundigen kann, wie es geistlich um uns steht: *„Frag meine Frau (oder meinen Mann), meine Kinder, was sie über mich zu sagen. Geh und frag meine Nachbarn und meine Arbeitskollegen. Sie werden dir sagen, ob ich ein Christ bin oder nicht. Du kannst sogar meine*

Feinde fragen. Was werden diese mir zur Last legen können?"
Der Verkläger, welcher der Teufel ist, sucht auch heute noch die wahren
Kinder Gottes geistlich zu Fall und in Zweifel zu bringen. Er versucht alles,
sie von dem heiligen Weg wegzuführen, wodurch sie das Ziel der ewigen
Seligkeit nicht erlangen können. Uns ist nicht unbewusst, was der Feind
mit uns vorhat und welchen Gefahren wir ausgesetzt sind. Um gegen den
Feind in den Kampf ziehen zu können, stellt uns Gott seine Waffenrüstung
bereit. Gott lehrt uns, sie zu ergreifen und sie rechtmäßig zu gebrauchen. Er
zeigt uns, wie wir den Feind besiegen können. Jesus widerstand den
Versuchungen, indem er dem Teufel immer wieder entschieden das Wort
Gottes entgegenhielt. Der Heiland wehrte sich, indem er auf jede
Verführung des Teufels sprach: *„Es steht geschrieben (...)."* Will uns also
der Teufel in Zweifel versetzten, so lasst uns ihm alle Zeugnisse vorlegen,
die wir haben. Sie werden den Verkläger mundtot machen und ihn in die
Flucht schlagen. Gott helfe uns, dass wir diese Zeugnisse haben, durch die
wir in diesem freudigen, glücklichen und seligen Zustand verbleiben
können. Wenn wir sie haben, dann können uns Unruhe und Zweifel nicht
überschatten. Gott will uns glücklich sehen!

• ***„Freut euch zu jeder Zeit im Herrn, und noch einmal sage ich:
Freut euch!" (Phil. 4,4).***
Gott helfe uns dazu aus Gnade. Amen.
31.01.2010

Verschiedene Kennzeichnungen des Reiches Gottes

„Jesus nur führt dich zum himmlischen Land." So sangen wir in dem vorherigen Lied. Es gibt viele Menschen, die sich als Führer anderer Menschen ausgeben. Jesus bezeichnete all jene Menschen als Räuber, Mörder und Diebe, welche vor seiner Zeit lebten und das Volk Israel nicht in das himmlische Land führten. Dies waren falsche Führer, die meinten, das Volk zum himmlischen Ziel führen zu können. Auch heute gibt es solche Menschen, die irrtümlich meinen, die Menschen zum göttlichen Stand bringen zu können. Jesus sprach:

•   *„Kann denn ein Blinder einen Blinden führen? Werden sie nicht beide in die Grube fallen?"* (Lk. 6, 39).

So sei uns gesagt, vorsichtig in der Sache zu sein, sich einem Menschen blind anzuvertrauen. Hier besteht die Gefahr, in die Irre geführt zu werden! Für uns Christen ist es allein wichtig, auf Jesus zu sehen. Jesus sprach zu seinen Jüngern, er werde zu seinem Vater gehen, und sie wüssten ja den Weg dorthin. Jesus meinte damit, dass er selbst seine Jünger zu seinem Vater bringen wird. Philippus sagte, dass sie den Weg nicht wüssten. Darauf sprach Jesus:

•   *„Ich bin der Weg, die Wahrheit und das Leben"* (Joh. 14, 6).

Heute haben wir nicht mehr die Möglichkeit, Jesus von Angesicht zu sehen, doch hat er uns sein Wort hinterlassen. Wenn wir uns aber an seinem Wort orientieren und uns durch sein Wort führen lassen, so wird uns dasselbe zu seinem himmlischen Vater bringen. Wir Christen dürfen nicht menschlichen Meinungen und menschlichen Geboten folgen noch Lehren, die von der biblischen Wahrheit abweichen, sondern wir müssen allein dem Wort Gottes folge leisten. Gründen wir unser Leben auf dem Wort Gottes, so ist unser geistliches Haus auf einem Felsen gegründet. Ein Leben, gegründet auf dem Wort Gottes, verheißt uns Sicherheit auf unserem Lebensweg. Lasst uns einige Worte aus dem 18. Kapitel des Johannes Evangeliums vorlesen. Hier wird uns von dem Verhör Jesu durch Pilatus berichtet. Dem Landpfleger kam zu Ohren, dass Jesus ein König sei und ein Reich besäße. Darum wollte er hierüber Näheres von Jesus wissen. Jesus antwortete ihm und sprach:

•   *„Mein Reich ist nicht von dieser Welt. Wäre mein Reich* *von dieser Welt, meine Diener würden kämpfen, damit ich den Juden nicht übergeben würde; nun aber ist mein Reich nicht von hier" (Joh. 18, 36).*

Durch das Wort Gottes wissen wir, was das Reich Gottes beinhaltet. Jesus zeigt uns durch seine Gleichnisse in aller Deutlichkeit, wie das Reich Gottes beschaffen ist. Der Schriftgelehrte Nikodemus meinte, er befände sich in diesem himmlischen Reich, da zu seiner Zeit das Reich der Juden das Reich Gottes war. Dieses Reich entstand durch den geschlossenen Bund des jüdischen Volkes mit Gott. Jesus sprach aber zu ihm:

- *„Wahrlich, wahrlich, ich sage dir. Wenn jemand nicht von Neuem geboren wird, kann er das Reich Gottes nicht sehen" (Joh. 3, 3).*

Ein Mensch, der nicht aus Wasser und Geist wiedergeboren wird, das heißt aus dem Wort Gottes, getrieben durch den Heiligen Geist, kann nicht in das Reich Gottes gelangen. Wir Kinder Gottes müssen die Kennzeichen des Reiches Gottes wissen. Wir müssen wissen, welch wunderbares Vorrecht uns durch das himmlische Reich zuteilwird. Der Stand im Reiche Gottes verheißt uns Mut, Sicherheit und Freude. Jesus sprach an einer anderen Stelle noch von einem anderen Reich. Als einige Juden Jesus beschuldigten, er würde die bösen Geister durch Belzebub austreiben, antwortete er ihnen:

- *„Wenn der Satan den Satan austreibt, dann ist er mit sich selbst entzweit; wie kann dann sein Reich bestehen?"Mt. 12, 25).*

Jesus gibt uns durch diese Worte zu verstehen, dass es neben dem Reich Gottes auch ein Reich des Teufels gibt. An vielen Stellen der Bibel werden uns diese beiden Reiche in ihrer Unterschiedlichkeit gegenübergestellt. Wir Kinder Gottes müssen diese beiden Reiche unterscheiden können. Haben wir die Erkenntnis über das himmlische Reich, und haben wir ebenso das Wissen, was das Reich des Teufels beinhaltet, so bleiben wir eher davor gewahrt, das Reich des Teufels zu betreten. Es ist bedauerlich, feststellen zu müssen, wie schwach die Erkenntnis so mancher Gläubiger in dieser Frage ist. Viele Menschen, die das Verlangen nach einem Christenleben haben, die sich geistlichen Führern anschließen, welche aber keine rechte Erkenntnis über die beiden Reiche besitzen, laufen Gefahr, durch die Irrlehrer in das Reich der Finsternis geführt zu werden. Apostel Paulus musste den Korinthern sagen, dass einige von ihnen nichts von Gott wüssten.

Wie viel mehr Menschen wissen heutzutage nichts von dem Reich Gottes, ja ebenso wenig von dem Reich des Teufels. Wir Kinder Gottes müssen einen festen Stand in dem Reich Gottes einnehmen und müssen mit aller Entschiedenheit alle Pfade meiden, die in das Reich der Finsternis hinabführen.

Ein reines und heiliges Reich

Das Reich Gottes wird uns in der Bibel als ein reines und heiliges Reich beschrieben. Im 21. Kapitel der Offenbarung heißt es:

• *„Und es wird in sie nichts Unreines oder wer Gräuel und Lüge ausübt hineinkommen, sondern nur die, die im Lebensbuch des Lammes aufgeschrieben sind" (Offb. 21, 27).*

Das Reich Gottes wird in der Bibel verschieden bezeichnet. Mal wird das Reich Gottes, wie in dieser angeführten Schriftstelle der Offenbarung, als Stadt Gottes bezeichnet, ein andermal wird das Reich Gottes die Gemeinde Gottes oder aber auch das Reich Christi genannt. Alle Menschen, die Gräuel tun, werden dieses Reich nicht erben. Wir singen in einem unserer Lieder: *„Sünde gehet dort nicht ein. So du in der Sünde stirbst, ewige Schmach du dir erwirbst, und gehst nicht in den Himmel ein."* Das Reich Gottes ist allein für die heiligen und reinen Menschen bestimmt. Die Propheten des Alten Bundes sprachen von dem Weg als einem heiligen Weg, auf dem kein Unreiner gehen wird. Diesen Weg stellte Jesus als einen schmalen Steg, der zum Himmel führt, dem breiten Weg, welcher zum Verderben führt, in einem Gleichnis gegenüber. Der schmale Weg führt in das heilige Reich, der breite aber in das Reich der Finsternis. Viele Propheten des Alten Bundes schrieben die Dinge nieder, die Menschen taten, welche vor dem Herrn ein Gräuel sind. Was würden aber jene Propheten schreiben über die Gräuel, die die Menschen in der heutigen Zeit verüben. Gewiss würden sie viel mehr Gräueltaten entdecken als zu damaliger Zeit.

Vielleicht haben einige von uns durch die Nachrichten mitbekommen, welch Gräueltaten aus katholischen Einrichtungen ans Licht gekommen sind. Durch Ermittlungen kam heraus, dass es in katholischen Schulen zu sexuellen Übergriffen von Lehrern auf ihre Schüler gekommen ist. Das, was durch die Justiz bisher hinsichtlich dieser Vergehen aufgedeckt wurde, ist, so wurde berichtet, nur die

Spitze des Eisberges. Der Schüler einer bestimmten katholischen Schule sagte aus, er würde vermuten, dass etwa 80 % der Schüler an eben dieser Schule Opfer von sexuellen Straftaten wurden. Es sind schreckliche Gräueltaten, die sich in sogenannten christlichen Kreisen ereignen. Dadurch, dass diese Taten nun an die Öffentlichkeit gekommen sind, werden sie zum Entsetzten des wahren Christentums mit dem christlichen Glauben und dem Namen Christi in Verbindung gebracht. Über das falsche Christentum steht in der Offenbarung 18,2 geschrieben: *„Sie ist gefallen, sie ist gefallen! Und ist ein Ort aller unreinen und verhassten Geister geworden."* Nach den Informationen, die ich vernommen habe, werden die Täter der sexuellen Straftaten nicht einmal angeklagt und vor Gericht gestellt. Mit aller Wahrscheinlichkeit werden diese Lehrer nur von der einen Schule auf eine andere versetzt. In den Medien kam die Frage diesbezüglich auf, wie denn die Menge der Straftäter verurteilt werden sollte, wenn doch in den katholischen Kreisen fast jede Autoritätsperson sich sexuell vergangen hat. Wir müssen wissen, dass noch viel mehr Gräueltaten in dem Reich des Teufels, wozu das Reich der Katholischen Kirche zählt, geschehen. Alle Menschen, die sich einer Religion zuordnen und sich einem gewissen Glauben unterstellen und dennoch solche Gräueltaten verüben, nehmen Anteil am Reich der Finsternis. Jesus sprach zu den Juden, nachdem diese behaupteten, dass Gott ihr Vater sei:

• *„Ihr seid von dem Vater, dem Teufel"* *(Joh. 8, 44)*

Auf gleiche Weise würde Jesus heute die Werke des falschen Christentums verurteilen. An einer anderen Stelle der Bibel ist von dem Reich Christi als von einem *Reich der Lebendigen* die Rede.

• *„Auch euch hat er auferweckt, da ihr tot wart durch Übertretungen und Sünden (..),- auch uns, die wir durch die Sünden tot waren, mit Christus lebendig gemacht." (Eph. 2, 1.5).*

In dem Reich Christi befindet sich kein Toter. In der Offenbarung lesen wir, dass der Tod im ewigen Reiche Christi nicht mehr herrschen wird. Dieses „Totsein" bedeutet „geistlich tot sein". Ein geistlich toter Mensch kann sich nicht in dem Reich der Lebendigen, welches Christi Reich ist, befinden. Das gesamte Reich des Satans *besteht aus geistlich Toten. Die Menschheit kann nur in* zwei Klassen unterteilt werden. Auf der einen Seite stehen die geistlich lebendigen, die

Heiligen in Christus, auf der anderen Seite die geistlich toten Menschen, die in den Fängen des Teufels sind.

Das Reich der Gesunden

Das Reich Christi als ein Reich der Lebendigen ist auch ein *Reich der Gesunden*. Wird ein Kind Gottes dennoch von Krankheit befallen und hat das Verlangen, von der Krankheit durch Gottes Hilfe geheilt zu werden, so wird Gott für seine Genesung zu seiner Verherrlichung sorgen. Im 22. Kapitel der Offenbarung steht von dem Baum des Lebens geschrieben. Wir lesen hier:

• *„Mitten auf ihrer Straße und auf beiden Seiten des Stromes stand' der' Baum des Lebens, der trug zwölfmal Früchte; und brachte jeden Monat seine Frucht und die Blätter des Baumes dienten zur Heilung der Völker" (Offb. 22, 2).*

Der Baum des Lebens mit seinen Blättern ist das Wort Gottes. Ruht der Glaube eines Christen auf dem Wort Gottes, so kann er durch dasselbe Heilung erlangen, wenn er sich in einer Krankheit befindet. Vielmehr bedeutet aber, dass in diesem gesunden Reich, geistlich gesunde Menschen sich befinden, die keine geistliche Krankheit plagt.

Ein Reich des Lichts

Das Reich Gottes ist auch ein Reich des Lichts. Wir lesen hierüber in der Offenbarung Folgendes:

• *„Und die Stadt bedarf weder der Sonne noch des Mondes, dass sie in ihr scheinen; denn die Herrlichkeit Gottes erleuchtet sie, und ihre Leuchte ist das Lamm" (Offb. 21, 23).*

Johannes sah in seiner Vision die Stadt Gottes vom Himmel herabkommen. Ihr Licht glich dem aller edelsten Stein (Offb. 21, 10.11). An vielen Stellen ist von einem *Licht* die Rede. Damit ist die Erkenntnis gemeint. *„Ich wandle in dem Licht des Herrn"*, so singen wir in einem unserer Lieder. Dies bedeutet, wandeln in der vollen Erkenntnis. Es heißt in dem angeführten Vers der Offenbarung, dass die Stadt Gottes weder der Sonne noch des Mondes bedarf. Dies bedeutet, dass weder die menschliche Weisheit noch die menschliche Erkenntnis als Lichter in der Stadt Gottes etwas taugen. Apostel Paulus wurde in jungen Jahren, als er noch Pharisäer war, von dem gelehrten Gamaliels erzogen. Als er aber an Christus gläubig wurde,

138

musste er anerkennend sagen:

- *„Was mir Gewinn war, das habe ich um Christi willen für Schaden gehalten. Ja, ich halte in der Tat alles für Schaden wegen der überragenden Erkenntnis Christi Jesu, meines Herrn, für den ich alles verloren habe, und halte es für Dreck, damit ich Christus gewinne" (Phil. 3, 7.8).*

Apostel Paulus schrieb den Korinthern, dass er zu ihnen nicht in überredenden Worten noch in großer Weisheit kam, sondern als einer, der nichts weiß, als nur Christus und den, der gekreuzigt ist. Paulus hat fortan nicht mehr auf menschliche Weisheit gesetzt, sondern auf Gottes Kraft. Es ist für uns überaus wichtig, dass wir unser geistliches Haus nicht auf menschlicher Erkenntnis errichten. Kein Mensch, der in die Nachfolge Jesu tritt, muss hochgebildet sein. Die Kinder Gottes haben einen Lehrer, welcher der Heilige Geist ist. Allein der Heilige Geist kann uns in die volle Wahrheit leiten. Zuerst ist es notwendig, dass der Mensch sich zu Jesus bekehrt, damit er das Reich Gottes überhaupt erblicken kann. Als nächster Schritt ist es notwendig, den Heiligen Geist zu empfangen, damit man durch ihn in die volle Wahrheit geführt wird. Es mag heutzutage so manch einen Gelehrten der Theologie geben, vielleicht mit Professur oder Doktortitel, der aber keine neue Geburt erfahren hat. Können diese Gelehrten in diesem Stand das Reich Gottes erfahren? Mit Sicherheit nicht. Diese Theologen werden vielmehr verkehrte Ansichten hervorbringen und die Menschen durch ihre falschen Lehren verwirren. Der Apostel Jakobus sagte:

- *„Wenn aber jemandem unter euch Weisheit mangelt, der bitte Gott darum, der jedem gern gibt und nichts vorenthält, so wird sie ihm gegeben werden" (Jak. 1, 5).*

Es ist aber nicht allein wichtig nur zu bitten, sondern zuerst wahrhaftig wiedergeboren und mit dem Heiligen Geist erfüllt zu sein. Wenn wir Gott unser gesamtes Sein und Haben geweiht haben und Jesu treu nachfolgen, so ist Gott willig, uns das Licht durch den Heiligen Geist zu geben. Durch den Heiligen Geist werden wir von einer Herrlichkeit zur anderen geführt, und immer mehr wird uns der Herr seine Geheimnisse offenbaren. Solange wir dem Herrn folgen, wird uns dies zuteil. Sobald wir uns aber von ihm abwenden, wird es finster um uns her. Wenn der Mensch der Erkenntnis Gottes nicht mehr folgt, so gerät er in Dunkelheit. Man kann dies an den Menschen sehen, die einst in vollem Licht durch den Heiligen Geist standen. Als sie aber an einen Punkt in ihrem Leben kamen, an dem sie sich weigerten, sich von dem Heiligen Geist leiten zu lassen, gerieten sie in geistliche Finsternis. Es sei uns eine Warnung, was mit diesen Menschen geschah. Möge sich ein jeder der Führung des Heiligen Geistes bis an Lebensende unterstellen. Die Menschen, die sich im Reich der Finsternis befinden, tappen im Dunkeln durch das Leben und wissen nicht, wo sie hingehen.

Ein trübes Reich

Es gibt auch solche, die versuchen sich ein drittes Reich zu gestalten, ein Reich, in dem es weder Tag noch Nacht ist. In den Propheten finden wir den Ausspruch, dass es eine Zeit geben wird, in der es weder Tag noch Nacht ist. Dieses Reich ist ein Reich der Trübsal, in dem es weder finster und abgrundtief sündig noch heil und heilig zugeht. Die Menschen in diesem Reich geben den Schein der Frömmigkeit, verleugnen aber ein sündenfreies Leben in Heiligkeit und Reinheit. Treffend auf diese Klasse Menschen bezogen, sprach Jesus:

• *„Wenn du doch kalt oder heiß währst So aber, weil du lau bist und weder kalt noch heiß, werde ich dich aus meinem Mund ausspeien" (Offb. 3, 15.16).*

Ein Reich der Neutralität wird Jesus gleichsam mit dem Reich der Finsternis verwerfen. Doch ein Reich der Neutralität gibt es nicht. Auch das Reich der Neutralität zählt zu dem finsteren Reich. Es ist ein Betrug des Teufels! Wenn sich jemand auf die Geister der geistlichen Neutralität einlässt, so wird er in das Reich der Finsternis fallen. Wenn sich aber der Mensch im Reich des Lichts befindet, so befindet er sich im Reich der Realität. Alle Dinge, die diesem Menschen in seiner Umwelt begegnen, kann er nach dem göttlichen Urteilsvermögen richtig deuten. Er sieht die Dinge, wie sie wirklich sind.

Das Reich der Fantasie und Träumerei

Im Gegensatz zu dem Reich der Realität steht das Reich der Fantasie und der Träumerei. Viele Menschen träumen von einem tausendjährigen Reich. Sie glauben, dass Jesus, wenn er einst wiederkommt, ein Friedensreich hier auf Erden errichten wird, indem die an Christus Glaubenden mit ihm zusammen tausend Jahre herrschen werden. Damals in Russland sagte mir eine Person, dass sie nicht in den Himmel gehen möchte. Diese Person wollte lieber in diesem Friedensreich hier auf Erden sein. Die Menschen, welche auf ein tausendjähriges Reich hoffen, wägen sich so lange in Träumerei, bis sie bei Jesu Wiederkunft aufschrecken und sich plötzlich im Endgericht wiederfinden. Wir singen in einem unserer Lieder, dass das Reich Christi schon heute in den Kindern Gottes herrscht. Das Reich der Gnade existiert schon heute. Jesus sagte, dass dieses Reich *inwendig in euch ist*. Weder hier noch dort ist das Reich Gottes äußerlich zu erblicken. Wenn also das Reich Gottes in meinem Herzen existiert, so werde ich die Dinge in der Umwelt realistisch betrachten und sie nach der Bibel zu beurteilen und zu deuten wissen. In einem solchen Herzen ist kein Raum für Phantastereien.

Lasst uns nun einige Worte aus dem Propheten Jesaja anführen. Der Prophet hat von solchen Träumern geweissagt, indem er sprach:

• *„Denn wie ein Hungriger träumt, dass er isst - wenn er aber aufwacht, so ist seine Seele noch leer; und wie ein Durstiger träumt, dass er trinkt - wenn er aber aufwacht, ist er matt und durstig: so soll die Menge aller Nationen sein, die gegen den Berg Zion kämpfen" (Jes. 29, 8).*

Der Prophet bezeichnet all die Menschen als Träumer, die gegen die eine wahre Gemeinde Gottes *(der Berg Zion)* kämpfen. Diesen Träumern sind alle ungläubigen Menschen zuzuordnen, aber auch all jene Menschen, die sich im geistlichen Irrtum befinden. Jesus sprach zu den Sadduzäern: *„ihr meint, dass ihr das ewige Leben habt.* Dasselbe zu besitzen meinen auch alle, die sich im geistlichen Irrtum befinden. Diejenigen haben den Schein eines gottseligen Lebens, doch stimmt ihr Herzenszustand nicht mit einem gottseligen Leben überein. Die wahren Kinder Gottes dagegen, die sich im Reich Gottes befinden, haben eine feste Überzeugung. Sie besteht zwar im. Glauben, doch hat sie einen festen Grund: das Wort Gottes. Bei uns gibt es keinen Zweifel und kein Wanken. Die Apostel sprachen: *„Wir wissen, dass wir von dem Tod in das Leben hindurchgedrungen sind."* Durch die Worte der Apostel *„wir wissen..."* bezeugten und bekräftigten sie immer wieder ihre selige Gewissheit. Selig ist der Mensch, der eine ebensolche feste Gewissheit über sein Seelenheil hat. Gott möge uns dazu verhelfen, dass wir in seinem Reich der Realität beständig leben und bleiben, auf dass wir die Dinge um uns herum realistisch beurteilen können. Befindet sich der Mensch nicht im Reich der Realität, so wird er dazu neigen, sich seine Umwelt nach seinem Belieben zurecht zu fantasieren. Jesus sprach zu solchen Menschen, die irrtümlich meinen, sich im Reich des Lichts zu befinden:

- *„Wenn nun das Licht, das in dir ist, Finsternis ist, wie groß wird dann die Finsternis sein" (Mt. 6, 23).*

Wahrlich, wie groß wird den Menschen die Finsternis einst sein, die zu Lebzeiten im Irrtum waren, jedoch beständig in der festen Annahme lebten, sie seien Kinder Gottes, würden Glieder am Leibe Christi sein und ein Teil der einzig wahren Gemeinde Gottes. Wenn der Mensch heute keinen rechten Frieden, keine Freude und keine feste Gewissheit seines Seelenheils hat, so wird die Finsternis, in der er sein Leben fristete, bei seinem Übergang in die ewige Finsternis um so größer sein.

Gott helfe uns, dass wir unser Leben nicht als Träumer verleben, sondern mit klarem und realistischem Blick unseren Lebensweg gehen. Unsere älteren Brüder sprachen davon, wie es dem Teufel gefällt, den Menschen „Brillen" aufzusetzen, durch die sie ihre Umwelt in verkehrten Farben und Umrissen wahrnehmen. Setzt der Teufel einem Menschen zum Beispiel eine schwarze Brille auf, so sieht dieser in seiner Gemeinde alles schwarz. Überall erblickt er Fehler an seinen Nächsten, wohl auch Fehler, die er zu meinen sieht, die aber real nicht existieren. Gewiss kann es in den verschiedenen Ortsgemeinden neben den wahren Kindern Gottes auch Heuchler geben. Es gibt treue Nachfolger Jesu, aber auch untreue, es gibt reine und echte Christen, aber auch unechte. Ein wahres Kind Gottes kann realistisch seine Brüder und Schwestern von den Ungläubigen und Heuchlern unterscheiden. Wieder anderen Menschen setzt der Teufel rosarote Brillen auf, durch die der Mensch alles in seiner Umwelt gutheißt, ja sogar so weit gehen kann, dass er Kompromisse mit Gläubigen und Gemeinden eingeht, um die Liebe und den Frieden zu wahren, auch wenn es auf Kosten der Wahjrheit geschieht.

Das Reich der Nüchternheit

Das Reich Gottes wird auch ein *Reich der Nüchternheit* genannt. Dagegen ist das Reich des Teufels ein Reich der Betrunkenen. Ein Engel begegnete dem Johannes in der Vision der Offenbarung, der zu ihm sprach:

- *„Komm, ich will dir das Gericht über die große Hure zeigen, die an vielen Gewässern sitzt, mit der die Könige der Erde Unzucht getrieben haben; und die Bewohner der Erde sind betrunken* *geworden vom Wein ihrer Unzucht" (Offb. 17, 2).*

Alle ungläubigen Menschen und alle jene, die sich im geistlichen Irrtum befinden, sind betrunken vom *Wein der Unzucht.* An vielen Stellen der Bibel aber werden wir ermahnt, nüchtern zu sein. Wir haben die Dinge um uns herum nüchtern zu betrachten, haben nüchtern zu urteilen. Nüchtern sein bedeutet, in keiner verkehrten Sache gefangen zu sein. Vom Wein der Unzucht betrunken sein, bedeutet, etwas auf der Welt mehr zu lieben als Gott. Der Apostel Johannes schrieb:

• *„Liebt weder die Welt, noch die Dinge in der Welt Wenn jemand die Welt liebt, ist die Liebe des Vaters nicht in ihm. Denn alles, was in der Welt ist: die Lust des Fleisches und die Lust der Augen und der Hochmut des Lebens, ist nicht vom Vater, sondern von der Welt" (1. Joh. 2,15.16).*

Als betrunken bezeichnet die Bibel auch diejenigen Menschen, die in irgendeiner Sache abhängig oder gebunden sind. Die wahren Christen sind nüchtern, denn sie stellen in ihrem Leben Gott an die erste Stelle. Aller weltlichen Weisheit und Gelehrsamkeit, die sich ein wahrer Christ im Laufe seines Lebens erworben hat, misst er keine große Bedeutung zu. Vielmehr neigt ein Kind Gottes dazu, die Dinge, die in seinem Leben Gewinn waren, für Schaden und Dreck um Christi willen zu halten, so wie es Apostel Paulus tat. Der wahre Christ trachtet zuerst nach dem Reich Gottes und nach seiner Gerechtigkeit.

Mir wurde einmal von einem Mann aus einer Ortschaft im Süden erzählt, welcher sagte, er würde darauf achten, dass zuerst seine Geldbörse gefüllt ist und erst dann schauen, was er von seinem Geld Gott geben kann. Dieser Mann ist wahrlich betrunken. Nüchtern kann er wirklich nicht sein.

Das Reich der Liebe

In der Bibel finden wir eine weitere Bezeichnung für das Reich Gottes: Das Reich Gottes als das *Reich der Liebe.* Bruder Warner dichtete damals in einem seiner Lieder die Worte: *„ich bin ein Fürst in dem Reiche der Lieb'."* Alle wahren Kinder Gottes befinden sich in diesem Reich der Liebe. Nun stellt sich aber auch diesem Reich ein teuflisches Reich gegenüber: Das Reich des Hasses. Viele Menschen in der Welt wissen gar nicht, was Liebe überhaupt ist. Mit Liebe verbinden sie die Liebe, die aus den Gefühlen entspringt, aber von der echten und reinen Herzensliebe, mit der Jesus uns liebt, wissen sie nichts. Sie können diese Liebe nicht erfahren, solange sie Gott nicht in ihren Herzen haben. Gott selbst ist die Liebe. Gott wohnt in den Herzen seiner Kinder und gießt seine Liebe in ihnen durch den Heiligen Geist aus. Eine der Früchte des Heiligen Geistes ist die reine Herzensliebe. Apostel Paulus schrieb davon, dass die Liebe die größte unter den Geistesgaben ist. Die wahren Kinder Gottes befinden sich in dem Reiche der Liebe. Was kann es Schöneres geben und was kann seliger sein, als sich in dem Reich der Liebe zu befinden?! *„Und wäre keine Ewigkeit, kein Himmel und kein Auferstehen, so wäre doch auf Erden nichts so schön, als hier in Liebe säen."*

Dort jedoch, wo es an Liebe mangelt, da wird es auch an vielem anderen mangeln, was notwendig für das geistliche Leben ist. Jesus sprach zu der Gemeinde zu Ephesus:

- *„ich habe gegen dich, dass du die erste Liebe verlassen hast"* *(Offb. 2,4).*

Wo keine Liebe ist, wo Menschen sind, die ihre erste Liebe verlassen haben, da ist auch alles andere vorhanden, was das geistliche Leben und auch das irdische wie Familie, Freundschaft und Gesellschaft ruiniert.

- *„Wer da sagt, er sei im Licht, und hasst seinen Bruder, der ist noch in der Finsternis(...). Wer aber seinen Bruder hasst, der ist in der Finsternis und, lebt in ,der Finsternis, und weiß nicht, wohin er geht; denn die Finsternis hat seine Augen verblendet"* *(1. Joh. 2, 9.11).*

Jeder Gläubige muss sich immer wieder selbst aufrichtig erforschen, ob er irgendeinen Hass gegen einen seiner Mitmenschen in seinem Herzen hegt. So wird der Gläubige erfahren, ob er sich im Reiche der Liebe oder im Reich des Hasses befindet. Gott überlässt einem jeden Menschen die Wahl, in welchem Reich er sich befinden möchte.

Das Reich der Kraft

Das Reich Gottes ist auch das Reich der Kraft. Hiervon zeugte der Apostel Paulus, indem er schrieb:

- *„Ich vermag alles, durch den der mich stark macht, Christus."* *(Phil. 4,13).*

144

Auch die Propheten des Alten Bundes prophezeiten bezüglich des kommenden Reiches Christi, dass sich dort kein Schwacher befinden werde. Sie sagten, dass sich dieses Reich aus Kindern Gottes zusammensetzen wird, die alle stark sind. Der Prophet Sacharia sah es, wie folgt:

- *„es wird zu dieser Zeit geschehen, dass der Schwache unter ihnen sein wird wie David." (Sach. 12,8)*

Und der Prophet Joel sagte:

„Der Schwache spreche: Ich bin stark!" (Joel 4,10)

Erst wenn der Mensch in das Reich Christi durch die Bekehrung eingetreten ist und wenn er den Heiligen Geist empfangen hat, so wird er durch ihn die Kraft zum Überwinden haben. Und dem, der überwindet, verspricht Jesus ein überaus großes Vorrecht:

- *„Wer überwindet, dem werde ich das Recht geben, mit mir auf meinem Thron zu sitzen" (Offb, 3, 21).*

Wir werden als Überwinder der Welt als Könige und Priester mit Jesus in Ewigkeit herrschen. Die Bibel sagt, dass die Kinder Gottes sogar schon hier auf Erden als Könige und Priester herrschen (Off. 5,7). Viele Sekten lehren, wir Menschen seien bis zu dem Schritt in die Ewigkeit mit Ohnmacht und Schwachheit zu Lebzeiten behaftet. Dies ist eine Irrlehre. Wir haben durch den Heiligen Geist das Vorrecht, stark zu sein, und mit Hilfe des Heiligen Geistes können wir ein Überwindungs=Leben führen. Wenn wir Gewalt anlegen und mit unserer ganzen Kraft ernsthaft Gott bitten, er möge uns zu einem Siegesleben im Namen Christi verhelfen, so wird er uns gerne auch die Kraft zum Überwinden geben. Apostel Paulus war gewiss kein Übermensch und hatte in keiner Weise irgendeinen Vorteil uns gegenüber. Auch steht von dem Propheten Elia geschrieben, dass er gleich einem anderen Menschen war. Der Apostel Paulus sprach, dass das Reich Gottes nicht in Worten, sondern in Kraft bestehe. In dem Reich Gottes zählen keine großen Worte und keine Weisheit und Erkenntnis der Welt, sondern allein die Kraft, die aus dem Heiligen Geist entspringt. Wenn jemand sagt, er sei in dem Reiche Gottes, so muss man an ihm die Überwindungskraft sehen. Wer meint, sich in dem Reiche Gottes zu befinden, muss ein Überwinder der Welt, des Teufels und des eigenen Fleisches und Blutes sein. Hierin sehen wir die Überwindungskraft eines Menschen, wenn er sein eigenes Fleisch und Blut überwinden kann, wenn er es vermag, sein „Ich" zu kreuzigen. Denn dieser Überwindungskampf ist wohl der größte Kampf eines jeden Menschen.

Das Reich des vollen Lichts und der Wahrheit

Ferner ist es auch ein Reich voller Erkenntnis, des *vollen Lichts und der Wahrheit*. Dem gegenüber steht das Reich der Lüge und des Irrtums. Der Prophet Jeremia sah es so:

• *„Und es wird keiner den andern noch ein Bruder den andern lehren und sagen:»Erkenne den HERRN«, sondern sie sollen mich alle erkennen, beide, Klein und Groß, spricht der HERR; denn ich will ihnen ihre Missetat vergeben und ihrer Sünde nimmermehr gedenken". (Jer. 31,34)*

Dies volle Licht gibt uns der Heilige Geist. Jesus sagte:

• *„Wenn aber jener, der Geist der Wahrheit, kommen wird, wird er euch in alle Wahrheit leiten." (Joh. 16,13)*

Sind wir in dem Reich Gottes, so sind wir in der Wahrheit. Als Jesus von einem seiner Jünger nach dem Weg gefragt wurde, der dort hinführt, wo er hingehen werde, sprach Jesus:

• *„Ich bin der Weg, die Wahrheit und das Leben" (Joh. 14, 6).*

An anderer Stelle sprach Jesus:

• *„Ich bin dazu geboren und in die Welt gekommen, dass ich für die Wahrheit Zeugnis gebe" (Joh. 18, 37).*

Jesus bezeichnete den Teufel, welcher der Fürst der Finsternis ist, als den Vater der Lüge. Es gibt für den Menschen nur zwei Möglichkeiten. Entweder befindet er sich in dem Reich der Wahrheit oder in dem Reich des Irrtums. Sich in Neutralität zwischen den beiden Reichen zu befinden, ist nicht möglich.

Wenn sich der Mensch also in dem Reich der Wahrheit befindet, so müssen seine Werke ebenso von der Wahrheit zeugen. Unsere Worte, unsere Werke und all unser Wandeln hier auf Erden müssen wahrhaftig mit den Worten der Bibel übereinstimmen. Hier darf nichts Widersprüchliches vorhanden sein. Es gibt heutzutage viele Menschen, die meinen, in der Wahrheit zu sein. Doch nicht allein ihr Zeugnis durch Worte ist entscheidend, sondern vielmehr ihr Zeugen von der Wahrheit durch Werke.

Das Friedensreich

Das Reich Gottes ist auch als *das Reich des Friedens* zu bezeichnen. Diesem Reich steht das Reich des Streits gegenüber. Das Tausendjährige Reich, das viele gläubige Menschen irrtümlich noch immer erwarten, wird in der Bibel als ein Friedensreich bezeichnet. Doch wurde dieses Friedensreich uns von Jesus gebracht und fand seinen Anfang am Tage des Pfingstfestes. Jesus sprach:

- *„Frieden lasse ich euch, meinen Frieden gebe ich euch. Ich gebe euch nicht wie die Welt gibt. Euer Herz. erschrecke nicht und fürchte sich nicht" (Joh. 14, 27).*

Lasst uns in diesem Friedensreich leben, wo Einheit unter den Geschwistern ist und wo man eines Geistes und eines Sinnes ist. Lasst uns aber darauf achthaben, dass das Reich des Streits und der Lüge nicht über uns komme, denn hier ist einer dem andern Feind.

Das Reich der Freude

Zuletzt möchten wir das Reich Gottes als *das Reich der Freude* benennen. Es ist sogar das Reich der ewigen Freude!

- *„Denn das Reich Gottes ist nicht Essen und Trinken, sondern Gerechtigkeit; und Friede und Freude im Heiligen Geist" (Röm. 14, 17).*

Dies ist ein wirklich wunderbares Kennzeichen des Reiches Gottes. Wenn wir nun zuletzt die verschiedenen Bezeichnungen für das Reich Gottes betrachten und zusammenfassen, was das Reich Gottes beinhaltet, so steht das Reich Gottes für Reinheit und für Heiligkeit. Es ist das Reich der Lebendigen und Gesunden. Diejenigen, die im Reich Gottes leben, leben im Licht und in der Realität, in Nüchternheit, in Liebe, Kraft und Wahrheit. Die Bewohner des Reiches Gottes leben in Frieden, Einheit und beständiger Freude miteinander. Es ist ein Miteinander ewiger Herrlichkeit. Jesus sprach von dieser Herrlichkeit der Einheit seiner Brüder und Schwestern:

- *„Ich habe ihnen die Herrlichkeit gegeben, die du mir gegeben hast, damit sie eins werden, wie wir eins sind" (Joh. 17, 22).*

Ich denke, dass jeder entschieden „Nein" zu dem Reich der Finsternis sagt, einem Reich, in dem Leid, Hass, Zwietracht, Feindschaft und Tod, herrschen. Lasst uns aber alle danach trachten,

Teilhaber am Reich Gottes zu sein und zu bleiben. Jesus legt uns nahe, welch eine Entschiedenheit und Willenskraft wir aufbringen müssen, um in das ewige Reich Gottes nach seiner Wiederkunft zu gelangen:

• *„Ringt danach, dass ihr durch die enge Pforte eingeht; denn viele, das sage ich euch, werden danach trachten, hineinzukommen, und werden es nicht können" (Lk. 13, 24).*

Wenn wir uns heute in der Nachfolge Christi befinden, und wir aus voller Überzeugung sagen können, dass wir uns bereits jetzt in dem geistlichen Reich Christi befinden, so können wir Gott von ganzem Herzen dankbar sein. Wir haben dann allen Grund zur Freude, müssen dabei aber immer wachsam bleiben. Die geistlichen Gefahren, welchen wir hier auf Erden ausgesetzt sind, dürfen wir niemals außer Acht lassen, denn wir sind noch nicht durch die „enge Pforte" eingegangen.

Gott möge uns helfen, dass wir in seinem geistlichen Reich ewig verbleiben und in ihm treu bis ans Lebensende ausharren. Ja, zu all dem helfe uns Gott aus Gnade. Amen.

07.02.2010

Verlasse dich nicht auf deinen Verstand

Wie köstlich ist der Friede Gottes, den ein wahrer Christ schon in diesem Leben schmecken darf. Die Bibel sagt uns, dass der Friede Gottes höher als alle Vernunft ist (Phil. 4,7). In der heutigen Predigt möchte ich auf die menschliche Vernunft zu sprechen kommen, und diese der göttlichen Vernunft gegenüberstellen. Wenn wir uns heute in unserer Gesellschaft umschauen, und ihre Veränderung in der letzten Jahrzehnte vor Augen führen, so müssen wir feststellen, wie hochmütig und stolz viele Menschen geworden sind. Sie stellen sich selbst als Mensch in den Mittelpunkt, wozu ihr stolzes Wesen sie verleitet. Gott selbst wird in einer solchen Gesellschaft kein Raum gegeben. Doch gibt es auch unter Gemeinden der sogenannten Christenheit solche, die den Menschen und seine innewohnende menschliche Kraft hervorheben. Sie verbreiten die Irrlehre, dass sich der Mensch aus eigener Kraft von üblen Gewohnheiten trennen muss, und sich trennen kann, bevor er sich bekehrt. Diese Menschen haben den Glauben an die rettende und seligmachende Kraft des Blutes Christi nicht. Jesus selbst sagte:

• *„Ohne mich könnt ihr nichts tun" Joh. 15, 5*

Wir aber, die wir an die Kraft Jesu Christi glauben, bekommen eben diese Kraft, durch welche wir ein Leben in der Gerechtigkeit Gottes führen können. Durch die Kraft Jesu Christi und des Heiligen Geistes können wir die Gebote Gottes halten, und können einstimmig mit dem Apostel Johannes sagen:

• *„Und seine Gebote sind nicht schwer!" 1. Joh. 5, 3*

Lasst uns zuerst auf den Bund zu sprechen kommen, welchen Gott mit Abraham einst schloss. Wir lesen im 5. Buch Mose, im 4. Kapitel, wie Mose das Volk Israel zum Gehorsam gegenüber den Geboten Gottes aufforderte:

• *„Und nun höre, Israel, die Gebote und Rechte, die ich euch zu tun lehre, damit ihr lebt und hineinkommt und das Land einnehmt, das euch der Herr, der Gott eurer Väter gibt. Ihr sollt nichts dazutun zu dem, was ich euch gebiete, und sollt auch nichts davon wegnehmen, damit ihr die Gebote des Herrn, eures Gottes bewahrt, die ich euch gebiete. Eure Augen haben gesehen, was der Herr gegen den Baal-Peor getan hat; denn alle, die dem Baal-Peor folgten, hat der Herr, dein Gott, aus deiner*

149

Mitte getilgt. Aber ihr, die ihr dem Herrn, eurem Gott, anhingt, lebt alle heute noch. Seht, ich habe euch Gebote und Rechte gelehrt, wie mir der Herr, mein Gott, geboten hat, dass ihr danach tun sollt in dem Land, in das ihr kommen werdet, um es einzunehmen. So behaltet sie nun und tut sie! Denn das wird eure Weisheit und euer Verstand sein bei den Völkern, dass, wenn sie alle diese Gebote hören, sie sagen müssen: »Ei, wie weise und verständig sind die Leute dieses großen Volkes!« 5. Mo. 4, 1-6

Mose sprach also, dass die umliegenden Völker die Weisheit und den Verstand der Israeliten erkennen und bewundern werden, wenn das Volk Israel nur in den Geboten und Rechten Gottes lebt. Gott will auch heute jedes seiner Kinder im Besitz der göttlichen Weisheit, der Erkenntnis und des rechten Verstandes sehen. Gott ist Licht, und alle wahre Kinder Gottes befinden sich in diesem Licht. Dieses Licht symbolisiert die Erkenntnis. Durch die volle Erkenntnis, sind die wahren Christen in der Lage, die Bibel in der Gesamtheit zu verstehen. Sie sind zudem in der Lage die Gegebenheiten und Veränderungen in ihrer Umgebung klar zu erkennen, und wissen diese zu deuten. Der Teufel aber, welcher der Fürst der Finsternis ist, sucht die Menschen im dunkel über die Wege Gottes zu halten. Er setzt durch sein Heer von Irr-geistern alles daran, die Menschen bis in den Tod in Unverständnis und Unklarheit zu halten. Wenn der Mensch in Kontakt mit finsteren Mächten kommt, so werden die ins Menschenherz eingezogenen bösen Geister den Verstand abschalten. Ebenso sind echte Magier und Hypnotisieren in der Lage, mit Hilfe böser Geister den Verstand eines Menschen unter ihre Kontrolle zu bringen. Der von Gott gegebene Verstand, und das Empfindungsvermögen zu allem Guten, kann verloren gehen, wenn der Mensch bösen Geistern Einlass gewährt. In den Kirchen und Sekten werden gepredigt Lehren, durch welche die Zuhörerschaft im Dunkel bezüglich der Erkenntnis des Wortes Gottes gehalten werden. Viele Prediger, die Irrlehren predigen, sind sich bewusst, dass sie gewisse biblische Fragen aufgrund ihrer Glaubensansichten nie verstehen werden. Sie rechtfertigen ihre Unwissenheit, indem sie sagen, dass es gut für den Menschen sei, wenn sie bestimmte biblische Fragen nicht verstehen können. Andererseits gibt es Prediger, die die Erkenntnis über wichtige Lehrpunkte der Bibel haben, diese aber nicht an ihre Zuhörerschaft weitergeben. In einem solchen Fall sind sich die Prediger und Ältesten einer Kirche oder Gemeinde bewusst, dass, wenn sie eben jene Lehrpunkte ihrer Zuhörerschaft mitteilen würden, sie selbst durch das Wort Gottes als Irrlehrer offenbart werden. Hier geht es jenen Predigern einzig und allein um Macht, Autorität und das ansammeln einer möglichst großen Zuhörerschaft, und dies alles auf Kosten der göttlichen Wahrheit! Der Teufel will die Menschen in Unwissenheit über biblische Lehrpunkte halten. Er kann ebenso in den „gläubigen" Menschen einen Gefühlsrausch bewirken, durch den die Menschen eine Freude empfangen, die sie glauben lässt, sie seien auf dem richtigen Weg gen Himmel. In den Sekten der Pfingstler und Charismatiker geht der Teufel sogar soweit, die Versammelten in Ekstase zu bringen, wodurch sie zu hüpfen, klatschen schreien und zu tanzen beginnen. Dies ist eine Form teuflischer Besessenheit, was aber jeder Pfingstler und Charismatiker vehement abstreiten würde. Der Teufel macht Gebrauch von vielen Mitteln, durch welche der Verstand des Menschen abgeschaltet werden kann. So kann Satan zum Beispiel ein Verlangen nach Alkohol oder anderen berauschenden Drogen im Menschen erwecken. In einem Zustand des Rausches, kann der Betroffene niemals Herr über einen klaren Verstand sein, somit auch kein vernünftiges und Gott wohlgefälliges Urteil fällen. Fallen uns die genannten ekstatischen Symptome unter gläubigen Menschen der verschiedensten Glaubensrichtungen auf, so hat sich der böse Geist, denen sie unterliegen, uns bereits zu erkennen gegeben. Gottes Geist sucht, die geistlichen Augen, die Ohren und das Herz des Menschen zu öffnen. Gottes Geist bewirkt ein rechtes Sehen, ein rechtes Hören und ein rechtes Empfinden.

Nachdem der Teufel Adam und Eva zur Sünde verführt hatte, waren sie von da an durch den Sündenfall von Gott getrennt. Da Gott die Quelle des Lichts ist, war ihre Verbannung aus Gottes Gegenwart eine Verbannung in die Finsternis. Adam und Eva konnten von nun an die Stimme Gottes nicht mehr vernehmen. Die Menschheit verstrickte sich von Anbeginn des Sündenfalls immer tiefer in die Sünde. Immer schwieriger wurde es dem Menschen, die Stimme des Geistes Gottes zu hören. Als es letztlich unter ihnen überaus schlimm zuging, war Gott gezwungen die Menschheit zu vernichten. Allein Noah und seine Familie fanden Gnade bei Gott. Durch Noah erwuchs aufs neue die Menschheit. Da aber jeder Mensch die fleischliche und sündige Natur geerbt hat, verfielen die Menschen, welche nach der Sintflut die Erde bevölkerten, ebenso in Sünde. Ihr Hochmut und Stolz verleitete sie, einen Turm zu bauen, der bis an den Himmel reicht, mit der Absicht, sich einen Namen zu machen. Es heißt, dass das dichten und trachten des Menschen böse ist, von Jugend auf. Gottes Heilsplan beinhaltet, die sündige und verdorbene Natur des Menschen zu verändern. Im 17. Kapitel in den Schriften Hiobs lesen wir:

- *„Denn ihrem Herzen hast du den Verstand verborgen; darum wirst du ihnen den Sieg nicht geben"* Hiob 17, 4

Gott lässt es indirekt zu, gewissen Menschen, die sich von ihm abwenden und nicht gehorchen wollen, den Verstand zu nehmen. An solchen lässt er den Teufel sein Werk verrichten. Jesus sprach:

- *„Wahrlich, wahrlich, ich sage dir: Wenn jemand nicht von Neuem geboren wird, kann er das Reich Gottes nicht sehen (Nicht verstehen)."* Joh. 3, 5

Jesus hat den Menschen zu seiner Lebenszeit auf Erden, seine Lehre größtenteils in Gleichnissen verkündet. Er sprach zu seinen Jüngern, im Hinblick auf die Pharisäer und Schriftgelehrten:

- *„Euch ist es gegeben, die Geheimnisse des Himmelreiches zu verstehen, jenen aber nicht"* Mt. 13, 11

Mit der Bekehrung und der Wiedergeburt, werden die Augen des Menschen aufgetan. Der Zustand, indem sich der Sünder vor der Wiedergeburt befand, wird in der Bibel oft als ein Zustand des Schlafens, der Trunkenheit, der Finsternis oder des Todes bezeichnet. Es ist ein Zustand, in welchem der Mensch nicht in der Lage ist, ganz nach dem Sinne Gottes klar zu urteilen und klar zu denken. Bereits nach der Wiedergeburt bekommt er ein klares Verständnis über Fragen, die das Himmelreich betreffen. Jesus spricht zu allen seinen Nachfolgern: *„Euch ist es gegeben."*

Ein Mensch, der nicht von neuem geboren ist, kann das Reich Gottes nicht verstehen. Ohne Wiedergeburt ärgert sich der Sünder an Gottes Wort und an Gottes Führung. Das jüdische Volk, dass keine Wiedergeburt erlebt hat, ist ein Volk, dessen Herz bis auf den heutigen Tag verstockt ist. Jesus musste sich einst über die Herzens härte des jüdischen Volkes wundern. Sie wiesen Jesus und seine Lehre ab, wodurch sie letzlich den Gott Abrahams und Moses ab-wiesen, welchem sie zu dienen meinten. Den Weg Gottes, den Jesus dem jüdischen Volk nahe brachte, konnten viele der streng gläubigen Juden nicht verstehen. Sie waren ebenso wenig in der Lage Jesus als den Sohn Gottes zu erkennen und ihn zu beurteilen, obwohl die Schriften der Propheten, an welche sie zu glauben meinten, von dem künftigen Kommen Jesu zeugten. Die Pharisäer und Schriftgelehrten, diejenigen, die das Gesetz auf das Strengste befolgten, verstanden Jesu Sprache nicht. Und warum? Weil der Geist Gottes wegen ihrer Verstocktheit nicht zu ihren Herzen sprechen konnte. Der Apostel Paulus schrieb an die Gemeinde zu Korinth:

- *„Als ich zu euch kam, da kam ich nicht mit menschlicher Weisheit, noch mit menschlicher Erkenntnis. Ich hielt mich, als wüsste ich nichts, als allein Christus, und ihn als gekreuzigt" 1. Kor. 2, 2*

An einer anderen Stelle sagt er, dass die göttliche Torheit weiser als die menschliche Weisheit ist, und die göttliche Schwachheit stärker als die menschliche Stärke ist. Der menschliche Verstand allein vermag es nicht zu fassen, was göttlich ist. Jesus wollte von seinen Jüngern wissen, was die Menschen über ihn sagen oder meinten, wer er sei. Darauf antworteten sie ihm, dass die einen sagen, er sei Elia, die anderen sagen er sei Jeremia. Jesus wollte dann von seinen Jünger wissen, was sie meinten, wer er sei. Darauf antwortete Petrus:

- *„Du bist Christus, der Sohn des lebendigen Gottes" Mt. 16, 16*

Jesus sprach darauf zu Petrus:

- *„Selig bist du Simon, Jonas Sohn, denn Fleisch und Blut hat dir dies nicht offenbart, sondern mein Vater, der in den Himmeln ist" Mt. 16, 17*

Petrus konnte Jesus erkennen, nicht weil er vielleicht auf menschliche Art klüger war als die anderen, sondern allein deshalb, weil Gott es ihm offenbart hatte. Jesus sprach:

- *„Ohne mich könnt ihr nichts tun" Joh. 15, 5*

Genauso können wir ohne Jesus die göttlichen Dinge nicht erkennen. Es heißt deshalb: *„Wache auf, der du schläfst. So wird dich Christus erleuchten."* Der Mensch, welcher in der Sünde lebt, wird verglichen als einer der schläft. Jesus sagt:

- *„Ich bin zum Gericht in diese Welt gekommen, damit, die nicht sehen, sehend werden" Joh. 9, 39*

Hier redet Jesus von Sündern, die er als Blinde bezeichnet. Die geistliche Blindheit ist eine Folge der Sünde. Der Teufel ist bemüht, den göttlichen Verstand den Menschen zu rauben. Ohne den göttlichen Verstand ist der Mensch nicht in der Lage nach Gottes Willen zu urteilen und zu handeln. Nur durch Jesus Christus und durch die Wiedergeburt vermag er, das weltliche Geschehen zu durchschauen und das Wesen der Menschen zu erkennen. Durch die Wiedergeburt unterzieht sich zudem er mit Hilfe des Wortes Gottes einer ständigen Selbstprüfung. Hierdurch erfährt der wieder geborene Mensch seine Stellung zu Gott, und in welcher Hinsicht ihm noch geistlich mangelt. Jesus musste sich damals zu seiner Erden-zeit über die Menschen wundern, denn sie waren nicht in der Lage, die Zeichen der Zeit zu erkennen, wohl aber wussten sie das Wetter zu deuten. Die Frage stellt sich nun, wie viele Menschen es auf der Erde wohl gibt, die die Zeichen der heutigen Zeit richtig beurteilen können. Nur die wahren Kinder Gottes können die Geschehnisse in der Welt durch ihren göttlichen Verstand beurteilen, und so auch die Zeichen der Zeit erkennen. Ein sündiger Mensch in seiner geistlichen Blindheit ist nicht in der Lage die Geschehnisse in der Welt zu erkennen und zu beurteilen.

Man muss sich wundern über die Menschen, die in ihrem finanziellen Vermögen die 1. Millionen Euro Marke geknackt haben. Sie ruhen sich gewiss nicht auf diesen 1. Millionen Euro aus, und geben sich damit zufrieden. Sie sind nun bestrebt, mit Investitionen dieser Millionen, noch mehr Millionen zu verdienen. Manche Menschen besitzen ein solch großes Vermögen, dass sie nicht in der Lage sind, alles Geld in ihrem Leben auszugeben. Sie sind gefangen in dem Wahn nach Reichtum, und können sich nicht einmal mit einem Vermögen von mehreren Millionen Euro, wenn nicht gar Milliarden von Euro, zufrieden geben. Alle jene Menschen, welche in Sünden leben, und nach den Dingen der Welt trachten, anstatt nach den himmlischen Gütern, bezeichnet die Bibel als blind, taub, verstockt, betrunken und töricht. Sie können weder die Stimme Gottes vernehmen, noch erkennen den Willen Gottes. Sie sind gefangen in den Klauen des Teufels. Durch die Bekehrung bekommt der Mensch eine erste Klarheit über die Wege Gottes. Doch in das volle Licht Gottes wird der Mensch erst hernach durch die Heiligung geführt. Jesus spricht von dem Heiligen Geist:

• *„Wenn aber jener, der Geist der Wahrheit, kommen wird, dann wird er euch in alle Wahrheit leiten" Joh. 16, 13*

Uns wird geboten, der Heiligung nachzujagen. Denn ohne der Heiligung kann niemand den Herrn sehen (Hebr. 12, 14). Mit anderen Worten: ohne sie kann niemand Gott erkennen, wie er ist in seiner Kraft, in seiner Liebe, in seiner Barmherzigkeit und in seiner Geduld. Die Eigenschaften Gottes kann ein ungeheiligter Mensch nicht erkennen. Ein wieder geborener aber empfängt nach seiner Bekehrung ein gewisses Maß an Erkenntnis. Von vielen göttlichen Dingen weiß er aber noch nichts. Ein neu bekehrter Mensch kann deshalb schnell Gefahr laufen, sich in geistlichen Fragen zu irren. Eine symbolische Parallele zu dem geistlichen Stand eines neu bekehrten Menschen gibt uns die Wüstenwanderung der Israeliten. Nachdem sie aus Ägypten ausgezogen waren, irrten sie 40 Jahre in der Wüste umher. Viele Menschen sind der Ansicht, dass mit der Bekehrung alles getan sei. Das ist falsch! Wir lesen im 2. Brief an die Korinther:

• *„Wenn jemand in Christus ist, dann ist er eine neue Schöpfung; das Alte ist vergangen, siehe, es ist alles neu geworden!" 2. Kor. 5, 17*

Diese Bibelstelle bezieht sich auf ein volles Heil. Die Heiligung beinhaltet, dass das Alte im Menschen gänzlich vergangen ist, und der Mensch nun als eine neue Kreatur vor Gott steht. Eines unserer Traktate hat den Titel: *„Das Bild des alten Menschen."* In diesem Schreiben schildert der Autor, wie das Wesen eines ungeheiligten Menschen aussieht. Viele negative Charakterzüge werden angeführt, mit denen ein ungeheiligter Mensch mehr oder weniger behaftet ist. Durch sein sündiges inneres Wesen ruiniert sich er selbst. Gott aber will den alten Menschen *ausziehen.* So schrieb auch der Apostel Paulus, wir sollen den früheren Lebenswandel des alten Menschen ablegen, und den neuen Menschen anziehen, der nach Gott geschaffen ist, nach rechtschaffener Gerechtigkeit und Heiligkeit (Eph. 4, 24). Es sei daher jeder Seele zugerufen, sich völlig Gott zu ergeben, indem wir ihm alles weihen. Der Dichter eines unserer Lieder schrieb: *„Wenn ein völlig Opfer du gebracht, wahrlich der da hat des Feuers Macht, wird's entzünden auch in dir."* In einem anderen Lied singen wir: *„Zeit, Talente, Hab und Geld, Ruf und Ansehen in der Welt; sollt ich etwas dir entzieh'? - Nein, ich gebe alles hin."* Wieder an anderer Stelle heißt es: *„Auf den Altar leg ich mich, und ich weiß du heiligst mich."* Der Mensch tritt dann in den heiligen Stand ein, sobald er dem Herrn sein Alles und sein „Ich" völlig geweiht hat. Dann erst kann Gott in den Menschen sein göttliches Verständnis einpflanzen. Es ist Gottes Wille, dass seine Kinder klar und deutlich die Dinge erkennen, die nur in Gottes Licht erkannt werden können. Nur in Gottes Licht sehen wir was göttlich, was recht, was wahrhaftig und was heilig ist. Der König David sagt:

• *„In deinem Licht sehen wir das Licht." Ps 36,10*

Es gibt aber Menschen, die sich selbst als jene betrachten, die ein Leben im Lichte Gottes führen. Das Licht aber, was sie meinen zu besitzen, ist in Wahrheit Finsternis. Jesus sagt: Wie groß wird diesen Menschen die ewige Finsternis erscheinen, in die sie nach dem Endgericht geworfen werden.

• *„Wenn nun das Licht, das in dir ist, Finsternis ist, wie groß wird dann die Finsternis sein!" Mt. 6, 23*

Ein jeder Mensch kann Gefahr laufen, in eine solche falsche Selbsterkenntnis zu geraten, was ihn letztlich um sein Seelenheil bringen wird. Jesus will, dass seine heiligen Nachfolger Klarheit über jede Stelle der Bibel haben. Die Strategie vieler Irrlehrer dagegen, ist das Vertuschen wichtiger biblischer Lehrpunkte. Durch ihre Lehre erbauen sie nicht ihre Zuhörerschaft, sondern verwirren sie. Die Prediger aber, die in der Wahrheit sind, möchten, dass ihre Zuhörer alles, was im Worte Gottes geschrieben steht, sie auch recht verstehen. Diesen Predigern ist es ein großes Anliegen, dass die Menschen das göttliche Verständnis erlangen, und die volle Erkenntnis haben. Auch dem Apostel Paulus war dies ein Anliegen, und deshalb schrieb er:

• *„(...) bis wir alle zur Einheit des Glaubens und der Erkenntnis des Sohnes Gottes hingelangen, zum vollkommenen Mann, zum Maß des Alters der Fülle Christi" Eph. 4, 13*

Während Jesus seine Jünger belehrte, fragte er sie oft, ob sie das gehörte verstanden haben. Wenn nicht, dann hat er ihnen seine Worte verständlich erklärt. Jesus musste sich über das Unverständnis seiner Jünger wundern, da sie oft sogar die Worte über irdische Dinge nicht verstanden. Viel weniger hätten sie die Worte über geistliche Dinge verstanden. Gott will, dass wir, die wir seine Kinder sind, auch das Verständnis über die geistlichen Dinge haben. Nur wenn der Mensch die Heiligung empfangen hat, kann er die göttlichen Tiefen im Worte Gottes ergründen. Der Apostel Paulus schrieb in seinem Brief an die Epheser:

• *„Darum seid nicht uneinsichtig, sondern versteht, was der Wille des Herrn ist" Eph. 5, 17*

Jesus sagte, dass der Wille Gottes geschehen muss, im Himmel, wie auch auf Erden. So müssen auch wir bestrebt sein, immer nach dem Willen Gottes zu handeln. Auf unserem Pilgerweg hier auf Erden kommt es häufig vor, dass wir einen Scheideweg erreichen. Nun muss entschieden werden, welcher der Wege einzuschlagen ist. Immer muss man aber den Weg wählen, den Gott für uns vorgesehen hat. Wir lesen in dem ersten Brief des Apostels an die Gemeinde zu Korinth:

• *„Brüder, seid nicht Kinder im Verständnis; sondern in der Bosheit seid unmündig, im Verständnis aber werdet erwachsen" 1. Kor. 14, 20*

Jeder Prediger und Lehrer der Wahrheit ist bemüht, seine Zuhörerschaft in den Stand des vollen Lichts und der vollen Erkenntnis zu bringen. Die

Irrlehrer dagegen sagen ihren Zuhörern, sie sollen den Stein liegen lassen, der ihnen zu schwer ist hinwegzuheben. Auch mir kamen in meiner Jugendzeit solche Worte von Predigern zu Ohren. Was sagt uns aber die Bibel über diesen Punkt? Sie sagt uns, dass der, dem Weisheit mangelt, er Gott bitten möge. Gott gibt jedem gern und enthält niemandem etwas vor. Dem, der um Weisheit bittet, wird gegeben werden. Ist uns der Wille Gottes nicht verständlich, so müssen wir ernsthaft darum beten. Jesus sprach, dass *wer auf diesen Stein fällt (sich an ihm ärgert), zerschellen wird.* So werden auch alle Irrlehrer und ihre Gefolgschaft an diesen Steinen zerschellen, die sie auf ihrem Lebensweg liegen lassen. Jesus sagte, das der Stein, welchen die Bauleute verworfen haben, zum Eckstein wurde. Jesus selbst ist der Eckstein, und an ihm haben sich schon viele Menschen gestoßen, sind zu Fall gekommen und sind zerschellt. Heutzutage gibt es viele Menschen, die sich an der Lehre Jesu und an seinen Taten stoßen. Sie haben kein rechtes Verständnis über die Lehre Christi, sondern sehen stattdessen die Bibel voller Widersprüche.

Hätten jene Menschen das volle Verständnis über das Wort Gottes, und würden sie aufhören einzelne Bibelstellen aus dem Zusammenhang zu ziehen, so würden sie keine Widersprüche finden. Das Wort Gottes und der Heilige Geist können sich nicht widersprechen! Aus diesem Grund ist es unsere Aufgabe, alle Steine, die auf unserem Lebensweg liegen, aus dem Weg zu räumen, wie der Prophet sagte:

- *„Bereitet dem Volk den Weg! Macht Bahn, macht Bahn! Räumet die Steine weg!" Jes. 62,10*

Diese Symbolik bedeutet, dass wir das Verständnis über alle Lehrpunkte der Bibel erlangen sollen. Wir können durch das Unverständnis über nur einen Lehrpunkt zu Fall kommen. Erst wenn wir die grundlegende Lehrpunkte verstanden haben, können wir in das Wort Gottes tiefer eindringen. Wir lesen in den Sprüchen Salomos folgende Worte:

- *„Wer verständig ist, lässt sich raten" Spr. 1, 5*

Menschen, die stolz sind, und meinen, sie seien klüger als alle anderen Mitmenschen, lassen sich nicht raten. Ratet man solchen in einer Sache, so finden sie viele Gegenargumente, mit denen sie den Rat verwerfen. Ein verständiger Mann jedoch, nimmt guten Rat an, und ist sogar dankbar dafür. Wir lesen an anderer Stelle der Bibel, dass sich die Liebe sagen lässt. Ein Mensch, der Jesus liebt, und seine Gebote von Herzen befolgt, verwirft nicht gleich sofort den Rat seiner Glaubensgeschwister, sondern prüft die

157

Worte in seinem Herzen, ob sie mit den Geboten Jesu in Einklang stehen. Das Wort Gottes sagt, dass wir uns nicht auf unseren Verstand verlassen sollen. Durch Klugheit und menschliche Weisheit können wir nicht im Geiste wachsen. Ein Mensch, der nach Gottes Wohlgefallen Verständig ist, lässt sich ganz und gar durch das Wort Gottes raten. Kinder Gottes verlassen sich in allen Angelegenheiten niemals auf den menschlichen Verstand. Ein Kind Gottes hört sich die Worte der Mitmenschen an, sinnt darüber nach, und erwägt in seinem Herzen, ob diese Worte mit dem Wort Gottes übereinstimmen. Kinder Gottes korrigieren sich umgehend, wenn sie feststellen, dass sie in einer ihrer Handlungen von den Geboten Gottes abgewichen sind.

In den Sprüchen lesen wir an anderer Stelle:

- *„Ein verständiger Mann schweigt still" Spr. 11, 12*

Dieses Wort ist nicht so zu verstehen, dass wir dann richtig handeln, wenn wir nichts sagen. Nein, sondern dieses *still schweigen* bezieht sich auf gewisse Situationen, in denen der Mensch natürlicherweise dazu neigt etwas zu sagen. Dann kann es passieren, dass Worte gesagt werden, die sich für Kinder Gottes nicht geziemen. Wir geraten oft in Situationen, wo wir Gefahr laufen können, ein unangebrachtes Wort auszusprechen. So zum Beispiel in Gesellschaft mit den Kollegen auf der Arbeit, oder den Mitschülern in der Schule, wenn die Unterhaltung nichts als albernes Geschwätz ist. Ein verständiger Mann schweigt in solchen Unterhaltungen still. Wenn wir uns an solchem Geschwätz beteiligen, so wird unser Christsein unglaubwürdig. Schlimmer noch ist's, wenn wir uns zuvor den Mitmenschen gegenüber zu Christus bekannt haben, und folglich der Name Christi wegen unserer unangebrachten Worte verlästert wird. Ein weiteres Beispiel für gefahrvolle Situationen diesbezüglich, sind Diskussionen, in denen nach der eigenen Meinung gefragt wird. Ein verständiger Mann schweigt still, wenn er die Meinung eines anderen vernommen hat. Ein verständiger Mann weiß, wenn seine Antwort auf taube Ohren stoßen wird, und seine Wiederworte eher zum Unsegen, als zum Segen sind. *Ein Knecht des Herrn ist nicht zänkisch. Es heißt, dass eher etwas ist zurecht gebetet, als zurecht geredet.* Ermahnst du jemanden in einer gewissen Sache, und dein Gegenüber fängt an sich zu rechtfertigen, wirst du schnell feststellen müssen, dass deine Worte nicht angenommen werden. Auch dann schweigt ein verständiger Mann still. Tagtäglich geraten wir in weitaus mehr Situationen, als die hier als Beispiel erwähnten, in denen wir weise handeln können, wenn wir nur still schweigen. Von Jesus, unserem größten Vorbild in allem, lesen wir, dass er oftmals still war, und das in Situationen, in denen er sich hätte rechtfertigen können. In solchen Momenten wusste Jesus im voraus, dass seine Antwort nichts bewirken wird.

Weiter lesen wir in den Sprüchen:

- *"Ein Verständiger hat die Weisheit vor Augen" Spr. 17, 24*

Unser Verhalten in der Welt, die wir Kinder Gottes sind, zeugt von göttlicher Weisheit. Zu jeder Zeit benimmt sich ein Kind Gottes anständig, ist zurückhaltend aber freundlich, ist genügsam in einem Leben in Einfachheit. Demut und Sanftmut sind dabei seine höchste Zierde. In jeder Lebenslage und in jeder Situation hat ein Kind Gottes die göttliche Weisheit vor Augen. Dies zeugt von göttlichem Verstand.

- *"Ein vernünftiger Mann mäßigt seine Rede; und ein verständiger Mann bewahrt einen kühlen Kopf" Spr. 17,27*

Ein verständiger Mann kann in einer hitzigen und temperamentvollen Umgebung ruhig und gelassen bleiben, und bei all der Aufruhr ein vernünftiges und wohlüberlegtes Urteil fällen. Wir sollen ein heißes und brennendes Herz haben, aber immer auch einen kühlen Kopf bewahren. Führen wir hier das Beispiel des Pilatus an, wie er Jesus den Juden auslieferte: Pilatus fand an Jesus keine Schuld und wollte ihn freilassen. Die vielen anwesenden Juden mit ihren Hohepriestern und Schriftgelehrten schrien lauter und immer lauter, Pilatus solle Jesus töten lassen. Pilatus ließ sich schließlich von der aufgebrachten Menschenmenge einschüchtern, und übergab Jesus, damit er gekreuzigt würde.

Unsere Lebensaufgabe liegt darin, in dem göttlichen Verständnis beständig zu wachsen. Jesus lädt uns ein, indem er spricht: *"Kommt her zu mir und lernt von mir!"* Wir haben viel von Jesus zu lernen! Nur durch Jesus können wir nach Gottes Wohlgefallen recht denken, recht sprechen, und recht handeln. Es heißt, dass *wer sich in Gefahr begibt, der kommt darin um.* Ein verständiger Mann begibt sich nicht leichtfertig in Gefahr, sondern umgeht sie, wo es möglich ist. Ich erinnere mich an die Sowjetzeit zurück, als die Ältesten unserer Gemeinde des öfteren Gemeindeversammlungen kurzfristig absagten, da vor Ort eine Gefahr für Christen durch den KGB drohte. Dieses Verhalten war weislich. Hätten die Brüder die Gefahr ignoriert, so hätten sie nicht nur sich, sondern die gesamte Gemeinde in große Gefahr gebracht.

Lasst uns noch zuletzt alle warnen, denn die einst erlangte göttliche

Weisheit kann jedem von uns verloren gehen, wenn man nicht aufpasst! Man muss sich wundern, wie blind bezüglich der Lehre Christi einige unserer damaligen Brüder aus den Gemeinde in der Sowjetunion heute geworden sind. Ich kann bezeugen, dass sie früher die göttliche Weisheit besaßen. Heute aber sind sie bedauerlicherweise unverständlich in vielen wichtigen biblischen Fragen. Auch diese einstigen Brüder kamen in ihrem Leben an einen Punkt, an dem ihre Treue zu Jesus und ihre Ergebenheit in der Führung durch den Heiligen Geist auf die Probe gestellt wurden. Leider ließen sie sich nicht durch den Heiligen Geist leiten, sondern verließen sich auf ihren menschlichen, fleischlichen Verstand. Verfällt der Mensch in Sünde, so verliert er sein göttliches Urteilsvermögen. Das Kind Gottes kann vor seinem Fall in die Sünde ein sehr weiser Mensch gewesen sein. Die Sünde wird ihn aber ruinieren und ihm alle göttliche Weisheit und Erkenntnis rauben, die er einst besaß. Wenn wir uns von Jesus abwenden, wird es um uns herum finster. Wir dürfen deshalb den Heiligen Geist niemals betrüben. Dem Heiligen Geist gegenüber müssen wir immer gehorsam sein. Wir werden so lange in der Erkenntnis Gottes wachsen, solange wir der Stimme des Heiligen Geistes gehorchen. Sobald der Mensch der Stimme des Heiligen Geistes nicht mehr gehorcht, hört er auf geistlich zu wachsen. Seine damals erlangte göttliche Weisheit und die Erkenntnis, die er besaß, entwickeln sich zurück und ersterben völlig. Fortan wird solch ein Mensch das rechte Urteilsvermögen über die Worte der Bibel nicht mehr haben. Gleich wie Gott damals sein Volk mit einer Wolke des Tages und einer Feuersäule des Nachts durch die Wüste in das verheißende Land führte, so führt uns Gott heute durch den Heiligen Geist und das Wort Gottes durch diese Welt. Heute können wir allein durch das Folgen dieser zwei Zeugen Gottes in die verheißende Ruhe eingehen.
In dem 106. Psalm lesen wir:

• *„Unsere Väter in Ägypten wollten deine Wunder nicht verstehen"* **Ps. 106, 7**

Wir lesen im 3. Kapitel des Markus Evangeliums, wie Jesus auf die Pharisäer reagierte, als jene ihm auflauerten, um ihn einer gesetzwidrigen Tat zu überführen:

• *„Er war betrübt über ihr verstocktes Herz"* **Mk. 3, 5**

Alle Menschen, die nicht mit dem Heiligen Geist erfüllt sind, können die Wundertaten Gottes nicht erkennen. Ihre Herzen sind verstockt. In den Kirchen und Sekten gibt es eine Vielzahl von Mitgliedern, die eine wahre

Bekehrung erfahren haben, die sich aber folglich nicht der Führung des Heiligen Geistes unterworfen haben. Ihre Herzen haben sich wegen ihrer Widerspenstigkeit mit der Zeit mehr und mehr verhärtet. Im Brief an die Hebräer steht ein Zitat aus dem 95. Psalm geschrieben:

• *„Heute, wenn ihr seine Stimme hört, dann verstockt eure Herzen nicht, wie in der Verbitterung am Tag der Versuchung in der Wüste"* **Hebr. 3, 7.8**

Eindringlich sei jedem gesagt, der Stimme des Heiligen Geistes sofort zu gehorchen. Unmissverständlich wird diese Stimme zu jedem Menschen, der auf der Erde lebt, sprechen.

Im selben Kapitel des Hebräerbriefes lesen wir eine Ermahnung an uns:

• *„Seht zu Brüder, dass nicht jemand unter euch ein böses, ungläubiges Herz hat, das vom lebendigen Gott abfällt; sondern ermahnt euch selbst alle Tage, solange es heute heißt, damit niemand von euch durch den Betrug der Sünde verstockt wird"* **Hebr. 3, 12.13**

Es ist Gottes Wille, dass unsere Augen für die geistlichen Dinge offen sind und wir mit unseren Ohren aufmerksam den Worten unseres Herrn Jesus Christus zuhören. Bei all dem möge Gott uns verhelfen, der Stimme des Heiligen Geistes bedingungslos gehorsam zu sein, damit unser Herz weich und empfänglich für das Wort Gottes bleibt. Jesus spricht zu uns durch das Wort, dass wir von nun an den Weg wissen. Jesus selbst ist der Weg, und er hat uns alles kundgetan, was er von seinem Vater im Himmel empfangen hat. Gott will, dass wir klar und deutlich den Weg erkennen und uns an keinem Hindernis auf dem Wege stoßen und zu Fall kommen. Jesus spricht:

• *„Glückselig ist, wer sich nicht an mir ärgert"* **Mt. 11, 6**

Wenn wir auch manche Worte und Wege des Herrn nicht sofort verstehen, so sagt uns Jesus, dass wir sie hernach verstehen werden. Im Nachhinein werden wir erkennen, dass der Weg, den uns der Herr einst führte, uns nur zum Besten diente. Alle Wege des Lebens, auf die uns Jesus stellt, führen direkt in die ewige Seligkeit.

Gott verhelfe uns aus Gnade, das göttliche Verständnis bis ans Lebensende zu erhalten. Amen. (28.2.2010)

Unumgängliche Dinge, um gerettet zu werden

Das Lied, welches wir soeben gesungen haben, ist ein sehr ermutigendes. *„Wie sicher der Christ, der da bleibt in dem Herrn. Von Sünde und Teufel befreit."* Bei diesen Worten des Liedes dachte ich bei mir: Wie herrlich ist doch das Leben eines Christen und wie gut hat es doch ein Kind Gottes! Ein Kind Gottes braucht sich nicht vor dem Teufel und seinem Heer zu fürchten. Paulus sprach:

• *„Wer will uns scheiden von der Liebe Christi? Trübsal oder Angst, Verfolgung oder Hunger, Entbehrung oder Gefahr oder Schwert?" Röm. 8, 35*

Ein wahrer Christ ist sich sicher, dass ihn nichts von der Liebe Christi scheiden kann. Ein Mensch kann erst dann diese Sicherheit in Gott haben, wenn er die rechte Stellung zu Gott eingenommen hat, indem er sich ganz seinem Willen beugt. Die Bibel weißt uns an einigen Stellen darauf hin, dass es viele Menschen gibt, die sich irrtümlich in dieser Sicherheit wägen. Jesus mahnt uns:

• *„Viele werden versuchen hineinzukommen, und werden es nicht können." Lk. 13, 24*

Da uns nun bald das Osterfest bevorsteht, lasst mich in Anlehnung daran einen Vers aus dem Matthäus-Evangelium vorlesen. Wir lesen hier von Jesus eine Schilderung der Ereignisse kurz vor seinem Tod.

• *„Und er ging ein wenig weiter, fiel nieder auf sein Angesicht und betete: »Mein Vater, wenn es möglich ist, dann gehe dieser Kelch an mir vorüber; doch nicht wie ich will, sondern wie du willst!«" Mt. 26, 39*

Wenn wir die Worte Jesu *„wenn es möglich ist"* lesen, so mögen wir folglich an die Worte Jesu denken:

• *„Alle Dinge sind dem möglich, der glaubt" Mk. 9, 23*

Manche Dinge aber, sind für uns Kinder Gottes nicht möglich. Wir wissen, dass der Kelch an Jesus nicht vorübergehen konnte, denn einen anderen Weg und ein anderes Mittel zur Erlösung der Menschen, gab es nicht. Das einzige Mittel war, dass Jesus leiden und sterben musste, um uns von unseren Sünden zu befreien. Nur durch das Werk Christi konnte die Menschheit die Erlösung haben. Ein gläubiger Mensch mag sich fragen, ob vielleicht dieser oder jener Weg möglich wäre zu gehen, auf dem man einen Kompromiss mit der Welt oder mit Andersgläubigen eingehen kann, und auf dem man trotzdem in den Himmel kommt. Eine Vielzahl gläubiger Menschen nehmen ihren Erden-lauf locker, und wählen sich selbst ihre Wege, welche sie sich zu gehen wünschen. Gott aber, hat den Weg eines jeden Menschen vorgesehen. Gott duldet keine Abweichungen von seinem Weg. Lasst uns heute auf gewisse Dinge eingehen, die für uns Christen nicht möglich sind.

Millionen von Menschen auf Erden sind irgendeiner Weltreligion zugehörig. Viele von ihnen trachten nach dem ewigen Leben. Sie streben danach, in der Ewigkeit bei Gott zu sein, doch wenden sie sich nicht an den wahrhaftigen Gott. Als ein Pharisäer Jesus nach dem höchsten Gebot fragte, sprach Jesus zu ihm:

• *„Das erste von allen Geboten ist:* »*Höre, Israel, der Herr, unser Gott, ist Herr allein; und du sollst den Herrn, deinen Gott, lieben von ganzem Herzen, von ganzer Seele, von ganzem Gemüt und mit all deiner Kraft«" Mk. 12, 29.30*

Der Pharisäer musste anerkennen, dass Jesus recht geantwortet hatte. Nur durch den wahrhaftig einzigen Gott können wir das ewige Leben erlangen. Apostel Paulus schrieb in seinem ersten Brief an Timotheus:

• *„Denn es ist ein Gott und ein Mittler zwischen Gott und den Menschen, nämlich der Mensch Christus Jesus" 1. Tim. 2, 5*

Kein Mensch und kein Menschenwerk vermochte uns mit Gott zu versöhnen. Das Versöhnungswerk konnte nur durch den Opfertod des Sohnes Gottes, Jesus Christus, vollbracht werden. Einst stand ein jeder von uns auf der Liste derer, die ins Verderben gehen. Unsere Sünden waren alle aufgeschrieben. Jeder sündige und gottlose Mensch kann nur auf eine Weise von seinen Sünden frei, und von der Liste der ewig Verdammten gestrichen werden. Die Menschen dieser Welt versuchen durch ihre Religion oder durch Bräuche in ihren Kulturkreisen, von ihren Sünden frei zu werden. Als wir vor einigen Jahren auf Missionsreise in Kirgisien waren, unternahmen wir mit einigen Geschwistern eine Wanderung in die Berge. Am Wegesrand erblickten wir mit einem mal einen Baum, voll-gehängt mit vielen kleinen Bündeln. Wir erfuhren, dass jedes Bündel mit den Sünden einer gewissen Person „gefüllt" war. Wenn sich nun ein Bündel vom Zweig des Baumes löst, so sind die Sünden jener Person, welcher das Bündel gehörte, getilgt. Die Hindus glauben auf eine andere Weise von ihren Sünden frei zu werden. Einmal im Jahr waschen sie sich im Ganges, dem großen Strom in Indien. Für die Hindus symbolisiert diese Reinigung das abwaschen ihrer Sünden. Das Wasser des Ganges ist für sie ein heiliges Wasser. Doch nach der Waschung werden auch die Hindus wieder sündigen, und bedürfen der erneuten Waschung nächstes Jahr.

Die Katholische Kirche bezeichnet sich als die allein seligmachende Kirche. Die Katholiken sprechen verstorbene Menschen, welche zu ihren Lebenszeiten der Katholischen Kirche einen großen Dienst erwiesen haben, heilig. Diese Heiligen-Verehrung geht soweit, dass sie Überreste dieser Verstorbenen, wie Kleidung und Gebrauchsgegenstände, ja sogar ihre Knochen, anbeten. Da auch ein Katholik ein Sklave der Sünde ist, pflegen die Katholiken Bußübungen, wie langes Fasten oder die Selbstkasteiung. Sie glauben, dass man durch das Martern seines Körpers von den Sünden frei wird. Die Katholische Kirche verordnet seinen Anhängern auch Pilgerreisen zu bestimmten heiligen Stätten. Die Kirche verspricht den Gläubigen die Reinigung von Sünden, wenn sie diese gewissen Heiligen-Stätten aufsuchen.

Der Mensch muss glauben an Gott und an Jesus

Hier in Deutschland sind mir Gläubige begegnet, die behaupten, dass das Blut Jesu Christi unzureichend ist. Sie meinen, die Sünde mit ihrer eigenen Kraft und ihren eigenen Werken tilgen zu können. Ebenso gehen sie davon aus, dass der Mensch zuerst alles aus eigener Kraft ins Reine bringen muss, bevor er in die Nachfolge Jesu tritt. Diese Lehre ist nicht biblisch. Es ist eine Irreführung des Teufels. Allein durch das teure Blut Jesu Christi können die Sünden der Menschen getilgt werden! Es ist für uns überaus wichtig, in diesem biblischen Lehrpunkt die feste Überzeugung zu haben! Einst kamen einige Juden zu Jesus, die ihn fragten, was sie tun sollen, damit sie Gottes Werke wirken. Da diese Juden unter dem Gesetz Mose standen, und deshalb glaubten, allein durch Werke vor Gott gerechtfertigt werden zu können, stellten sie Jesus diese Frage. Jesus sprach zu ihnen: „Das ist das Werk Gottes, dass ihr an den glaubt, den er gesandt hat" Joh. 6, 29

Für die Menschheit gibt es keinen anderen Weg um ewig gerettet zu werden, als nur der Glaube an den Sohn Gottes, welcher ist Jesus Christus! Im Brief an die Hebräer steht geschrieben:

- *„Ohne Glaube ist es unmöglich, Gott zu gefallen" Hebr. 11, 6*

Wer zu Gott kommen will, der muss glauben, dass er seinen Sohn zur Tilgung der Sünden gesandt und geopfert hat. Gott ist denen ein Vergelter, die ihn suchen. Wenn aber ein Mensch Gott sucht, aber nicht glaubt, so kann ihm nicht geholfen werden. Jemand, der zu Gott betet, muss Glauben haben, damit sein Gebet bei Gott Erhörung findet. Das Wort Gottes sagt uns, dass es ohne Glaube unmöglich ist Gott zu gefallen. Jesus ermahnt uns, indem er spricht: *„Seid nicht ungläubig, sondern gläubig.“*

Der Mensch muss wiedergeboren sein

Nikodemus, ein Oberster der Juden, erkannte Jesus als einen Lehrer, der von Gott gesandt ist. Jesus sprach zu Nikodemus:

• **„Wahrlich, wahrlich, ich sage dir: Wenn jemand nicht von Neuem geboren wird, kann er das Reich Gottes nicht sehen“ Joh. 3, 3**

Was bedeutet, von Neuem geboren sein? Was ist die Wiedergeburt? Diese Fragen lasst uns zuerst beantworten. Wir finden in der Bibel einige andere Begriffe für das Wort *Wiedergeburt.* Bekehrung, Erneuerung des Sinnes, Versöhnung, Rechtfertigung, oder Neugeburt, sind Begriffe, die sich auf ein und dasselbe Werk beziehen: Nämlich auf die Sündenvergebung. Das Werk der Sündenvergebung können wir anhand des Gleichnisses Jesu vom verlorenen Sohn versinnbildlichen. In dem Gleichnis lesen wir von einem jungen Mann, der sein Erbe von seinem Vater vorzeitig einforderte und mit seinem Anteil außer Landes reiste. Dort verprasste er es auf schändliche Weise. Als zudem das Land, in welchem er sich aufhielt, von einer Hungersnot heimgesucht wurde, sah er sich gezwungen, sein Zubrot als Schweinehüter zu verdienen. Ihm hungerte es sehr, und es verlangte ihm nach dem Futter der Schweine. Doch seine Herren gaben es ihm nicht. Zu dieser Zeit fand in dem jungen Mann eine Sinnesänderung statt. Er bekam mit einem mal eine neue Sichtweise auf die Lebensumstände bei seinem Vater daheim, und erkannte die Vorzüge, die er einst unter seiner Obhut genoss. Schließlich sagte er sich: *„Ich will mich aufmachen, und zu meinem Vater gehen.“* Die Sinnesänderung führt den Menschen zu diesem Entschluss. Der Weg des jungen Mannes in dem Gleichnis, versinnbildlicht die Bekehrung eines Menschen zu Gott. Der Begriff *Bekehrung* steht für die Bezeichnung *Umkehr.* Zuhause angekommen sprach der junge Mann zu seinem Vater: *„Vater, ich habe gesündigt gegen den Himmel und gegen dich. Ich bin nicht würdig, dass ich fernerhin dein Sohn heiße. Mach mich zu einem deiner Knechte.“* Dieser Ausspruch ist die Buße. Der Vater sprach darauf zu seinen Knechten: *„Bringt das beste Gewand herbei und zieht es ihm an, und gebt ihm einen Ring an seine Hand und Sandalen an seine*

Füße, und bringt das gemästete Kalb her und schlachtet es, und lasst uns essen und fröhlich sein!" Das hier erwähnte neue Gewand symbolisiert die Rechtfertigung. Es heißt, dass unsere Gerechtigkeit wie ein beflecktes Kleid ist. Man stelle sich nun das Kleid jenes jungen Mannes vor, der reumütig zu seinem Vater zurückkehrte. Sein beschmutztes und zerrissenes Gewand wurde ihm abgenommen, und er wurde mit einem weißen Festgewand bekleidet. Der älteste Sohn, welcher am Abend von seiner getanen Arbeit auf dem Feld zurückkehrte, hörte Musik und Reigen aus dem Haus erschallen. Die Knechte seines Vaters sagten ihm, dass sein Bruder heimgekehrt sei, und sein Vater ihm nun ein Fest bereitet hat. Da wurde der älteste Sohn zornig, und wollte nicht hineingehen. Sein Vater aber kam zu ihm heraus und sagte: *„Mein Sohn, du bist allezeit bei mir, und alles, was mein ist, das ist dein. Aber man muss doch fröhlich sein und sich freuen; denn dieser dein Bruder war tot und ist wieder lebendig geworden, er war verloren und ist wieder gefunden worden."* Bevor wir zu Jesus kamen, waren wir alle verloren. Doch als wir reumütig zu ihm kamen, waren wir die, die gefunden worden waren. Der Ausspruch *'dein Bruder war tot, und ist wieder lebendig geworden',* steht für die Wiedergeburt. Die Wiedergeburt geschieht durch die Umkehr des Menschen zu Gott, gleich wie der verlorene Sohn zu seinem Vater zurückkehrte. Die Wiedergeburt ist nichts anderes als dass der Mensch erneut Gemeinschaft mit Gott hat. Denn die Sünde, in der er in seinem alten Leben lebte, trennte ihn von Gott. Adam und Eva, waren im Paradies in der Gemeinschaft mit Gott. Als sie aber von der verbotenen Frucht aßen, wurden sie von Gott getrennt. In Gottes Augen starben sie wegen ihres Vergehens. Nochmals lasst mich die Worte Jesu anführen, der sprach: *„Wahrlich, wahrlich, ich sage dir: Wenn jemand nicht aus Wasser und Geist geboren wird, kann er nicht ins Reich Gottes kommen."* Mit anderen Worten: Er kann in das Reich Gottes nicht eingehen. In diesem Fall ist das Reich Gottes nicht der Himmel, sondern es steht für die Gemeinschaft mit Gott. Lasst uns nun noch einmal zusammenfassend den Weg eines Menschen, hin zur Gemeinschaft mit Gott, betrachten:

- Eine Sinnesänderung geschieht im Menschen, durch ein einschneidendes Erlebnis. Er erkennt seine Sünden, die ihn auf ewig von Gott trennen werden.
- Reumütig kehrt der Mensch zu Gott um.
- Er bittet Gott um Vergebung. Er tut Buße.
- Gott wird dem Menschen umgehend vergeben. Der Mensch erfährt die

Wiedergeburt. Sein neues Leben ist jetzt ein Leben in Gemeinschaft mit Gott.

Um ein siegreiches Leben zu führen muss der Mensch mit dem Heiligen Geist ausgerüstet werden

Mit der Buße allein aber ist es jedoch nicht getan. Auch die Menschen im Alten Bund taten Buße vor Gott, wenn sie ihre Sünden erkannten und vor ihm bekannten. Nach ihrer Buße fielen sie aber wieder in die Sünde. Damit wir Menschen ein Leben frei von Sünde führen können, bedürfen wir der Kraft des Heiligen Geistes. Das Vorrecht, ein Leben im Heiligen Geist führen zu können, ist uns, die wir jetzt im Neuen Bund mit Gott leben, gegeben. Die Bibel sagt uns, dass wir *der Heiligung nachjagen sollen, denn ohne der Heiligung kann niemand Gott schauen.* Im Alten Bund offenbarte sich Gott im Allerheiligsten im Zelt der Begegnung. Nur dort konnte der Priester, welcher den Dienst am Altar ausführte, mit Gott in Kontakt treten. In dem Allerheiligsten hatte auch Mose seinen Dienst verrichtet, und stand dort ebenso in Verbindung mit Gott.

Um dem Teufel heute widerstehen zu können, brauchen wir die Kraft des Heiligen Geistes von Gott. Ohne den Heiligen Geist wird jeder Mensch dem Teufel unterliegen. Ein Leben ohne Sünde wird ohne den Heiligen Geist niemals möglich sein. Die wichtige Frage stellt sich nun, wie ich den Heiligen Geist empfange? Jesus sprach zu einem reichen jungen Mann:

- *„Willst du vollkommen sein, so geh hin, verkaufe, was du hast, und gib es den Armen, dann wirst du einen Schatz im Himmel haben; und komm und folge mir!"* Mt. 19, 21

Der Mensch kann den Heiligen Geist empfangen, wenn er willig ist, sich Gott ganz zu weihen. Eines unserer Lieder behandelt das Thema der Weihung. Was diese Übergabe beinhaltet, drücken folgende Zeilen jenes Liedes aus: *„Zeit, Talente, Hab und Geld, Ruf und Ansehn' in der Welt; sollt ich etwas dir entziehn? Nein, ich gebe alles hin!"* Wenn der Mensch nun im Umkehrschluss nicht willig ist, all seinen Besitz, seine Fähigkeiten, seine Zeit, ja sein ganzes Leben Gott zu weihen, so wird Gott nicht den Heiligen Geist geben. Die bedingungslose Weihung ist die Grundvoraussetzung für ein geheiligtes Leben. Jesus spricht: „So kann auch keiner von euch, der nicht allem absagt, was er hat, mein Jünger sein" Lk. 14, 33

Viele Menschen wollen den Heiligen Geist besitzen, um frei von der Sünde

167

zu sein. Jedoch wollen sie sich nicht von Dingen in ihrem Leben trennen, die eigentlich Gott zur Verfügung gestellt werden sollten. In der vorherigen Einleitung zu dieser Predigt wurde die Bibelstelle angeführt, die da sagt, dass wir uns vor den Abgöttern hüten sollen. Es ist unmöglich Gott zu gefallen, und ebenso unmöglich den Heiligen Geist zu empfangen, wenn wir uns gewissen Abgöttern zuwenden. Gegenstände und Personen können uns zu Abgöttern werden, wenn wir diesen mehr Zuwendung und Zuneigung entgegenbringen, als sie eigentlich zuerst Gott gebührt. Unser Gottesdienst im Heiligen Geist kann nur dann verrichtet werden, wenn wir von allen Abgöttern frei sind.

Der Mensch muss Gott und Jesus die erste Stelle im Herzen einräumen

An anderer Stelle des Lukasevangeliums lesen wir von einer weiteren Bedingung, die in der Nachfolge Jesu und in der Erlangung des Heiligen Geistes gegeben sein muss:

• *„Wenn jemand zu mir kommt und nicht seinen Vater, Mutter, Frau, Kinder, Brüder, Schwestern, auch dazu sein eigenes Leben hasst, der kann nicht mein Jünger sein" Lk. 14, 26*

Wer ein Nachfolger Jesu sein will, muss eine konsequente Haltung gegenüber alles und jeden einnehmen, was ihm zu einem Hindernis in der Beziehung zu Jesus sein kann. Das Wort *hassen* ist hier nicht im buchstäblichen Sinn zu verstehen, sondern es unterstreicht und gibt uns zu verstehen, wie wichtig es ist, dass Jesus den ersten Platz einnehmen muss. Unsere Liebe zu einem unserer Mitmenschen darf die Liebe zu Jesus niemals übertreffen. Unter denen, die sich als Nachfolger Jesu sehen, gibt es leider auch solche, die ihren Familienangehörigen und Verwandten mehr Zuwendung entgegenbringen, als sie es Jesus und seinen wahren Nachfolgern entgegenbringen müssten. Dabei wenden sie sich Menschen zu, die sich im geistlichen Irrtum befinden, oder ganz in der Welt sind. Wie kann ein reiner Gottesdienst möglich sein, wenn man das mitmacht, was die Weltlich-gesinnten und sündigen Menschen machen? Der Pfad der Heiligen wird verlassen, sobald sich der Mensch ins Weltgetümmel stürzt und sündige Dinge mitmacht. Der Pfad Richtung Himmel muss konsequent und zielstrebig gegangen werden. Ein Abweichen zur Rechten oder zur Linken führt letztlich ins ewige Verderben. Wir hörten gestern eine Geschichte über einen kleinen chinesischen Jungen, der ein treuer

Nachfolger Jesu sein wollte. Sein Vater aber verbot ihm, die Gottesdienste der naheliegenden Gemeinde zu besuchen. Doch trotz des Drohens des Vater widersetzte sich der Junge der Ermahnung. Er wollte dennoch von Jesus hören. Er liebte Jesus sehr. Dieser kleine Junge ist uns allen ein Beispiel; auch den Erwachsenen. Er zeigte seine Entschiedenheit und Treue zu Jesus, obwohl sein Vater ihm drohte, die Beine abzuhacken, wenn er weiterhin die Versammlungen der Christen besuche. Einem jeden stellt sich die Frage, ob man auch dann ein rechter Nachfolger Jesu ist, wenn die Lebensumstände, in denen man lebt, äußerst ungünstig oder gar gefährlich für einen Christen sind.

Der Mensch muss das ganze Gesetz erfüllen

Im Jakobusbrief lesen wir:

•   *„Wenn jemand das ganze Gesetz hält und sündigt in einem Gebot, der ist ganz schuldig" Jak. 2, 10*

Dies sind ernste Worte! Dies müssen wir bedenken: Das sündigen in nur einem Gebot, hat zur Folge, dass wir des ganzen Gesetzes schuldig gemacht werden, auch wenn wir alle anderen Gebote befolgt haben. Jesus spricht:

•   *„Wer Sünde tut, der ist ein Knecht der Sünde" Joh. 8, 34*

Dann spricht Jesus weiter:

•   *„Wenn euch nun der Sohn frei macht, dann seid ihr wirklich frei" Joh. 8, 36*

Jede Gebundenheit und jede Untugend ist Sünde. Wenn nun ein Mensch in nur einer Sache gebunden ist, dabei aber von jeglicher Sucht und Abhängigkeit frei ist, ist er dennoch ein gebundener Mensch. Besonders unsere jungen Geschwister müssen wir eindringlich über die Gefahr der Sucht aufklären. Durchaus können gewisse Dinge an sich von harmloser Art sein. Doch wenn sie das geistliche Wachstum hindern, die Beziehung zu Gott stören und uns viel Zeit rauben, die wir eigentlich für das Werk Christi einsetzen müssen, sind sie eine große Gefahr. Der Apostel Paulus sprach: *„Nichts soll mich gefangen nehmen!"* Das viele Essen kann zu einer Sucht werden. Dann wird aus Essen ein Fressen. Aber auch Freizeitaktivitäten, die harmlos aber nicht förderlich auf geistlichem Gebiet sind, und dabei viel Zeitaufwand bedürfen, müssen gemieden werden. Beispiele sind hier: Das Trainieren für einen Marathon-Lauf oder das lernen von äußerst schwierigen Klavierstücken. Für solche Sportaktivitäten und solchen musikalischen Beschäftigungen, muss sehr viel Trainings-beziehungsweise Übungszeit aufgebracht werden. Wir werden in solchen Beschäftigungen viel Zeit für Jesus verlieren. Jede freie Minute opfert ein wahrer Christ für Jesus. In Jesus haben seine echten Nachfolger die wahre Freiheit. Durch den Heiligen Geist haben sie die Kraft, das ganze Gesetz Gottes zu halten. Der Verkläger findet an den geheiligten Menschen keinen Anlass zur Beschuldigung. Er muss schweigen, denn sie sind ohne Fleck und Tadel.

Der Mensch soll nicht versuchen zwei Herren zu dienen

Jesus spricht:

• *„Niemand kann zwei Herren dienen; entweder er wird den einen hassen und den andern lieben, oder er wird dem einen treu sein und den andern verachten" Mt. 6, 24*

Wenn wir Überwinder sein wollen, so müssen wir lernen das Böse zu hassen. Wenn jemand unter uns aber jene gottlosen Beschäftigungen, welchen er vor seiner Bekehrung nachging, auch jetzt in der Nachfolge Jesu nicht hassen und lassen kann, so ist diese Person kein wahrer Nachfolger Jesu. Die üblen Gewohnheiten aus vergangenen Zeiten werden den Bekehrten immer wieder zurückziehen. Ein Vorwärts-kommen mit Jesus und ein geistliches Wachstum sind so nicht möglich. Viele Menschen möchten auch nach ihrer Bekehrung gewisse ungeistliche Beschäftigungen nicht aufgeben, an welche sie in ihrem alten Leben gebunden waren. Jesus aber sagt, dass niemand zwei Herren dienen kann. Wir können nicht Gott dienen, und gleichzeitig dem Mammon (das Weltliche).

Der Apostel Johannes mahnt uns:

• *„Habt nicht lieb die Welt, noch was in der Welt ist. Wenn jemand die Welt liebt, ist die Liebe des Vaters nicht in ihm. Denn alles, was in der Welt ist: die Lust des Fleisches und die Lust der Augen und der Hochmut des Lebens, ist nicht vom Vater, sondern von der Welt. Und die Welt vergeht mit ihrer Lust; wer aber den Willen Gottes tut, der bleibt in Ewigkeit" 1. Joh. 2, 15.16*

Wir lesen im Alten Testament, dass das Volk Israel damals Gott und gleichzeitig dem Baal dienen wollte. Der Prophet Elia tadelte sie und sprach, *wie lange sie denn noch auf beiden Seiten hängen wollten?* Ein solches unentschiedenes Verhalten sehen wir auch heute unter den

Gläubigen der sogenannten Christenheit. Einerseits wollen sie Gott dienen, können sich andererseits aber den weltlichen Vergnügungen nicht völlig entsagen. Unsere Jugend möchte man an dieser Stelle eindringlich warnen! Denn schnell können sie den Verlockungen dieser Welt erliegen. *„Die Freundschaft der Welt ist Feindschaft gegen Gott"* (Jak. 4, 4). Der Apostel Paulus mahnt uns ebenso und schreibt, dass wir nicht der Menschen Knechte werden sollen (1. Kor. 7, 23). Bereits im Alten Bund hieß es, dass Gott ein eifersüchtiger Gott ist (5. Mose 5, 9). Gott duldet neben sich keine Nebengötter. Der Apostel Paulus schrieb an die Galater:

• *„Wenn ich noch Menschen gefällig wäre, dann wäre ich nicht Christi Knecht" Gal. 1,10*

Der Mensch muss recht kämpfen

Im zweiten Brief des Apostels an Timotheus lesen wir:

• *„Selbst wenn jemand kämpft, wird er doch nicht als Sieger geehrt, wenn er nicht vorschriftsmäßig gekämpft hat"* 2. Tim. 2, 5

Es gibt viele Menschen auf Erden, die für ihren Glauben kämpfen. Sie kämpfen tagtäglich gegen die Sünde an, und unterliegen letztlich immer wieder ihren sündigen Neigungen. Ist das ein rechter Kampf? Nein, sicher nicht! Sie entschuldigen ihr Versagen, indem sie behaupten, dass der Mensch mehr oder weniger jeden Tag sündigt. Bei ihnen ist es ein ständiges Fallen und Aufstehen. Einem wahren Christen kann es ausnahmsweise auch passieren, dass er im Kampf zu Fall kommt. Er steht aber sofort wieder auf, ergreift seine geistliche Waffenrüstung und führt den Kampf gegen Satan und Sünde mit Jesu Hilfe aufs Neue fort. Aus der Ursache seines Fallens zieht er sofort eine Lektion, auf dass er nicht noch einmal auf dem geistlichen Schlachtfeld unterliegt. Es ist uns gesagt, der Sünde zu fliehen, ja die Sünde zu hassen. Mit einer solchen Einstellung zu der Sünde, werden wir den Versuchungen und Verlockungen in dieser Welt ganz anders begegnen. Wir Kinder Gottes müssen Gott immer bitten, er möge uns vor der Versuchung bewahren, und uns von aller schlechten Gesellschaft fernhalten, welche unser Seelenheil auf ewig zunichte machen kann. Jede Festlichkeit und Geburtstagsfeier mit der Welt müssen wir meiden, wenn wir im Vorfeld erkennen, dass unsere Seele hierbei einen Schaden erleiden kann. Hier ist ein entschiedener Entschluss von Nöten. Ein rechter Kampf nach Gottes Plan ist ein ständiges Überwinden und ein beständiges Vorwärts-gehen. Hierin möchte man besonders unserer Jugend gut zureden und ihnen Mut machen, damit sie sagen: *„Ja, ich möchte ein rechter Kämpfer für Jesus sein."*

Es gibt heute viele Gemeinden, und unter ihnen kursieren viele Glaubensbekenntnisse. Es gibt bei ihnen Gläubige, die behaupten, man müsse sich nur irgendeiner Gemeinde anschließen, um in den Himmel zu kommen. Diese Ansicht vertrat auch ein Missionar, der in der Ukraine tätig war. Als er mir berichtete, dass sich dort einige Seelen zu Christus bekehrt hatten, fragte ich ihn, ob er mit ihnen eine Gemeinde gegründet hat? Er verneinte, und sagte mir, dass er die neu Bekehrten anwies, sich einer ernsten Gemeinde anzuschließen. Es ist nicht richtig, junge Lämmer in die Arme fremder Hirten zu treiben. Die Bibel lehrt uns, dass es nur einen Hirten und nur eine Herde gibt. Die Schar der Erlösten sind im Himmel eine Einheit. In dieser Einheit leben die wahren Kinder Gottes bereits hier auf Erden, bevor sie in das Himmelreich eingehen. Das Himmelreich wird gewiss nicht in Gebiete aufgeteilt sein, in denen hier die Baptisten leben, und dort die Sabbatisten. Die eine Gemeinde Gottes wird im Himmel auf ewig existieren. Sie existiert bereits hier auf Erden, und in ihr finden sich alle wahren Kinder Gottes zusammen. Kein Mensch wird in den Himmel kommen, er befindet sich denn in der Gemeinde Gottes. Die Angehörigen dieser Gemeinde, ist die Schar der Erlösten, die im Buch des Lebens geschrieben stehen. Sie sind schon hier auf Erden eine Einheit. Menschen, die sich durch Gemeinde- und Kirchenbenennungen voneinander distanzieren, können niemals zu dieser göttlichen Einheit gelangen. Jesus spricht deutliche Worte bezüglich der Einheit seiner Nachfolger:

Der Mensch muss geheiligt der Wahrheit sein

• *„Ich heilige mich selbst für sie, damit auch sie geheiligt seien in der Wahrheit. Ich bitte aber nicht allein für sie, sondern auch für die, die durch ihr Wort an mich glauben werden, damit sie alle eins werden, gleichwie du, Vater, in mir und ich in dir; dass auch sie in uns eins werden, damit die Welt glaubt, dass du mich gesandt hast" Joh. 17, 19*

Was heißt: *„geheiligt in der Wahrheit sein?* Es heißt: völlig für die Wahrheit geweiht sein. Also, getrennt von jedem Irrtum. Der Mensch kann nicht geheiligt in der Wahrheit sein, wenn er unterschiedliche Gemeinden besucht, die alle ihre unterschiedlichen Glaubensansichten vertreten. Er kann nur dann geheiligt in der Wahrheit sein und heilig bleiben, wenn er sich von allen Kirchen- und Gemeindebenennungen mit allen ihren

Irrlehren fernhält. Der Apostel Paulus sagt:

- *„Ein wenig Sauerteig durchsäuert den ganzen Teig" Gal. 5, 9*

Wenn wir wirklich in den Himmel kommen wollen, so müssen wir uns jener Gemeinde anschließen, in der die volle Wahrheit gepredigt wird. Es ist jene Gemeinde, in der sichtlich die Gebote Jesu ausgelebt werden. Wenn ich von der *einen* Gemeinde Gottes rede, so ist hier nicht gemeint unsere Ortsgemeinde in Bünde. Es wird gesprochen von der universalen Gemeinde Gottes, die nicht als irdisches Bauwerk sichtbar ist. Die *eine* Gemeinde Gottes setzt sich aus allen wahrhaft geheiligten Menschen in aller Welt zusammen. Diese Menschen, welche die wahrhaftigen Kinder Gottes sind, leben an den unterschiedlichsten Orten der Erde. Es gibt Ortsgemeinden, in denen sie zu mehreren anzutreffen sind, und Ortsgemeinden wo nur ein paar wenige von ihnen den Versammlungen beiwohnen. Wieder gibt es Kinder Gottes, die alleinstehend sind ohne einer Bindung an eine Ortsgemeinde. Und schließlich gibt es (auch zahlenmäßig große) Ortsgemeinden, die man als tote bezeichnen muss, in denen nicht ein einziges Kind Gottes anzutreffen ist. Die Kinder Gottes befolgen treu das ganze Wort Gottes und fügen sich bedingungslos dem Willen ihres Vaters im Himmel bis an ihr Lebensende. Es sind jene Menschen, die im Buch des Lebens geschrieben stehen. Gott sieht alle seine wahrhaftigen Kinder auf Erden, und sieht sogleich seine Gemeinde in seiner Gesamtheit. Es kann durchaus auch den Fall geben, dass ein Kind Gottes in eine Ortsgemeinde geht, in der eine Irrlehre gelehrt wird. Sobald dieses Kind Gottes den Irrtum jener Gemeinde entdeckt, und folglich der Heilige Geist zu diesem Menschen spricht: *„Gehe aus ihr hinaus, damit du nicht an ihren Sünden beteiligt bist"* (Offb. 18, 4), so muss das Kind Gottes umgehend diese Gemeinde verlassen. Wenn nun dieses Kind Gottes der Stimme des Heiligen Geistes auf Dauer nicht gehorcht, und in der Ortsgemeinde unter der Irrlehre bleibt, so wird es mitschuldig gemacht an ihren Sünden. Der Heilige Geist wird von ihm weichen, und sein Name wird aus dem Buch des Lebens gestrichen. Gott wird jenen Menschen fortan nicht mehr als sein Kind betrachten. Allen, die in ihren Kirchen und Sekten auf verlorenem Posten kämpfen, sei das Wort der Bibel gesagt:

- *„Wenn jemand kämpft, wird er doch nicht als Sieger geehrt, wenn er nicht vorschriftsmäßig gekämpft hat." 2. Tim. 2, 5*

Der Mensch muss bis zum Tod treu bleiben

Im 2. Kapitel der Offenbarung lesen wir einen Zuruf an die Gemeinde Gottes:

• *„Sei getreu bis in den Tod, dann werde ich dir den Siegeskranz des Lebens geben" Offb. 2, 10*

Das vorschriftsmäßige Kämpfen für die Wahrheit ist gut, aber nur dann, wenn der Kampf treu bis in den Tod ausgefochten wird. Was nützt es einem Menschen, wenn er viele Jahre seines Lebens entschieden für die Wahrheit vorschriftsmäßig kämpft, an einem gewissen Punkt im Leben jedoch den Kampf aufgibt und unterliegt? Gott wird jeden Menschen strafen, der, obwohl er viele Jahre seines Lebens in der Gerechtigkeit Gottes gelebt hat, sich am Ende seines Lebens aber versündigt. Gott mahnt uns durch den Propheten Hesekiel, der zu uns spricht:

• *„Wenn sich der Gerechte von seiner Gerechtigkeit abkehrt und Böses tut und nach allen Gräuel lebt, die ein Gottloser tut, sollte der leben? Ja, an all seine Gerechtigkeit, die er getan hat, soll nicht gedacht werden; sondern in seiner Übertretung und Sünde, die er getan hat, soll er sterben" Hes. 18, 24*

Nochmals sei uns von Jesus eindringlich gesagt, getreu bis in den Tod zu sein! Wer nicht bis zum Ende dem Herrn treu bleibt, kann letztlich nicht gekrönt werden. Kürzlich mussten wir mit Bedauern mit ansehen, wie ein damaliger Bruder ein Jahr vor seinem Tod von der reinen Lehre Christi abgewichen ist. Viele Jahre seines Lebens diente er treu unserem Herrn Jesus; er stand für die Wahrheit. Rückblickend auf das Leben dieser Seele, wird jedoch im Endgericht das eine (und letzte) Jahr der Untreue über seine Ewigkeit entscheiden. An die vielen Jahre seiner Aufopferung für die Wahrheit wird nicht mehr gedacht. Welch ein schreckliches Ende! Gott helfe uns, mit allem Ernst bis in den Tod für die Wahrheit zu kämpfen.

Gott gibt dem Mensch nur eine Möglichkeit

Zuletzt lasst uns ein Wort aus dem Brief an die Hebräer anführen. Dort steht geschrieben:

• *„Wie dem Menschen gesetzt ist, einmal zu sterben, danach aber das Gericht" Hebr. 9, 27*

Nur einmal machen wir diese Lebensreise, und auf dieser Reise müssen wir eine gute Spur zurücklassen bis wir sterben. Gott bietet uns nur eine einzige

Möglichkeit, die Rettung für alle Ewigkeit zu erlangen! Lasst uns diese Möglichkeit, die uns jetzt und heute von Gott gegeben ist, nicht versäumen. Jeder Mensch kommt in seinem Leben an Weggabelungen, die über sein ewiges Schicksal entscheiden. Entweder entscheidet er sich für den Weg, der ins ewige Leben führt, oder für den Weg der hinab in die ewige Verdammnis führt. Lasst uns die rechten Entscheidungen treffen! Die Möglichkeiten, die uns Gott in dem Leben auf Erden zu unserer Rettung gibt, vergleicht das Wort Gottes, wie mit einem Tag. Solange es Tag ist, müssen wir für Gott wirken. Lasst uns die Möglichkeiten auskaufen, durch die wir Jesus immer ähnlicher werden, durch die wir Seelen retten können und durch die wir auf den Himmel vorbereitet werden.

Gott stehe uns bei, auf dass wir den Ernst dieses einen Lebens erkennen. Er helfe uns, dass wir treu und entschieden für die Wahrheit bis ans Ende bleiben! Ihm sei alle Ehre! Amen.

(14.03.2010)

Verschiedene Ohren

Ja, liebe Geschwister, dies kann ich auch bezeugen, dass ich wirklich von ganzem Herzen in Gott und in Jesus glücklich bin und Jesus allein mich hat glücklich gemacht. Nichts konnte mich in dieser Welt vor meiner Bekehrung glücklich machen, wo ich das Glück suchte und fand es nicht. Weder Glück noch rechte Freude. Es war nur auf eine kurze Dauer und dann war das Herz leer und kam Enttäuschung. Das suchen fing von neuem an zu: vielleicht in etwas anderem das Glück zu finden. Und so wäre es vielleicht bis auf den heutigen Tag geblieben, wenn nicht der Herr mich aufgehalten hätte und mir gezeigt, wo die Quelle und wo das Glück zu finden ist. Ja, Gott sei Dank, dass er es mir offenbart hat und das er mein Herz und meine Ohren zu dem Wort Gottes geöffnet hat. Als ich unter den Schall seines Wortes kam, hat er meine Ohren geöffnet. Dies möchte ich auch heute betonen und uns ein kurzes Wort bringen von dem, was auch zu unseren Ohren eingehen möchte. Nämlich, ein kurzer Ruf, den Jesus oftmals wiederholt und dem Volk zugerufen hatte. Wir finden ihn in Matthäus 11,15, nämlich er rief zu den Menschen:

- *„Wer Ohren hat zu hören, der höre!"*

Vielleicht mag jemand sagen: *„Ja, jeder Mensch hat doch Ohren!"* Freilich, aber obwohl jeder Mensch Ohren hat, trotzdem nicht alle haben das Hörvermögen oder gebrauchen das richtige Hörvermögen. Wir können sagen, dass die Ohren sind uns, so wie ein Tor, oder eine Tür zu unserem Herz, zu unserem Wahrnehmen der Welt. Wir können durch die Ohren nicht nur von dieser gegenwärtigen, sondern auch der zukünftigen Welt Stimmen vernehmen und Kenntnisse bekommen. Obwohl der Mensch über 90% der meisten Information durch die Augen bekommt, aber auch durch die Ohren bekommt er sehr viel Information, die für ihn, als ein Kinder Gottes, sehr wichtig ist. Also, es geht hier besonders von der Information, die wir über den Willen Gottes, den Plan Gottes und der zukünftigen Welt bekommen. Dies soll uns freilich am Allerwichtigsten sein. Wir wissen, dass der Mensch hat nicht nur die natürlichen Ohren, sondern wie die Bibel uns sagt, auch inwendige Ohren, das heißt: Das Hörvermögen der Seele, das geistliche Hörvermögen. Von dem hat viel Apostel Paulus geschrieben den Römern, den Korinthern und vielen anderen.

176

Zugeschlossene Ohren

Wir lesen auch in Jesaja 48,8:

- *„Dein Ohr war dazumal nicht geöffnet!"*

Also, zugeschlossene Ohren. Obwohl der Mensch Ohren hatte, war das geistliche Hörvermögen nicht da. Die Ohren waren zu. Das kann auch ich bezeugen. Auch mir waren die Ohren zu und ein jeder muss das zugeben, als er in Sünde war; dass ihm seine geistlichen Ohren zu waren. Ich hörte wohl die Worte Gottes, aber es war keine Reaktion. Die Worte waren mir auch unverständlich und kamen oft auch widersprüchlich oder unvernünftig vor. Also jedenfalls, kein Hörvermögen. Nichts von dem, was ein geistlicher Mensch wahrnimmt und was ihm wichtig und interessant ist. Wenn jemand nicht wiedergeboren ist, ist ihm solches nicht möglich. Darum, wie Jesus sagte:

- *„Es sei denn, dass jemand von neuem wiedergeboren ist, so kann er das Reich Gottes nicht sehen."* Joh. 3,3

Dasselbe gilt auch für die Ohren: *„Es sei denn, dass jemand von neuem wiedergeboren ist, so kann er das Reich Gottes nicht hören."* Das heißt: Er kann es nicht verstehen. Es ist ihm eine Torheit. Es ist ihm etwas, was dem natürlichen Mensch nicht möglich ist wahrzunehmen. Also zugeschlossene Ohren. Ein jeder unbekehrte oder un-wiedergeborene Mensch hat zugeschlossene Ohren. Die Bibel vergleicht es: *„Er ist taub."* Ja, taube Ohren. In Jesaja 59, 18 heißt es:

- *„Zu derselben Zeit werden die tauben hören."*

Eine Prophezeiung auf Jesus, dass zu derselben Zeit die Tauben hören werden. Jesus sagte:

- *„Ich bin gekommen zum Gericht, dass die sehenden sollen blind werden und die Blinden sollen sehen."* Joh. 9,39

Nicht nur die Blinden hat Jesus gesund gemacht, sondern auch die Tauben, die hat er auch gesund gemacht. Wir lesen sogar von einem blind Geborenen. Vielleicht waren auch taub Geborene. Solche, die taub auf die Welt kamen, hat Jesus auch das Gehör geschenkt! Und nicht nur das natürliche Gehör, sondern was für uns viel wichtiger ist, dass der Mensch nicht nur dieses natürliche Hörvermögen hat, sondern auch das Geistliche. Dass er auseinandersetzen und unterscheiden kann, was weltlich und was geistlich ist. Denn das Geistliche muss man geistlich beurteilen und geistlich auch vernehmen. Darum seht, als Jesus redete, konnten die Pharisäer vieles nicht verstehen. Warum? Darum, weil sie den Zuruf Johannes ignorierten und nicht Buße taten. Von den meisten von ihnen, lesen wir in Lukas 7, dass sie auf die Predigt des Johannes des Täufers nicht Buße taten. Freilich, es gab auch solche die Buße taten, es ist nicht gemeint 100%, aber die, die Buße nicht taten, die konnten das nicht vernehmen. Und darum hat auch Jesus dem Pharisäer Nikodemus gesagt: *„Es sei denn, dass jemand von neuem geboren werde, so kann er das Reich Gottes nicht sehen."* Ja, auch nicht hören. Wenn der Mensch will etwas vom Göttlichen verstehen, dann muss das erste, was er tut sein: sich bekehren. Viele bestreben und suchen zuerst die Bibel zu verstehen. Sie möchten zuerst Kenntnisse bekommen, sie möchten die Bibel studieren, aber sich nicht bekehren. Ich habe schon manche solche Menschen angetroffen. Sie studieren, sie suchen und sie finden in ihr viele Widersprüche! Und dies ist auch normal. Das muss auch so sein. Warum? Darum, weil sie kein geistliches Hörvermögen haben. Sie können das Geistliche nicht vernehmen. Es ist ihnen nicht gegeben. Ihre geistlichen Ohren sind zu dem Wort Gottes nicht geöffnet. Es muss zuerst das geistliche Ohr geöffnet werden. Sowie das geistliche Auge, so muss auch das geistliche Ohr geöffnet werden, dann kann der Mensch, der dann geistlich und nicht mehr fleischlich ist, das geistliche Reden, das geistliche Wort auch verstehen. Wie viele waren es, die das Wort Gottes nicht verstehen konnten und haben sich geärgert. Darum ist es auch geschrieben:

• *„Der Stein, den die Bauleute verworfen haben, der ist zum Eckstein geworden. Vom Herrn ist das geschehen und ist ein Wunder vor unsern Augen«?"Joh. 21,42*

Sie haben die Lehre Jesu verworfen. Warum haben sie sie verworfen? Darum weil sie nicht wiedergeboren waren, darum weil sie das Geistliche nicht konnten verstehen. Jesus hatte es ihnen zwar erklärt und gesagt:

• *„Die Worte die ich rede, die sind Geist und sind Leben." Joh. 6,63*

Man muss es geistlich verstehen. Aber für sie war es einfach unmöglich und darum ist es auch für jeden, der die Bibel will studieren oder sie lernen, ist es am ersten notwendig, dass er sich bekehrt, oder wiedergeboren wird und somit ein geistliches Hörvermögen bekommt. Darum lasst uns die Menschen, die uns ansprechen immer auf dieses hinweisen: *„Wenn du willst das Geistliche verstehen, versuche es nicht mit deinen Kenntnissen* *oder mit deiner menschlichen Weisheit zu vernehmen."* Paulus sagte, dass als er zu den Korinther kam, kam als einer, der nichts wüsste als nur allein Jesus und zudem den Gekreuzigten. Obwohl er ein gelehrter Mann war und zu den Füßen, wahrscheinlich jenes Mal des größten Gelehrten, des Gamaliel auch erzogen war. Aber als er sich bekehrte, dann hat er erkannt, dass alle seine weltliche Kenntnisse, seine ganze menschliche Weisheit gar nichts ist, und sogar für Torheit geachtet. Er achtete es gegenüber dieser Erkenntnis Gottes, dieser geistlichen Erkenntnis für Schaden, für Torheit.

• *„Ja, ich erachte es noch alles für Schaden gegenüber der überschwänglichen Erkenntnis Christi Jesu, meines Herrn. Um seinetwillen ist mir das alles ein Schaden geworden, und ich erachte es für Dreck, damit ich Christus gewinne." Phil. 3,8*

Darum kam er zu ihnen als einer, der nichts wüsste. Gar nichts, nur Jesus und zudem den Gekreuzigten. Hier hat er angefangen zu studieren. Wir lesen, dass er sich nach Arabien auf etliche Jahre zurückgezogen hat. Dort, – so kann man schließen,- studierte und vertiefte er sich in das Wort Gottes. Später lesen wir, trieb er sie in die Enge, und alle die mit ihm fingen an zu diskutieren, konnten seiner Weisheit nicht widerstehen. Also, geöffnete Ohren bekommt der Mensch, wenn er sich bekehrt. Aber, muss man sagen, oder vielleicht fragen: Hat er dann das völlige Hörvermögen oder nicht? Nein! Man muss sagen: Noch nicht ganz! Wenn der Mensch bekehrt ist, vernimmt er das Wort Gottes, aber die tiefen Wahrheiten kann er noch nicht vernehmen. Warum? Weil er noch fleischlich ist. Wie auch Paulus den Korinthern schrieb:

• *„Und ich, liebe Brüder, konnte nicht zu euch reden wie zu geistlichen Menschen, sondern wie zu fleischlichen, wie zu unmündigen Kindern in Christus. Milch habe ich euch zu trinken gegeben und nicht feste Speise; denn ihr konntet sie noch nicht vertragen. Auch jetzt könnt ihr's noch nicht, weil ihr noch fleischlich seid." 1. Kor. 3,1-3*

Jesus musste seinen Jünger auch sagen:

• *„Ich habe euch noch viel zu sagen; aber ihr könnt es jetzt nicht ertragen. Wenn aber jener, der Geist der Wahrheit, kommen wird, wird er euch in alle Wahrheit leiten." Joh. 16,12-13*

Sie konnten es nicht vernehmen. Warum? Darum, weil sie noch fleischlich waren. Wohl als ein Kind Gottes, aber fleischlich. Nicht geheiligt durch den Heiligen Geist. Vom Heiligen Geist sagte Jesus: *„dieser Geist wird euch in alle Wahrheit leiten."* Das völlige Hörvermögen bekommt der Mensch erst durch den Heiligen Geist. Darum lesen wir auch und sehen, wie falsch die Jünger manches verstanden. Sie konnten am Anfang vieles nicht begreifen. Immer wieder haben sie Fragen gestellt: „Wie ist dies? Wie ist das andere?" Und Jesus musste ihnen dies erklären und wunderte sich, dass sie dies oder das andere nicht konnten verstehen. Aber wir lesen auch, dass diese Menschen, die nicht geheiligt sind, oft in ihrer Meinung, in ihrer Unverständlichkeit sogar aggressiv sein können gegen das Göttliche und gegen die wahre Kinder Gottes; und sogar sich gegen Gott empören. Wir sehen, wie es dem Volk Israel in der Wüste ging. Wie hat das Volk Gottes auf die Worte Moses reagiert? Das ist ein Bild von einem bekehrten Mensch. Wie waren sie? Sie empörten sich gegen Mose, obwohl er der Prophet war, den Gott gesandt hat. Sie konnten es nicht verstehen. Warum? Darum, weil sie auch fleischlich waren. Wir sehen, dass die Jünger vieles vor dem Empfang des Heiligen Geistes falsch verstanden, falsch eingestellt waren. Selbst Petrus, als Jesus ankündigte, dass er muss viel leiden und in Jerusalem sterben, hat er ihn auf die Seite genommen und sagte:

• *„Gott bewahre dich, Herr! Das widerfahre dir nur nicht!"* Mt. *16,22*

Jesus erwiderte:

• *„Gehe weg, hinter mich, Satan! Du bist mir ein Ärgernis; denn du meinst nicht was göttlich, sondern was menschlich ist."* V.23

Unbeschnittene Ohren

Wenn der Mensch nicht durch den Heiligen Geist geheiligt ist, so hat er eine menschliche und fleischliche Gesinnung. Er vernimmt nicht diese göttliche Stimme. Wir lesen wie Stephanus, der Geheiligte, voll des Heiligen Geistes den Juden, die eigentlich auch zum Volke Gottes sich zählten, widerstand. Wie hat er sie angesprochen?

• *„Ihr Halsstarrigen und Unbeschnittenen an Herzen und Ohren..."* Apg. *7,51*

Unbeschnittene Ohren hatten sie, sagte er. Wie ist das gemeint? Ohren haben sie zwar, aber sie waren nicht beschnitten. Ein unbeschnittenes Herz ist vielleicht noch leichter zu verstehen, aber unbeschnittene Ohren? Das ist das Gleiche. Wie unbeschnittenes Herz, so sind auch unbeschnittene Ohren. Das sind Ohren, die noch fleischlich gesinnt sind. Ohren, deren fleischlicher Sinn noch nicht abgeschnitten ist. Sowie die Herzen. Wenn die

Herzen unbeschnitten dargestellt werden, dann ist damit gemeint, dass der Mensch fleischlich gesinnt ist. Und seht, das Fleisch ist wider den Geist und der Geist ist wider das Fleisch und es heißt:

- *„Denn fleischlich gesinnt sein ist Feindschaft gegen Gott, weil das Fleisch dem Gesetz Gottes nicht untertan ist; denn es vermag's auch nicht. Die aber fleischlich sind, können Gott nicht gefallen." Röm. 8,7-8*

Somit sind auch solche Menschen, die noch fleischlich sind, als widerstrebende gegen Gottes Willen, gegen Gottes Plan. Seht, darum gibt es heutzutage so viele, die sich Christen oder Gläubige nennen, die aber widerstreben. So wie Paulus, der zu seiner Zeit sogar die Gemeinde Gottes verfolgte. So sagte auch Jesus, dass viele kommen werden und euch verfolgen und meinen, dass sie Gott einen Dienst tun. Warum? Darum, weil sie nicht geheiligt sind, darum weil sie einen fleischlichen Sinn haben. Ihre Ohren sind unbeschnitten. Solche Unbeschnittene werden oft erwähnt als Schwerhörige oder die schwerhörigen Ohren haben. Wer unbeschnittene Ohren hat, der vernimmt nicht das, was der Heilige Geist ihnen sagen möchte. Sowie auch der Sünder. Wohl wissen wir, dass der Heilige Geist jeden Sünder zur Buße führt, aber wie schwer fällt es bis der Sünder es endlich vernimmt, was der Heilige Geist ihm sagen will, weil seine Ohren zu sind. So auch dem fleischlich Gesinnten ist es schwer diese Geheimnisse Gottes, diesen rechten Weg Gottes zu verstehen, den Gott einen jeden von uns zu diesem Ziel führen will. Darum heißt es auch in Apostelgeschichte 28 Vers 27:

- *„Sie hören schwer mit den Ohren."*

Diese Fleischlichen hören schwer. Sie haben unbeschnittene Ohren und darum verstehen solche schwierig, was geistlich beurteilt werden muss. Darum sehen wir heutzutage auch viele von solchen, die sich als gläubig bekennen und sich Christen nennen, aber wenn sie nicht geheiligt sind, dann verstehen sie vieles verkehrt, und ihnen kommt auch vieles widersprüchlich vor. Sie können sich nicht in der Bibel zurechtfinden und bekennen – sowie mir auch mal ein Pfarrer bekannt hat – dass in der Bibel sei vieles, vieles widersprüchlich. Aber in der Bibel finde ich nichts Widersprüchliches. Es gibt zwar Fehler in der Übersetzung oder Wiedergabe der Evangelisten, aber wenn das Wort recht erklärt wird, dann finden wir keine Widersprüche. Weil die Bibel – wie Jesus auch sagte:

- *„Mein Wort ist die Wahrheit." Joh. 17,17*

Ja, sein Wort ist die Wahrheit und wir wissen, dass Himmel und Erde vergehen werden, aber seine Worte vergehen nicht. Und er konnte zurufen und fragen und sagen:

• *„Wer von euch kann mich einer Sünde zeihen? Wenn ich aber die Wahrheit sage, warum glaubt ihr mir nicht?" Joh. 8,46*

Er hat niemals gelogen und seine Worte sind ewige Wahrheit. Darum ihr Lieben, wie gesagt ist, gibt es Menschen, die unbeschnittene Ohren haben oder Schwerhörig sind, oder ihre Ohren selbst verstopfen.

Verstopfte Ohren.

In 2.Petrus 3 Vers 5 lesen wir:

• *„Aus Mutwillen wollen sie nicht wissen."*

Viele sind auch solche, die aus Mutwillen ihre Ohren zustopfen. Ich habe mal gelesen wie einer in eine Versammlung kam, der eigentlich das Wort nicht hören wollte. Er wollte nur den Gesang hören. Und der Gesang, der ist ein Mittel, der schon viele zu Gott führte. Der geistliche Gesang ist etwas, was zur Seele des Menschen spricht. Er wollte diesem Gesang zuhören. Ich erinnere mich dazwischen noch einer Begebenheit in dem Wehrdienst, die Soldaten wollten von einem Gläubigen hören, er solle doch ein geistliches Lied singen. Nun, er sang dann ein Lied, aber dieses Lied hatte eine weltliche Melodie. Dann sagten sie: *„Nein, das ist kein geistliches Lied. Du sing uns ein recht Geistliches."* Ja, ein recht geistliches Lied, das heißt: dass die Melodie auch eine Einwirkung auf die Seele hat. Als er dann auch eine recht geistliche Melodie gesungen hat, dann war es eine Labsal für ihre Herzen. Also hat das auf ihr Gemüt gewirkt und das geschah schon vielfach. Viele sind schon durch den Gesang auch zu Gott gekommen. Wir finden wie der Gesang wohltuend war, auch sogar im Alten Bund bei Saul, als David ihm seine Psalmen vorspielte, da wich der böse Geist von ihm und hat ihn nicht beunruhigt, hat ihn nicht geplagt. Und so kam dieser Mann auch in die Versammlung um den Gesang zu hören, aber das Wort, die Predigt wollte er nicht hören. Darum hat er seine Ohren mit den Fingern zugestopft und hat abgewartet bis der Gesang kommt. Aber auf einmal hat Gott eine Fliege geschickt, die sich auf seine Nase setzte und ihn biss. Und dann musste er die Fliege mit einer Hand wegjagen und gerade in diesem Moment hat der Prediger gerufen: *„Wer Ohren hat zu hören, der höre."* Das hat in ihm Interesse geweckt. *„Das muss ich jetzt aber hören."* Und so hörte er doch der Predigt zu und kam auch zur Erlösung.

Ich las mal eine Begebenheit, wie einer auch kam und wollte nur die Lieder hören und er versteckte sich – in einer Kirche war es – und dort waren Fässer gestellt, zu welchen Zweck weiß man nicht, aber er hat sich hinter diesen Fässern versteckt. Auf einmal als alles still wurde, hat man ein Schluchzen gehört, ein Weinen und da hat man gesucht und ihn hinter den Fässern versteckt gefunden. Der Gesang hat so auf seine Seele, auf sein Herz eingewirkt, dass er dadurch Buße tat und zu Gott kam. Seht ihr Lieben darum, dies möchte man unserer Jugend, unseren Kinder zurufen: Unsere Lieder haben eine große Kraft, eine starke Wirkung auf die Seelen der Menschen. Bruder Alfred, der Prediger – der ich sagen kann – mein Prediger in Prokopjewsk war, der ist auch zur Gnade gerade durch den Gesang gekommen. Er kam nämlich als die Singstunde war und die Jugend sich einübte und das hat sein Herz gebrochen. Das hat auf sein Gemüt gewirkt und in solch einer Singstunde hat er sich bekehrt. Es gibt Menschen, die mutwillig dies oder das andere nicht hören wollen, sie gehen dem Worte Gottes aus dem Weg, sie wollen es mutwillig einfach nicht hören. Aber Jesus sagte zu den Juden: Ihr müsst nicht denken, dass ich euch einst am jüngsten Tage richten werde.

• *„Wer mich verachtet und nimmt meine Worte nicht an, der hat schon seinen Richter: Das Wort, das ich geredet habe, das wird ihn richten am Jüngsten Tage." Joh. 8,48*

Darum wollen aus Furcht viele das Wort Gottes nicht hören.

Gesunde Ohren

Aber es gibt auch – Gott sei Dank – gesunde Ohren. Gesunde, beschnittene geheiligte Ohren. Dies will Gott, dass wir solche Ohren haben: Die beschnitten sind, die wirklich geheiligt sind. In Johannes 10 sagt Jesus:

• *„Meine Schafe hören meine Stimme und sie folgen mir."*

Damit ist natürlich gemeint, dass die rechte Nachfolge nur stattfinden kann, wenn wir geheiligt sind. Dann hören wir. Und es heißt in Matthäus 8, 47:

• *„Wer aus Gott ist, der hört Gottes Worte."*

Wer wirklich wiedergeboren und völlig geheiligt ist, dem ist das Wort Gottes süß und wertvoll, wie der Psalmist sagt:

• *„Die Gebote, die der Herr gegeben hat, sind richtig, vollkommen und gerecht. Sie lassen sich nicht mit Gold aufwiegen, sie sind süßer als der beste Honig." Ps. 19,11 (Hoffnung für alle)*

Dem ist das Wort sehr wertvoll und es ist für ihn eine geistliche Speise. Lasst uns noch eine Stelle aus Johannes 18, 37 lesen. Als Jesus sich vor Pilatus verantwortete, sagte er:

• *„Wer aus der Wahrheit ist, der höret meine Stimme."*

Dies ist, was wir besonders möchten betonen. Wer aus der Wahrheit ist, das ist in der heutigen Zeit aktuell zu sprechen. *„Wer aus der Wahrheit ist, der höret meine Stimme."* Und viele hören diese Stimme heutzutage nicht, die der Heilige Geist und Jesus ihnen zuruft. Warum nicht? Darum, weil sie wie die Juden sind, denen er sagen musste:

• *„Warum versteht ihr denn meine Sprache nicht? Weil ihr mein Wort nicht hören könnt!" Joh. 8,43*

Weil sie nicht von Gott waren, darum konnten sie seine Worte nicht hören; und weil sie nicht von seinen Schafen waren:

• *„Aber ihr glaubt nicht, denn ihr seid nicht von meinen Schafen. Meine Schafe hören meine Stimme, und ich kenne sie und sie folgen mir." Joh. 10,26-27*

Sie ärgerten sich an diesen Worten. Und so gibt es auch heute viele, die sich ärgern an den Wahrheitslehren. Wenn man von Wahrheit spricht, erweckt es in ihnen ein Ärgernis. Mich hat die letzte Zeit schon mehrere mal eine Seele angesprochen und sagte: *„Weißt du, wenn du sprichst, bitte nicht erwähnen: wir sind in der Wahrheit. Nur wir."* Ich sagte: *„Das habe ich noch nie gesagt, dass nur wir in der Wahrheit sind."* Weil sie in der „Wiederherstellung" – Bewegung waren und dort immer wieder wiederholt wurde: *„Nur wir sind in der Wahrheit. Nur hier ist die Wahrheit."* Ich sagte: *„Das predige ich eigentlich nicht. Ich sage meinen Zuhörern: Prüfet meine Rede und vergleicht sie mit der Schrift, ob alles stimmt und richtig ist."* Ich will nicht, dass man mir soll blindlings glauben, wie manche Prediger es fordern. Das ist nicht richtig. Man soll Gott blindlings glauben. Aber eine jede menschliche Rede muss man prüfen, ob sie auch der Schrift entspricht. Wir glauben: es gibt noch viele wahre, echte Kinder Gottes, die in der Wahrheit sind. Eins ist wichtig: Wir müssen das predigen, was wirklich ganz wahrhaftig ist, nicht ein Teil davon, sondern die volle Wahrheit! Damit wir das volle Evangelium verkündigen. Darum kann ein jeder prüfen, so antwortete ich, ob dies, was ich rede auch der Wahrheit entspricht oder nicht. Oder ob ich etwas in Gottes Wort fälsche. Apostel Paulus sagt:

- *„wir meiden schändliche Heimlichkeit und gehen nicht mit List um, fälschen auch nicht Gottes Wort."* 2. Kor. 4,2

Jesus sagte:

- *„Jeder, der aus der Wahrheit ist, der hört meine Stimme."* Joh. 18,37

Heute stellt man vielfach fest unter den so genannten Kindern Gottes, dass sie manche Wahrheiten nicht hören wollen. Wie es in einem Traktat auch heißt: „Wahrheiten, die man nicht gerne hört." Warum hört man aber manche Wahrheiten nicht gerne? Darum weil diese, welche sie nicht gerne hören wollen, noch fleischlich sind. Nicht geheiligte, gereinigte Ohren haben, gereinigte Herzen haben. Weil sie noch fleischlich sind, noch weltlich gesinnt sind, darum hören sie diese Wahrheiten nicht gern. Wahrheiten, die von einem entschiedenen Christentum sprechen. Wie ein Christ sich in der Welt verhalten muss: Er muss sich entschieden der Welt, dem Irrtum und der Sünde gegenüber stellen. Damit er nicht mit der Welt mitzieht; weil er nicht kann zugleich Gottes Freund und ein Freund der Welt sein. Viele hören diese Wahrheiten nicht gerne und die Ursache ist: weil sie nicht geheiligte Ohren haben, nicht geheiligte Herzen haben, weil sie noch fleischlich gesinnt sind und noch eine fleischliche Gesinnung haben. Das ist die Ursache. Das merkt man gleich, welche Gesinnung der Mensch hat. Entweder sind ihm diese Wahrheiten lieblich und angenehm und er stimmt ihnen zu und sagt: *„Preis dem Herrn, Gott sei Dank!"* Oder man sieht ein betrübtes Gesicht, oder gesenkte Augen, man sieht, dass der Mensch unwillig wird diesem zuzuhören. Warum kann er nicht zuhören? Weil er nicht aus der Wahrheit ist. Weil er nicht geheiligt ist. Wie Jesus die Juden fragte:

- *„Warum versteht ihr denn meine Sprache nicht? Weil ihr mein Wort nicht hören könnt!"* Joh.8,43

Denn wer aus der Wahrheit ist, der hört es gerne und darum lasst uns von denen sein, die die Wahrheit über alles lieben. Wie es heißt:

- *„Kaufe Wahrheit und verkaufe sie nicht."* Spr. 23,23

Lasst uns sie nicht verkaufen, nicht um etwas anderes vertauschen! Um vielleicht menschliche Ehre oder um noch etwas anderes Eitles und Vergängliches in dieser Welt. Die Wahrheit soll uns am köstlichsten, am aller teuersten sein, was wir je besitzen können! Damit ist gemeint, dass wir den vollkommenen Willen Gottes wissen und freilich gemäß diesem Willen dann auch handeln.

Verschiedene Zuhörerschaft

Es gibt aber auch nicht nur verschiedene Ohren, sondern auch verschiedene Zuhörer. In Lukas 18,18 heißt es:

• *„Sehet darauf wie ihr zuhöret!"*

Auf dies kommt es noch an. Der Mensch kann vielleicht geheiligte Ohren haben, aber wie hört er zu? Dies kommt noch verschieden bei den Menschen vor. Ein Lehrer wollte seinen Schülern ein rechtes zuhören einprägen und klarstellen. Um ihnen das zu illustrieren hat er 3 Puppen mitgebracht. Er nahm eine Puppe und erklärte den Kinder: *„Das Ohr ist das Tor zu unserem Herz, was in unser Herz hereinkommt"* Wie wir von Maria lesen:

• *„Sie bewegte diese Worte in ihrem Herzen." Lk. 2,19*

Das heißt: sie legte diese Worte auf ihr Herz. Von Samuel lesen wir, als Gott zu ihm sprach:

• *„keines seiner Worte auf die Erde fiel." 1. Sam. 3,19*

Alles hat er in seinem Herzen aufbewahrt. Und dieser Lehrer zeigte eine Puppe und drang mit einem Draht in das Ohr der ersten Puppe und der Draht ging aus dem anderen Ohr wieder heraus. Er erklärte: *Es gibt solche Menschen. Sie lassen das Wort in ein Ohr rein und vom anderen Ohr wieder raus. Sie haben es gehört aber es gleich wieder vergessen. Sie haben es nicht aufbewahrt.* Jesus hat das anders illustriert: Er verglich es mit dem Samen, der auf den Weg fiel. Da kamen die Vögel und fraßen es auf. Das ist auch das gleiche. Das sind diese Geister der Teufel. Das Wort wird gesät, das Wort wird gesprochen aber der Teufel kommt und raubt es und somit vergisst der Mensch gleich, was er gehört hat und es ist geraubt. Es ist nicht ins Herz gefallen. Solche Menschen gibt es, ihr Lieben. Sind wir rechte Zuhörer? Wie hören wir dem Wort zu?

Und die andere Puppe nahm er und hat wiederum den Draht ins Ohr gesteckt und der Draht kam aus dem Mund raus. Wiederum gibt es solche Menschen, die das Wort hören, aber sie haben das Wort nur auf ihrer Zunge, nur in ihrem Mund, nicht im Herz. Sie sprechen vielleicht viel vom Glauben, sie können vielleicht von sich bezeugen: *„Ja ich bin auch ein Gläubiger, ich bin auch ein Christ.",* aber man sieht es gleich dem Menschen an, ob er ein wahrer Christ ist oder nicht. Ja wie dieser 5-Jährige

Junge, er konnte es gleich dem älteren Mann sagen: *„An deiner Kleidung merkt man nicht, dass du ein wahrer Christ bist, dass du ein wahres Kind Gottes bist. Wahre Christen tragen solche Kleider nicht. "* Ein 5-Jähriger konnte das unterscheiden. Und so gibt es freilich auch solche die dem Wort zuhören, doch es ist nur auf ihrer Zunge und nicht in ihrem Herzen. Als er aber in das Ohr der dritten Puppe stach, dann blieb der Draht inwendig. Es heißt, er ging in das Herz hinein. So hat er den Kindern illustriert und gezeigt, wie sie zuhören sollen; dass sie die Worte und die Lehre ins Herz aufnehmen sollen. Das ist auch für uns wichtig, dass wir das Wort Gottes wie Maria, wie Samuel, wie viele andere wahre Zuhörer ins Herz aufnehmen, im Herz aufbewahren.

Es gibt noch eine andere Art der Zuhörer die versuchen, nur ein Ohr einem Zuhörer zu geben und sind bestrebt auch gleich jemand anderem zuzuhören. Ein Ohr einem, das andere dem anderen. Man sagt, viele haben so eine Gabe: sie können gleichzeitig Zweien zuhören. Das ist natürlich menschlich genommen möglich. Aber wenn wir Gott oder Jesus zuhören möchten und noch jemand anders, der vielleicht ganz dagegen spricht, das wäre nicht gut, nicht wahr? Uns wird berichtet von einer rechten Zuhörerin: von Maria. Sie setzte sich zu Jesu Füßen und lauschte seinen holdseligen Worten zu. Von Martha heißt es: sie hatte viel zu schaffen. Vielleicht hörte sie auch zu. So gibt es heute auch Frauen, die sehr beschäftigt sind. Sie nehmen sich aber keine Zeit zur Andacht, sie meinen sie können arbeiten und gleichzeitig zuhören. Aber sich dabei recht zu konzentrieren kann der Mensch nicht, wenn er zwei Menschen zugleich anhört. Und darum ist es für uns sehr wichtig, dass wenn Gott zu uns redet, wir ihm beide Ohren zuwenden. Nicht ein Ohr, sondern unsere beide Ohren. Uns ganz konzentrieren auf Gott, das ist wichtig! Wenn wir die Bibel lesen, dann lasst uns alles Sorgen, alle weltliche Dinge, alle andere Stimmen abschließen; dass wir beide Ohren auf ein Punkt richten. Denn im Lesen des Wortes Gottes spricht Gott zu unserem Herzen. Dass wir beide Ohren Gott zuwenden und hören, was will er jetzt zu meinem Herzen reden. Im Gebet redet Gott auch vielfach zu uns, obwohl das Gebet hauptsächlich so betrachtet wird, dass wir zu Gott reden. Aber der Betende macht manchmal auch Pausen und hört dann zu, was Gott jetzt zu ihm sagt, oder was er jetzt ihm will offenbaren. Es ist manchmal, wie ein Gespräch mit Gott, dass er nicht nur der Reihe nach alle seine Bitten vorlegt, sondern auch zuhört. Und das ist dann auch wichtig, dass wir beide Ohren Gott zuwenden, damit wir nur seine Stimme hören. Wenn es nicht ganz still in unserem Herzen ist und wir nicht, wie Jesus sagte „*die Tür zugeschlossen haben*" (Mt. 6,6) und noch andere Stimmen hören, dann können wir die Stimme Gottes nicht recht vernehmen. Sie ist eine leise Stimme und das Gelärm der Welt, das Fordern des Fleisches und vieles andere hindert das rechte Vernehmen dessen, was Gott zu uns reden will.

Wie auch Elia, als er ein stilles, sanftes Sausen hörte, da hat er erkannt, dass es Gottes Stimme ist und hat sein Angesicht verhüllt und ging aus der Höhle heraus. (1. Kön. 19,12) Das ist wichtig, dass wir unsere beiden Ohren im Gebet, aber auch in der Versammlung öffnen. In der Versammlung ist es auch wichtig, dass wir ganz konzentriert zuhören. Nicht gucken, wie unser Nachbar gekleidet ist, welche Schuhe er anhat oder was er mit den Füßen, mit den Händen macht oder noch was anderes. Dass wir keine solche „Gabe" haben: zuzuhören und gleichzeitig auch andere Dinge zu tun. Das wäre falsch. Dass wir in der Versammlung ganz konzentriert sind auf das, was gesprochen und was gesungen wird. Dass wir uns von allem anderen, was uns den Segen rauben kann, abschalten. Dann können wir auch das Wort behalten.

Manchmal hat man von jemand gehört sagen: *„Heute war so eine gesegnete Versammlung."* Auf dies fragt eines von den Geschwister: *„Erzähl doch mal, was war denn in der Versammlung?"* *„Weißt du, das kann ich nicht sagen, aber es war interessant."* Also war der Inhalt ganz vergessen. Wie kann das möglich sein? Das ist möglich, wenn man nicht konzentriert ist, wenn man nicht recht aufmerksam hört, was gesprochen wird. So kommt es manchmal vor. Und darum, wenn Gott zu uns redet und sieht, dass wir nicht aufmerksam sind, dann verliert er die Lust zu uns zu reden, wie ein Mensch, nicht wahr? Wie, wenn wir einem Freund würden etwas Wichtiges erzählen, und wir sehen, dass er sich immer ablenkt: einmal guckt er auf dies, einmal auf das andere und ist ganz zerstreut. Ich weiß nicht wie es bei euch ist, aber mir vergeht dann die Lust zum Reden. Wenn man sieht: er hat keine Lust diesem zuzuhören. So ist es auch bei Gott und so ist es auch bei jedem Redner. Wenn der Redner gute Zuhörer hat, die aufmerksam zuhören, dann ist es viel leichter zu sprechen. Aber wenn man sieht, dass einer sich dort ablenkt, der andere vielleicht etwas in seinem Notizbuch zeichnet oder mit seinem Handy spielt und der andere vielleicht schläft, dann vergeht die Lust zum reden. Obwohl bei uns sogar ein Zeichen an der Tür ist, dass man kein Handy einschalten soll. Das sind alles Dinge, die einem Redner die Kraft, die Lust rauben. Er kann nicht alles so wiedergeben, wie er es möchte. Es sperrt ihn. Und es raubt auch den Segen. Darum hängt von den Zuhörern auch vieles ab. Wir lesen von Jesus, dass er in seiner Vaterstadt Nazareth war und dort fast nichts tun konnte. Warum? Weil sie sich ärgerten an ihm. Sie sagten, ist dies nicht Josephs Sohn? Kennen wir nicht seinen Vater und seine Mutter? Was macht er denn aus sich selbst? Und sicher konnten sie auch nicht recht zuhören. Wir lesen auch in der Evangeliums-posaune, wie wir uns bei Klagen auf Geschwister verhalten sollen. Da heißt es: Wir sollen dem Kläger nur ein Ohr bieten. Wenn einer gegen den anderen klagt, ist es für uns weislich und klug, wenn wir ihm nur ein Ohr schenken. Das andere Ohr soll man dem Verklagten behalten. Man soll ihn auch anhören und vergleichen mit der Verklagung des anderen. Wir lesen ähnliches auch von Nikodemus, dass er für Jesus einstand und sagte:

• *„Richtet denn unser Gesetz einen Menschen, ehe man ihn verhört und erkannt hat, was er tut?" Joh. 7,51*

Und so gibt es freilich auch – Gott sei Dank – in unserem Land für jeden Angeklagten eine Möglichkeit einen Rechtsanwalt zu haben, der für ihn eintritt um ihn zu rechtfertigen. Das ist wichtig für uns, dass wir nicht gleich alles glauben. Manchmal ist es aber, dass man ganz genau weiß, dass es alles zutrifft und es die Wahrheit ist, was geklagt wird. Aber im Prinzip soll es immer so sein, dass wir nur ein Ohr bieten, das andere aber und die Umstände immer untersuchen und zuhören, was der Angeklagte für sich selber spricht. In Römer 2,13 sagt der Apostel Paulus noch für rechte Zuhörer:

• *„Nicht die Hörer des Gesetzes sind vor Gott gerecht, sondern die Täter."*

Ein sehr wichtiges Wort für uns. Nicht die Hörer sind vor Gott gerecht, sondern die Täter. Wenn das Gesetz wird vorgelesen: was recht und was unrecht vor Gott ist, so rechtfertigt Gott nicht die Zuhörer, sondern die Täter. Dies bezüglich sprach Jesus auch von einem törichten und einem klugen Mann. In Matthäus 7,24 sagt er:

• *„Wer diese meine Rede hört und tut sie, den vergleiche ich mit einem klugen Mann, der sein Haus auf den Fels baut."*

Dagegen wissen wir, dass der törichte Mann baute sein Haus auf den Sand. Darum, wenn wir wollen vor Gott gerecht sein und in Gottes Augen klug sein, dann muss unser Hören in die Tat umgesetzt werden. Dies kann illustriert werden mit einer Geschichte, die sich in einem Zug zutrug. Etliche junge Männer fuhren und diskutierten darüber, welche die beste

189

Übersetzung der Bibel sei. Einer stand für die Luther-Übersetzung, der andere meinte die Elberfelder sei genauer, der andere war wieder mehr für die Schlachter Übersetzung geneigt. Keiner wollte nachgeben und behauptete, seine Übersetzung wäre die bessere. Und einer von den Männern, der bis jetzt geschwiegen hatte, sagte dann: *„Ich meine aber, meiner Mutter ihre Übersetzung ist die beste."* Die anderen fragten verwundert: *„Hat deine Mutter auch die Bibel übersetzt? Wir kennen diese nicht, wie ist ihr Name?"* *„Ja, sie hat die Bibel ins Leben, in die Tat übersetzt!"* Dies ist die beste Übersetzung und ein jeder von uns kann eine solche Übersetzung machen. Lasst uns wirklich solche Übersetzter sein, die die Bibel ins Leben übersetzen. Dies haben unsere Brüder uns immer zugerufen, dass wir alle unsere Erkenntnisse ins Leben übersetzen. Dies möchte man auch einem jeden von uns zurufen, dass wir solche Zuhörer und Übersetzer möchten sein.

Glückselige Ohren

Ferner lasst uns noch ein Wort aus Matthäus 13,16 lesen. Jesus sagte hier:

• *„Glückselig sind eure Ohren, dass sie hören, denn wahrlich ich sage euch: Viele Propheten und Gerechte haben begehrt zu hören was ihr hört und haben es nicht gehört."*

Geschwister, man muss dies mit einem Amen bestätigen. Wir können sagen: Gott sei Dank, dass dieser Schall der Wahrheit auch wir gehört haben! Für viele hunderte und tausende Jahre war das verborgen. Das, was wir heute hören und vernehmen können, was wir begreifen können, bleibt vielen unverständlich und ein Geheimnis. Gott sei Dank, für die tiefen Wahrheiten der Bibel, die heutzutage in dieser letzten Zeit des Evangeliums wir hören und verstehen können und daraus Gebrauch machen und immer ähnlicher unserem Meister Jesus Christus, unserem Erlöser werden! Das ist eine große Glückseligkeit, das ist eine Ursache, wofür wir immer danken müssen. Ich erwähnte schon von meiner Großtante, wie sie uns zusprach: *„Euch ist es leicht! Euch wird alles so wie auf einer Schüssel dargeboten. Alles wird sozusagen verkaut. Nehmt es und schluckt es runter! Alles wird genau erzählt, aber wir mussten viel suchen und nach dieser Wahrheit forschen und konnten vieles nicht verstehen. Ihr habt es gut."* Wirklich, dafür können wir Gott sehr dankbar sein. Von der anderen Seite muss man natürlich hinzufügen, wie Jesus sagte:

• *„Wem viel gegeben ist, von dem wird man auch viel fordern."* Lk.

12,48

Wenn uns viel offenbart ist, dann erwartet Gott auch viel von uns. Dies sollten wir nicht vergessen. Und darum möchte ich jeden anspornen, dass wir das erkannte Wort Gottes, diese Offenbarung, diese Geheimnisse der Wahrheit nicht verschweigen. Jesus sagte:

• *„Was ihr hört in das Ohr, das predigt auf den Dächern."* Mt. **10,27**

Damit ist gemeint, dass wir es so vielen wie möglich verbreiten sollen, dass es allen offenbar werden soll. So wie es in einem Lied heißt von einem Zigeunerjungen, der zum Glauben kam: *„Sagt's noch einmal, sagt's noch einmal... sagt's immer wieder, dass niemand mehr klagt: Niemand hat mir von dem Heiland gesagt!"* Das möchte der Herr uns allen helfen, dass wir in wahrem Eifer suchen das, was Gott uns offenbart hat, auch den anderen bezeugen und mitteilen. Dass viele noch durch diesen Reichtum – kann man sagen – den uns Gott gegeben hat, auch andere reich werden. Dass wir diesen Schatz nicht bei uns begraben. Dass wir mit diesem Reichtum wuchern und Seelen für die ewige Seligkeit gewinnen. Dass wir in dieser Zeit, wo so viel Irrtum ist, wo so viel verdreht wird, diese Wahrheiten wirklich den Menschen bezeugen und offenbaren. Gott stehe uns allen bei und helfe, dass wir wirklich rechte Herzen haben. Beschnittene, geheiligte Herzen und Ohren, dass wir rechte Zuhörer sind, die sich ganz auf das Wort Gottes, auf seine Stimme konzentrieren. Weil wir aus der Wahrheit sind, so lasst uns gerne die Wahrheit hören und auch bemüht sein sie anderen mitzuteilen. Gott segne uns alle in dem. Amen.
28.03.2010

Wahre Kreuzesträger

Die Liebe Gottes wird vielfach besungen und bewundert und es ist auch recht so, und ein jeder hat es erfahren und ausgerufen: *Wie groß ist Jesu Liebe! Wie groß ist Gottes Barmherzigkeit! Wie groß seine Geduld, seine Langmut, seine Güte!* Täglich erfahren wir sie ja an uns und können immer sagen: *Wie groß bist du! Wie groß ist der Herr!* Und in diesen Tagen, da wir ja von verschiedenen Seiten Jesu sein Leiden und sein Sterben betrachtet haben, muss man sagen: *Wie groß ist diese Liebe!* Jesus sagte selbst:

• **„Niemand hat größere Liebe als die, dass er sein Leben für seine Freunde lässt." Joh.15,13**

Und Jesus hat diese Liebe bewiesen. Er hat sie bewiesen, indem er nicht nur für seine Freunde, sondern auch für seine Feinde starb, wie es heißt:

• **„Gott bewies uns seine Liebe, indem er uns geliebt als wir noch seine Feinde waren."**

Ja, so groß ist diese Liebe! Und mir ist auch aufs Herz gefallen von diesem allen zu sprechen und diese Liebe zu bewundern und von dieser Seite zu betrachten, nämlich das Kreuz, welches Jesus auf sich nahm und für uns an demselben gekreuzigt wurde. Lasst uns dazu ein Wort aus 1 Kor. 1,18 lesen, welches wir die Tage auch betrachtet haben:
„Denn das Wort vom Kreuz ist eine Torheit denen, die verloren werden; uns aber, die wir selig werden, ist's eine Gotteskraft."
Erlaubt mir die Frage stellen: *Warum ist dies Wort für viele eine Torheit? Warum ist dies Wort für viele ein Ärgernis? Warum gibt es so viele Feinde des Kreuzes Christi?* Wir müssen dazu eine Antwort finden, denn es muss ja dazu einen Grund geben. Warum lehnen so viele das Kreuz Christi ab? Warum ist ihnen sein Kreuz, ja sein Kreuzestod entweder töricht oder ärgerlich? Oder warum weckt es in ihnen sogar feindliche Gedanken? Lasst uns zuerst Jesu Kreuz betrachten. Es war der Wille Gottes: dass er sterben sollte. Wir lesen, als Gott noch nicht den Menschen schuf, da war Jesus schon geopfert:

• **„Er ist zwar zuvor ausersehen, ehe der Welt Grund gelegt wurde, aber offenbart am Ende der Zeiten um euretwillen." 1.Pet. 1,20**

Also, als die Welt noch nicht geschaffen war und Gott im Plan hatte uns zu schaffen, ward schon beschlossen, dass Jesus sterben muss. Um uns zu erlösen und uns seinem Sohn gleich zu machen,. Es war Gottes Wille. Dies

auf einem anderen Weg zu vollbringen war nicht möglich. Und wir finden, als Jesus in Gethsemane rang und vor diesem schmachvollen Tod gebetet hatte, dass seine Schweißtropfen wie Blutstropfen auf die Erde fielen, und er rang und betete:
„Vater, ist es Möglich, so gehe dieser Kelch an mir vorüber! Doch nicht wie ich es will, sondern wie du willst."
Als er das nächste Mal rang, sprach er:

• *„Wenn es nicht möglich ist, dass dieser Kelch an mir vorüber gehe, so geschehe dein Wille." Mat. 26,39.42*

Er willigte in diesen Plan ein. Uns es ist wichtig hier zu betrachten, dass er dazu nicht gezwungen war. Er hatte einen freien Willen. Aber er hat seinen freien Willen mit dem Willen seines Vaters vereinbart. Von seinem Kreuz heißt es, dass er sein Kreuz selbst trug. Es war so schwer, dass er unter der Last dieses Kreuzes zusammen brach. Ja, dass die Mörder sogar fürchteten, dass ihr Opfer vor der Kreuzigung unterwegs schon stirbt. Darum zwangen sie einen Mann namens Simon von Kyrene sein Kreuz zu tragen. An diesem Kreuz wurde er dann gekreuzigt und an ihm auch gestorben. Nun lasst uns aber die Frage stellen: *Was erzielte, was vollbrachte er, als er ausrief: „Es ist vollbracht!" Was wurde vollbracht?*
Erstens kann man sagen, dass er, wie es heißt: *„Eine ewige Erlösung"* vollbrachte. Eine Erlösung, damit Menschen von ihren Sünden, von ihrer Schuld erlöst wurden. Er hat, sozusagen alle unsre Schuld auf sich genommen. Aller Menschen ihre Schuld, von Anbeginn der Welt und bis zum Ende lagen auf ihm und er hat das Lösegeld für alle bezahlt und hat uns erkauft, wie es Kol. 1,20 heißt:

• *„und er durch ihn alles mit sich versöhnte, es sei auf Erden oder im Himmel, indem er Frieden machte durch sein Blut am Kreuz."*

Durch ihn wurde alles, was gegen Gott war, versöhnt – also alle Menschen, die sich gegen Gott versündigten. Auf dass durch ihn die Handschrift, die gegen uns war, hinweg getan würde. In Kol. 2,14 heißt es:

• *„Er hat den Schuldbrief getilgt, der mit seinen Forderungen gegen uns war, und hat ihn weggetan und an das Kreuz geheftet."*

Welche Handschrift war denn gegen uns geschrieben? Das Todesurteil, wie Gott schon zu Adam sagte:

• *„Und Gott der HERR gebot dem Menschen und sprach: Du darfst essen von allen Bäumen im Garten, aber von dem Baum der*

Erkenntnis des Guten und Bösen sollst du nicht essen; denn an dem Tage, da du von ihm isst, musst du des Todes sterben." I.Mo.2,16-17

Jeder von uns hat gesündigt und es heißt *„Der Sünde Sold ist der Tod."* Also hat jeder Mensch, der gesündigt hat, den Tod verdient. Auf jeden von uns war ein Todesurteil ausgehängt und Jesus hat dieses Todesurteil genommen: meins, deins, unsers, aller Menschen ihrs und hat dieses Todesurteil, wie es Paulus vergleicht, an das Kreuz geheftet. Er ist für uns gestorben. Dies hat Jesus getan und ein anderer könnte es nicht tun. Wir lesen in Eph. 2,16 das er

• *„die beiden versöhne mit Gott in „einem" Leib durch das Kreuz."*

Durch das Kreuz hat er aus beiden einen neuen Menschen gemacht und hat sie versöhnt. Wen hat er versöhnt? Die Juden und die Nichtjuden: alle Völker. Es war immer eine Feindschaft zwischen Juden und andern Völkern. Wie Gott auch den Juden geboten hatte, alle heidnische Völker aus dem Lande Kanaan auszutilgen, weil sie den einigen Gott nicht anerkannten und viele Götter anbeteten. Sie hatten viele Götter, die sogar leblos waren wie z.B. Sterne, Götzen aus Gold, Silber und Holz. Alles dies führte zu einer Feindschaft zwischen Juden und andern Völkern. Und Jesus hat diese Feindschaft weggetan, er hat sie versöhnt.

Es heißt auch in Heb.10,20:

• *„den er uns aufgetan hat als neuen und lebendigen Weg durch den Vorhang, das ist: durch das Opfer seines Leibes."*

Dieser neue Weg ward aufgetan, als der Vorhang im Tempel zerriss und somit der freie Zutritt in das Allerheiligste geöffnet wurde. Dies möchten wir immer wieder betonen. Weil Jesus ist nicht nur gestorben um unsre Schuld hinweg zunehmen, um unsre Schuld zu tilgen, sondern um uns auch mit nötiger Kraft, nämlich der Kraft des Heiligen Geistes auszurüsten; damit wir nicht mehr sündigen. Auch wurde durch das Kreuz den Menschen die Befreiung von angeborenen Sünden zu finden möglich – diesen neuen Weg in das Allerheiligste, in die unmittelbare Gemeinschaft mit Gott. Weil dies früher nicht möglich war. Wir wissen, dass nur dem Hohepriester einmal im Jahr erlaubt wurde in das Allerheiligste einzugehen, in die Nähe Gottes zu treten. Der einfache Israelit durfte sogar in das Heilige nicht eintreten. Nur die Priester konnten in das Heilige eingehen und dort ihre Dienste verrichten. Aber Jesus hat den Weg für alle geöffnet, so dass ein jeder Mensch nicht nur in das Heilige, sondern auch in das Allerheiligste eingehen kann. Man kann auch sagen, dass er wieder das

Tor zum Paradies geöffnet hat, welches verschlossen war und der Cherub mit dem bloßen, hauenden Schwert davor gestellt hatte. Und bis zu Jesus seinem Tod blieb dies Tor verschlossen und bis dahin konnte auch niemand hineingehen. Aber jetzt ist es geöffnet und wir können wieder in den ursprünglichen Stand versetz werden. Es ist aufgeschlossen, aber nicht so, dass wir automatisch hineinkommen, sondern unsere Bemühungen sind dazu auch notwendig. Wir müssen sogar Gewalt anlegen, wie Jesus sagte:

- *„von den Tagen Johannes des Täufers bis heute leidet das Himmelreich Gewalt, und die Gewalttätigen reißen es an sich."* Mat. *11,02*

Wir müssen uns auch bemühen Jesus immer ähnlicher zu werden. Und somit kann man sagen, dass das Vorhaben, welches der Teufel vorhatte, fehlgeschlagen hat. Und Gott, der alle Dinge zuvor weiß, hat uns durch Jesus Christus die Möglichkeit gegeben in einen noch viel köstlicheren Stand, als die ersten Menschen am Anfang besaßen, versetzt zu werden. Sie wurden wohl *„nach dem Bilde Gottes"* geschaffen, aber wir haben die Möglichkeit immer vollkommener zu werden, welches wir bei den ersten Menschen nicht finden können. Sie hatten wohl die Gleichheit mit Gott in der Unschuld, aber weil sie im Fleisch waren und das Fleisch, wie Apostel Paulus sagt

- *„dem Geiste Gottes nicht untertan ist"* Röm. *8,7*

besaßen sie nicht die Kraft des Heiligen Geistes dem Fleisch zu widerstehen, ihren Charakter, ihr Temperament zu ändern.
Aber jetzt hat Gott uns durch Jesus diesen neuen Weg in das Allerheiligste geöffnet und wir können es durch die Kraft des Heiligen Geistes erlangen. Denn durch den Heiligen Geist bekommt der Mensch Kraft, Weisheit, verschiedene geistliche Gaben. Er führt uns in alle Wahrheit und rüstet uns mit allen notwendigen Gaben aus, wie Petrus sagt:

- *„Alles, was zum Leben und zur Frömmigkeit dient, hat uns seine göttliche Kraft geschenkt durch die Erkenntnis dessen, der uns berufen hat durch seine Herrlichkeit und Kraft. Durch sie sind uns die teuren und allergrößten Verheißungen geschenkt, damit ihr dadurch Anteil bekommt an der göttlichen Natur:"* 2 Pet. *1,3-4*

Ja, durch die Kraft des Heiligen Geistes kann das Volk Gottes auch einträchtig sein. Jesus sagte:

- *„Und ich habe ihnen die Herrlichkeit gegeben, die du mir* *gegeben hast, damit sie eins seien, wie wir eins sind." Jo.17,22*

Diese Herrlichkeit kann niemand ohne den Heiligen Geist besitzen. Das frühere Volk Gottes im Alten Bund hat sich vielfach untereinander zerstritten und sogar gespaltet, so dass Israel auf zwei Reiche geteilt wurde und zwischen ihnen Kriege geführt wurden. Dies alles sind Folgen des Fehlens des Heiligen Geistes gewesen. Und wenn wir heute offene Augen haben und beobachten, ich meine: geistliche Augen, dann können wir sehen, wie es dem Teufel gelingt Spaltungen auf Spaltungen unter den Sektierern und in den Kirchen zu machen, so dass immer neue und neue Sekten und Kirchen entstehen. Dies sind alles Folgen vom Wirken der Menschen, die ohne den Heiligen Geist sind. Wenn der Mensch nicht mit dem Heiligen Geist ausgerüstet ist, dann geriet er mit der Zeit in den Irrtum. Und der Irrtum bringt die Menschen einen gegen den andern, weil sie sich nicht verstehen können, wie diejenigen, die den Turm zu Babel bauten. Gott verwirrte ihre Sprache, so dass sie nicht mehr einer den andern verstehen konnten und alle auseinander gingen. So ist es auch heute im geistlichen Gebiet: Menschen ohne den Heiligen Geist, ohne Demut und Liebe verstehen einander nicht. Verschiedene Meinungen, verschiedene Erkenntnisse, verschiedene Überzeugungen. Alles dies führt zum Zank, zum Streit und immer zu neuen Spaltungen. Jesus aber hat es möglich gemacht, dass sein Volk in Eintracht, in Liebe stehen kann. Dass sie alle eine Rede führen, wie uns das Bild der Morgengemeinde zeigt: sie waren alle, wie ein Herz und eine Seele. Und dies ist auch heute möglich. Man muss sagen: es ist nicht nur möglich, sondern dies wird auch praktiziert und man sieht es an allen, aber geheiligten Kindern Gottes. Die geheiligten Kinder Gottes verstehen sich untereinander: sie haben eine Meinung, sie haben eine Überzeugung, sie sind völlig einig. Freilich, nicht völlig gleich in der Erkenntnis, aber dies hindert sie nicht diese Einigkeit zu bewahren, weil ein jeder dem andern mit Ehrerbietung zuvorkommt. Wenn die Gemeinde Gottes, welche im Himmel angeschrieben ist, diese Herrlichkeit besitzt, soll sich ein jeder von uns fragen: *Wenn ich zu dieser universalen Gemeinde Gottes gehöre, die diese Herrlichkeit besitzt und so einig ist wie Jesus – der Sohn Gottes mit seinem Vater, und ich mit der Gemeinde nicht einig bin, dann muss ich mich fragen: woran liegt es, warum ist es, dass ich nicht einig bin mit dem oder dem andern Bruder? Warum kann ich mit ihnen nicht Frieden halten?* Wie es heißt:

- *„Jaget nach dem Frieden und der Heiligung, ohne welche wird* *niemand den Herrn sehen." Heb. 12,14*

Wir sehen, dass der Friede Gottes und die Heiligung zusammen gehören: Heiligkeit und Friede. Dort, wo kein Friede ist, ist auch nichts von Heiligkeit zu sprechen. Wo Heiligkeit ist, dort ist auch Friede und wo Friede ist, dort ist auch Gott, dort ist auch Liebe. Darum verstehen die wahren Kinder Gottes sich und sie sind sich auch einig. Und darum, Geschwister, man findet, dass Zank und Streit immer von Menschen ausgeht, die nicht den Heiligen Geist besitzen, oder die sich nicht dem Heiligen Geist unterstellen und ihn durch ihre fleischlichen Werke betrüben. Wenn die Menschen sich von dem Heiligen Geist leiten und führen lassen, so wird es unmöglich sein, dass Zank und Streit entstehen. Denn, wenn der Heilige Geist uns alle führt, dann führt er uns alle die gleichen Wege und sagt uns allen die gleiche Meinung, gibt uns allen die gleichen Gedanken. Dann kann unter uns kein Streit entstehen. Wenn ich mich z.B. nicht von ihm leiten lasse, aber ihr werdet ihm gehorsam sein, dann entsteht unter uns eine Kluft, eine Unstimmigkeit. Dann wird diese Unstimmigkeit offenbar und ich kann euch nicht verstehen, und es kann dazu kommen, dass unter uns Zank und Streit entstehen kann, der schließlich zu einer Spaltung führt. Viele Menschen besitzen diese Einigkeit nicht. Aber Jesus hat es durch sein Kreuz möglich gemacht, dass das Volk Gottes diese Herrlichkeit besitzen kann: in Einigkeit, in der völliger Liebe, in dem köstlichen Frieden sich untereinander zu erbauen. Und dies ist es, was wir besonders schätzen und Gott dafür danken: diese Herrlichkeit, die Jesus uns durch sein Kreuz gebracht hat.

Lasst uns noch zu einem andern Gedanken übergehen: den Beziehungen der Menschen zum Kreuz Christi, zur Frage: *Warum sich manche an dem Kreuz Christi ärgern*. Wir lesen in Gal.5,11:

• *„Ich aber, liebe Brüder, wenn ich die Beschneidung noch predige, warum leide ich dann Verfolgung? Dann wäre das Ärgernis des Kreuzes aufgehoben."*

Paulus sagt, wenn er noch würde die Beschneidung predigen, dann hätte das Ärgernis des Kreuzes Christi aufgehört. Lasst uns in die Lage versetzen, in der der Apostel Paulus war. Er hat die Beschneidung ignoriert, er lehrte, dass die Beschneidung keinen Wert mehr hat, und dass Christus das Ende des Gesetzes sei und dass

• *„in Christus Jesus gilt weder Beschneidung noch Unbeschnittensein etwas, sondern eine neue Kreatur." Gal.6,15*

Dies galt jetzt, dies hat Paulus gepredigt. Und dies stand im Widerspruch zu vielen, die sich immer noch am alten Gesetzt hielten und denen das Kreuz Christi dadurch zum Ärgernis war. Jetzt lasst uns aber untersuchen und fragen: *warum ärgerten sich diese Menschen an dem Kreuz Christi?* Diese Frage ist für uns wichtig! Wenn wir die Ursache herausfinden, dann werden wir auch besser die heutige Situation verstehen, die heutige Stellung der Menschen zum Kreuz Christi. Denn es gibt heute auch viele, die sich an dem Kreuz Christi ärgern. Lasst uns Jesu Bemühen betrachten, wie er rief:

• *„Kommt her zu mir, alle, die ihr mühselig und beladen seid; ich will euch erquicken. Nehmt auf euch mein Joch und lernt von mir; denn ich bin sanftmütig und von Herzen demütig; so werdet ihr Ruhe finden für eure Seelen. Denn mein Joch ist sanft, und meine Last ist leicht."* Mat. 11,28-30

Dies war für viele ärgerlich, warum? Weil sie selbst stolz, grob und selbstgerecht waren. Und dies war im Widerspruch zu ihrem Charakter, zu ihren Eigenschaften. Wenn Jesus mit Zöllner und Sündern zusammen war und aß mit ihnen, dann stand es im Widerspruch mit der Gesinnung vieler Schriftgelehrten und Pharisäer und war ihnen zum Ärgernis. Sie ärgerten sich an ihm und fragten seine Jünger:

• *„Warum isst euer Meister mit den Zöllnern und Sündern?"* Mat.9,11

Jesus antwortete ihnen:

• *„Die Gesunden bedürfen des Arztes nicht, sondern die Kranken. Ich bin gekommen, die Sünder zur Buße zu rufen und nicht die Gerechten." Lu. 5,31-32*

Dies war für sie ärgerlich und noch viele andre seiner Handlungen. Und wenn wir sein ganzes Leben betrachten, dann sehen wir, dass nicht nur seine Handlungenweise, sondern auch sein Charakter, sein Temperament, sein Benehmen, alle seine Eigenschaften den Eigenschaften der Pharisäer nicht entsprachen. Zum Beispiel: das Bild seines Einzugs in Jerusalem. Jesus sitzt auf einem jungen Esel und reitet in Jerusalem ein. Vielen stolzen Menschen war dies zum Ärgernis. Als dann noch seine Jünger Gott lobten und schrien:

„Hosianna dem Sohn Davids! Gelobt sei, der da kommt in dem Namen des Herrn! Hosianna in der Höhe!" Mat. 21,9

• *„Gelobt sei, der da kommt, der König, in dem Namen des Herrn!*

Friede sei im Himmel und Ehre in der Höhe! Lu.19,38

Ihnen waren diese Worte zum Ärgernis. Ihr Empfinden war: *„Dies soll unser König sein und er reitet auf einem Esel? Nein solch einen König wollen wir nicht!"* Wenn er auf einem stolzen Pferde einreiten würde, dann würde es ihren Vorstellungen entsprechen, aber auf einem verachteten Tier – nein, so etwas nicht! Dies konnten sie nicht annehmen, dies war für sie zu verächtlich und sie ärgerten sich. Sie waren so erregt, dass sie Jesus zuriefen:

- *„Meister, weise doch deine Jünger zurecht!" Lu. 19,39*

Sie ärgerten sich an vielen anderen Dingen und ihr Beschluss stand fest: *Er muss weg! Solch einen König wollen wir nicht!* Wenn Jesus als eines Königs Sohn in die Welt gekommen wäre, der stolz ist, der grob und unbarmherzig ist, vielleicht mit Ungerechtigkeiten verbunden, dann würde er ihnen passen. Warum? Weil sie auch so sind. Weil sie auch verschiedene Ungerechtigkeiten verüben. Dann würde dieser König ihrem Maßstab, ihrer Vorstellung und ihrem Ideal entsprechen. Und als Pilatus Mitleid bei ihnen zu Jesus erwecken wollte und ihn geißeln lies und ganz zerschlagen, angespuckt, mit einer Dornenkrone und einem Purpurkleid angetan zu ihnen herausführte und sprach:

- *„Seht, welch ein Mensch! Joh. 19,5*

Da entstand in ihnen kein Mitleid, sondern ein wilder Hass und Wut. Und als er ihnen noch zurief:

- *„Seht, dies ist euer König!" Schrien sie alle wütend: „Hinweg mit ihm! Kreuzige! Kreuzige ihn!" Lu.23,18.21*

Warum wollten sie solch einen König nicht? Darum, weil er still blieb und sich nicht verteidigte, als er verklagt und beschuldigt wurde; er fluchte nicht, er wehrte sich nicht, als er geschmäht und geschlagen wurde, wie geschrieben steht:

- *„Als er gemartert ward, litt er doch willig und tat seinen Mund nicht auf wie ein Lamm, das zur Schlachtbank geführt wird; und wie ein Schaf, das verstummt vor seinem Scherer, tat er seinen Mund nicht auf." Jes.53,7*

Und solch ein König passte ihnen nicht! Warum? Weil sie anders waren. Und nun kommen wir zu der Frage: *Warum haben die Juden sich an dem Kreuz Christi geärgert?* Sie konnten dies nicht mit ihrem inneren, geistlichen Zustand vereinbaren. Sie konnten dies nicht mit ihren

Vorstellungen vereinbaren, die sie von dem kommenden Messias hatten, dem König der Juden. Dies hat ihnen nicht gepasst und ihre fleischliche Natur wollte dies Kreuz auch nicht, und sie wollten so etwas nicht mitmachen. Darum, weil das Fleisch immer wider den Geist und der Geist wider das Fleisch ist. (Gal. 5,17) Weil sie fleischlich waren, darum sträubte sich ihre fleischliche Natur gegen das Bild, welches Jesus ihnen vorspiegelte. Paulus schreibt, wenn er noch die Beschneidung predigen würde, dann wäre das Ärgernis des Kreuzes beseitigt. Und später sagt er in demselben Brief:

• *„Die Ansehen haben wollen nach dem Fleisch, die zwingen euch zur Beschneidung, nur damit sie nicht um des Kreuzes Christi willen verfolgt werden." Gal.6,12*

Es waren viele, die die Beschneidung noch predigten und andere dazu zwangen, nur damit sie von den Juden nicht um das Kreuz Christi verfolgt werden. Also nur um des Ansehens willen predigten sie die Beschneidung, und damit sie um des Kreuzes Christi willen nicht verfolgt werden.

Ihr Lieben, wenn wir heute die so genannte Christenheit betrachten, treffen wir nicht auch dasselbe Bild? Wenn diese Christenheit sich heute der Welt anpasst, tut sie dies nicht auch aus demselben Grund? Sie will das Kreuz Christi nicht tragen: sie will vor der Welt als weltlich erscheinen und will nicht von ihr verachtet, verlacht und verspottet werden.

In Phil. 3,18 schreibt Apostel Paulus:

• *„viele leben so, dass ich euch oft von ihnen gesagt habe, nun aber sage ich's auch unter Tränen: Sie sind die Feinde des Kreuzes Christi."*

Sogar Feinde des Kreuzes Christi! Also solche Leute verachten, verschmähen und ärgern sich und werden endlich auch, wie die Juden, feindlich gegen das Kreuz Christi gesinnt. Wenn wir heute viele Gläubige betrachten, dann sehen wir, dass sie dieselbe Stellung einnehmen, wie die damaligen Juden hatten. Sie ärgern sich an dem Kreuz Christi, sie sind sogar feindlich dazu eingestellt. Ich kann dies vielleicht mit diesen Worten nicht beweisen. Darum lasst uns es mit weiteren Bibelstellen versuchen zu klären, wie und auf welche Art sich diese Menschen heute als Feinde des Kreuzes Christi erweisen.

In 1 Pet. 4,16 sagt der Apostel:

• *„Leidet er aber als ein Christ, so schäme er sich nicht, sondern ehre Gott mit diesem Namen."*

Und der Apostel Paulus in Rö.1,16:

- *„Denn ich schäme mich des Evangeliums nicht; denn es ist eine Kraft Gottes, die selig macht alle, die daran glauben."*

Warum ärgern sich heute viele an dem Kreuz Christi? Warum werden sie zu Feinden des Kreuzes Christi? Ihr Lieben, wenn wir heute um uns schauen, dann sehen wir viele Gläubigen, die sich auch als Kinder Gottes nennen, die aber nicht verspottet werden wollen, wie Jesus verspottet wurde, die nicht wie Jesus verfolgt werden wollen, die nicht leiden wollen, wie Jesus am Fleisch litt. Die nicht ihrem Fleisch absterben wollen, wie Jesus gestorben war. Ich meine dies im übertragenen, geistlichen Sinn. Sie wollen diesen Weg nicht gehen, sie wollen diesen Kelch, den Jesus getrunken hat, nicht trinken und wollen sich nicht mit dieser Taufe taufen lassen, mit der Jesus sich taufen ließ. Als Jesus Johannes und Jakobus fragte:

- *„Könnt ihr den Kelch trinken, den ich trinke, oder euch taufen lassen mit der Taufe, mit der ich getauft werde? Antworteten sie ihm: Ja, das können wir."*

Aber wenn man heute solche Gläubige fragen würde: *Bist du willig den Kelch trinken, den Jesus getrunken hat? Bist du willig dich mit der Taufe taufen lassen, mit der sich Jesus taufen ließ?* Dann würden sie antworten: *„Nein! Nein, dies möchte ich nicht! Ich glaube, dass ich auch ohne dies in den Himmel kommen kann."* Aber Jesus sagt: **„Nein, ohne dies kannst du es nicht."** Und Apostel Paulus sagt:

- *„alle, die fromm leben wollen in Christus Jesus, müssen Verfolgung leiden."* 2. Tim.3,12

Zu seinen leiblichen Brüdern sagte Jesus:

- *„Die Welt kann euch nicht hassen. Mich aber hasst sie, denn ich bezeuge von ihr, dass ihre Werke böse sind."* Joh.7,7

Aber zu seinen Jüngern sagte er:

- *„Und ihr werdet gehasst werden von jedermann um meines Namens willen."* Mat.10,22

Wenn Johannes der Täufer dem Herodes nicht bezeugt hätte, dass es nicht richtig ist, die Frau seines Bruders zu heiraten, dann hätte er ihn nicht ins Gefängnis werfen lassen. Und dies ist es, was die Menschen heute nicht wollen: sie wollen nicht mit um des Kreuzes Christi verfolgt werden! Sie wollen diese Verachtungen nicht, sie wollen diese Verfolgungen nicht. Wie reagieren sie auf Jesu Zuruf? Sie ignorieren ihn und stellen sich der Welt gleich. Sie passen sich der Welt in der Kleidung, in der Frisur, in ihrem Benehmen, in ihrem Wandel und Leben, in ihren Ansprüchen an. In allem bemühen sie sich so zu erscheinen, dass sie nicht zu der Welt im Kontrast, sondern der Welt ähnlich sind. Damit sie vor Verachtung und Verfolgung verschont bleiben. Die Welt betrachtet sie und sagt: *Nein, was sie tun, ist nicht schlimm; sie sind für uns nicht gefährlich.* Aber die anderen, die das Kreuz Christi tragen, die werden von ihr als gefährlich geachtet, welche seine und Gottes Schmähungen auf sich nehmen, wie es heißt:

- *„Die Schmähungen derer, die dich schmähen, sind auf mich gefallen."* Rö.15,3

Diese sind willig Christi Schmähungen auf sich zu nehmen. Aber viele wollen dies nicht, weil sie nicht geheiligt sind, weil sie fleischlich sind und ihre fleischliche Natur sich dagegen wehrt. Sie sträubt sich dagegen, darum sind sie feindlich eingestellt und sagen zu den wahren Kindern Gottes, dass dies zu radikal sei. Und gegen diese konservativen Christen sind sie feindlich eingestellt. Und wir sind wirklich konservativ in dieser Frage. Denn Apostel Jakobus sagt:

- *„wisst ihr nicht, dass Freundschaft mit der Welt Feindschaft mit Gott ist? Wer der Welt Freund sein will, der wird Gottes Feind sein."* Jak.4,3-4

Es kann keine Neutralität zwischen uns und der Welt geben! Entweder sind wir Gottes Freunde, dann werden wir der Welt Feinde sein, dann fallen auf uns diese Verachtungen, die zu seiner Zeit auf Christus gefallen sind, dann fallen auf uns dieselben Schmähungen, dieselben Verfolgungen. Entweder oder! Man kann keinen andern Weg gehen. Und wenn wir rechte Nachfolger Christi sein wollen, dann müssen wir diese Schmähungen auf uns nehmen und sie tragen. Aber wie Jesus in Luk.6,22-23 sagte:

- *„Selig seid ihr, wenn euch die Menschen hassen und euch ausstoßen und schmähen und verwerfen euren Namen als böse um des Menschensohnes willen."* Also seine Schmähungen, sein Kreuz tragen wir damit! „Freut euch an jenem Tage und springt vor Freude; denn siehe, euer Lohn ist groß im Himmel. Denn das Gleiche haben ihre Väter den Propheten getan."*

Wir sollen uns nicht nur freuen, sondern Apostel Paulus sagt noch in Gal. 6,14:

- *„Es sei aber fern von mir, mich zu rühmen als allein des Kreuzes* *unseres Herrn Jesus Christus, durch den mir die Welt gekreuzigt ist und ich der Welt"*

Liebe Geschwister, wenn uns die Welt hasst, wenn uns die Welt verachtet, dann sollen wir uns nicht nur freuen, sondern wir können uns sogar, wie die Apostel deswegen rühmen! Als sie geschlagen wurden, kamen sie freudig zurück und sagten: *„Gott hat uns würdig erfunden um Jesu willen auch zu leiden."* Und die ersten Christen rühmten sich sogar, wenn sie verschmäht oder geschlagen wurden. Ich möchte dies besonders auch unsrer Jugend zurufen: Seid nicht Leidens-scheu und fürchtet euch nicht, wie Jesus dies sagte. Fürchtet euch nicht, sondern freut euch, wenn euch die Welt verachtet, oder sogar schmäht und allerlei Böses redet! Freut euch! dass ihr dazu würdig seid. Es ist sogar ein Grund dafür, sich darüber zu rühmen! Wo so viele sich heute der Welt anpassen, sich der Weit gleichstellen und ihr nachmachen. Wenn ihr heute der Welt die Stirn zeigt und geht gegen den Strom, dann freut euch, dass Gott euch unter so vielen Millionen Menschen würdig erfunden hat, dass ihr könnt der Welt den Kampf ansagen. Freut euch und rühmt euch dessen und seid nicht scheu! Denn es ist eine Ursache, dass man sich dessen sogar rühmen kann. In Mat. 16,24 sagte Jesus:

• *„Will mir jemand nachfolgen, der verleugne sich selbst und nehme sein Kreuz auf sich und folge mir."*

Hier ist schon von einem andern Kreuz die Rede. Jemand kann vielleicht fragen: *„Wie steht diese Frage? Sollen wir denn zwei Kreuze tragen? Jesus hat doch nur ein Kreuz getragen."* Dies sind ja nur Sinnbilder. Wir sollen nicht ein hölzernes Kreuz tragen. Die Lasten, die wir um Jesu willen tragen sollen, die beziehen sich auf Christi Kreuz. Aber es gibt auch manches, was der Mensch nicht um Jesu willen tragen muss, sondern was ihm als sein Los, sein Schicksal auferlegt ist. Jeder Mensch hat auch eine schwache Seite, oder eine Schwachheit an sich, oder sogar eine Behinderung. Und diese Behinderungen oder Schwächen sind ihm auch nicht leicht zu tragen. Aber Jesus sagte: **ein jeder soll dies tragen**. Dass wir uns darüber nicht ärgern oder andere beneiden. Es gibt verschiedene Gaben und nun denkt vielleicht jemand: *„Ich habe keine recht gute Gabe. Guck ich diesen an, so ist er in der Musik begabt, den andern – der ist im Reden begabt, der andere – in etwas anderem, aber ich? Ich habe gar keine Gaben."* So kann vielleicht jemand denken. Oder: *„Sehe ich diesen an, so hat er eine gute Gesundheit und ich bin immer kränklich, ich muss immer an dem und* *anderem leiden; mein Körper ist ganz schwach.* " Dies ist mein Kreuz, welches ich tragen muss. Aber, wenn wir Jesus recht nachfolgen wollen, dann sollen wir uns nicht ärgern, sondern dieses Los und dieses Schicksal, welches uns zugeteilt und von Gott zugemessen ist, tragen. Wir müssen uns auch selbst verleugnen, das heißt: nicht für uns selbst leben, sondern unser Leben für Gott und unsere Mitmenschen opfern. Dies ist mein Kreuz. Und, wenn wir Jesus recht nachfolgen wollen, dann müssen wir dieses Kreuz tragen. Dies heißt, dass wir darüber nicht murren, nicht neidisch auf andere sind, wie z.B. Petrus: als Jesus ihm angedeutet hatte, welches Todes er sterben sollte, fragte er ihn:

- *„was wird aber mit diesem? Aber Jesus antwortete ihm: Wenn ich will, dass er bleibt, bis ich komme, was geht es dich an? Folge du mir nach!"*

So steht es mit jedem von uns: Ich muss auf mich sehen, ich muss Jesus nachfolgen. Was geht mich an, was Gott diesem oder anderem zugemessen hat; ich soll ihn nicht deswegen beneiden. Wie Jesus in dem Gleichnis sagte: dass einige zur Arbeit in dem Weinberg in der ersten Stunde gekommen sind, die anderen aber erst in der elften Stunde. Und als die Letzten belohnt wurden und die ersten den gleichen Lohn bekamen, waren sie neidisch. Aber der Herr des Weinberges sagte zu einem dieser Arbeiter:

- *„Mein Freund, ich tu dir nicht Unrecht. Bist du nicht mit mir einig geworden über einen Silbergroschen? Nimm, was dein ist, und geh! Ich will aber diesem Letzten dasselbe geben wie dir. Oder habe ich nicht Macht zu tun, was ich will, mit dem, was mein ist? Siehst du scheel drein, weil ich so gütig bin? Mat. 20,13-15*

Sollen wir uns an Gottes Führungen ärgern, weil es einem Bruder oder einer Schwester besser als uns geht? Wir sollen Gott dafür danken und preisen. Und wie die Pionier-brüder schrieben, dass wenn wir sehen, dass einer begabt ist, wir Gott dafür danken sollen: *„Herr, wir danken dir, dass du uns solch einen Bruder oder solch eine Schwester geschenkt hast, die so begabt ist. Segne ihn weiter, schenke ihm noch größere Gaben."* Dies ist eine rechte Einstellung! Aber, wenn ich die Begabten beneide, dann stehe ich nicht recht vor Gott. Bruder Reinhold Busenus sagte von sich, dass er keine besonderen Gaben hatte, aber, dass Gott ihm die Gabe „Gutes zu tun" gegeben hatte. Und diese Gabe haben wir alle. Wir wissen, wie Gott ihn beschützte, wie er ihm angenehm war und wie er dies vor seinem Tod bezeugte. Er rief der Pflegerin zu: *„Komm schnell hierher! Hier ist der*

Herr Jesus!" Er kam ihn abzuholen, seinen treuen Knecht, welcher keine besonderen Gaben hatte, aber die Gabe „Gutes zu tun" hatte. Er hatte sich bemüht überall, wo er nur konnte Gutes zu tun. Darum sollen wir unser Kreuz willig tragen und nicht murren, wie manche murren. Im Alten Bunde sagte der Prophet Jeremia:

*   *„Was murren denn die Leute im Leben? Ein jeder murre wider seine Sünde! Klag.3,39*

Die Welt murrt immer, aber wir sollen ihnen in keinem Fall gleichen. Wie sollen wir aber unser Kreuz tragen? Jemandem wurde im Traum gezeigt, wie einer sein Kreuz abgesägt hatte. Als er dies sah, hat auch er sein Kreuz abgesägt. Als er aber zu der Pforte des Himmels kam, da war dazwischen eine Kluft, aber keine Brücke. Da sah er einen andern Pilger, der sein Kreuz abnahm, es über die Kluft streckte und so darauf auf die andere Seite hinüberkam. O, dachte er, dann kann ich es doch auch so machen! Als er es aber auch versuchte, da war sein Kreuz zu kurz dazu. Es fehlte gerade das Stück, welches er absägte. Als er aber versuchte auf dem fremden Kreuz hinüberzukommen, da brach es und er ist in die Kluft hinuntergestürzt. Also dürfen wir unser Kreuz nicht absägen. Wir sehen, dass viele ihr Kreuz absägen. Wie kann man das Kreuz absägen? Bei manchen kann das Kreuz ihr ungläubiger Mann sein. Wenn wir von Dorothea Trudel lesen, dann sagte sie auf ihren Mann deutend: *„Dies ist mein Kreuz."* Bei manchen kann es die Frau sein. Also: ein grober Mann, eine zänkische Frau, oder vielleicht ungläubige Kinder, die ihnen auch zu einem Kreuz werden können. Keiner soll dieses Kreuz absägen. Wir sagen nicht zu ihnen, wie manche sagen, dass sie sich scheiden lassen sollen, oder die Kinder auf die Straße hinausjagen; sondern sie sollen ihr Kreuz tragen. Dies ist uns befohlen und nicht sich scheiden zu lassen, sondern zu tragen.

Auf welche Weise sollen wir aber unser Kreuz tragen? Manche schleppen es, damit es niemand sieht, an einem Strick hinterher. Dies ist keine rechte Weise. Jesus hat es nicht so getragen. Wir sollen uns unsres Kreuzes nicht schämen. Petrus sagte:

*   *„Leidet er aber als ein Christ, so schäme er sich nicht, sondern ehre Gott mit diesem Namen. 1 Pet.4,16*

Aber wir sollen es auch nicht, wie eine Fahne, emporheben. Dies ist auch kein rechter Kreuzesträger, der sich seines Kreuzes prahlt. Das Kreuz zu tragen ist keine Prahlerei, dies beweist aber nur vielmehr den Hochmut. Wenn jemand z.B. so Gott loben und danken würde: *„O, ich danke Gott,* *dass er mir soviel Kraft gibt zum überwinden! Ich habe so viel zu Hause zu leiden, aber Gott gibt mir die Kraft, er gibt mir die Geduld dazu.*" Und ihr würdet denken: *„Wer macht denn ihm solche Anfechtungen? Wenn zu Hause, dann sicher seine Frau."* Was würde dies bedeuten? Dies würde eine Prahlerei bedeuten und eine Verschmähung seines Nächsten. Gott bewahre uns alle davor! Dass wir uns nicht prahlen wegen dem, was wir erdulden oder leiden müssen, sondern, dass wir es, wie Jesus tun. Jesus ging unter der Last des Kreuzes gebeugt und still. Dies bedeutet: er trug es in Demut. Und alle wunderten sich, warum er still war. Und als er von manchen bemitleidet wurde, dann sagte er: **„Weinet nicht über mich!"** Wir sollten nicht danach streben, von andern bemitleidet zu werden: *„Ach, lieber Bruder! Wie kannst du dies alles ertragen, dies alles aushalten?"* Oder: *„Ach, liebe Schwester! Du hast es aber schwer, du hast ein hartes Los! Ein hartes Schicksal!"* Nein, wir sollen dagegen allen zeigen, dass wir glückliche Menschen sind! *„Gott sei Dank! Ich habe es nicht schwer!"* Denn es heißt:

• **„Gelobt sei der Herr täglich. Gott legt uns eine Last auf, aber er hilft uns auch. "SELA". Ps. 68,20**

Wenn Gott uns etwas auferlegt, dann gibt er auch die Kraft es zu tragen, nicht wahr? Darum sollen wir sich unsres Kreuzes nicht schämen und es hinterher schleppen; auch nicht empor halten, dass es alle sehen sollen und sich vor allen prahlen. Sondern das Kreuz ohne Murren – still, in der Demut gebeugt und dankbar aus der Hand Gottes nehmend, tragen. Dann sind wir wahre Kreuzesträger, wissend

• **„dass denen, die Gott lieben, alle Dinge zum Besten dienen."** **Röm.8,28**

Gott helfe uns, liebe Geschwister, dass wir alle wahre Kreuzesträger werden. Damit wie Jesus durch sein Leiden und Sterben für alle Menschen zum Segen wurde, so auch wir durch unser Kreuz den Kindern Gottes und der Welt zum Segen werden. Die Menschen werden sehen, wie wir unser Kreuz tragen, wie wir alles überwinden und dies kann ihnen zur Erlösung, zur Ermutigung und zur Freude dienen. Gott helfe uns allen aus Gnade dazu! Amen. 18.04.2010

Der unveränderliche Christus

Die Beständigkeit Gottes im Gegensatz zur Unbeständigkeit der Menschen
Ihr Lieben, wir haben das Lied von der Liebe Jesu gesungen und ich habe
gedacht: was ist an dieser Liebe so köstlich? Nicht nur, dass sie so groß ist,
sondern dass sie auch beständig ist. Wir lesen in Johannes 13,1:

- *„Wie er die Seinen liebte, so liebte er sie bis ans Ende. "*

So heißt es in Johannes 13, als Jesus den letzten Abend mit seinen Jüngern
war und diese Liebe bewies, indem er ihnen die Füße wusch. Ja, es ist auch
eine Frucht der Liebe und diese unveränderliche Liebe finden wir nicht so
oft bei den Menschen. Wir sehen, wie sie sich oft so verändert und nicht
nur bei Weltleuten, sondern auch bei den Kindern Gottes. Jesus z. B.
musste den Geschwistern zu Ephesus vorwerfen:

- *„Ich habe wider dich, dass du die erste Liebe verlassen hast. "*
Off.2,4

Sie hat sich verändert und zwar: sie ist schwächer geworden und nicht mehr
in dem Maße, wie sie früher war. So kommt es bei vielen vor und manche
verlieren ihre Liebe auch ganz, und anstatt der Liebe tritt sogar Hass auf.
Dies ist das traurige Bild bei vielen. Das köstliche aber ist bei Jesus, dass
sie sich nicht verändert und wenn wir Jesu immer ähnlicher werden wollen,
dann lasst uns ein Wort vorlesen aus Hebr. 13,8, wo es nicht nur von seiner
Liebe heißt, dass sie beständig sei, sondern dass er in allem beständig ist.
Es heißt hier:

- *„Jesus Christus, gestern, heute und derselbe auch in Ewigkeit. "*

Ihr Lieben, was wir so köstlich an Jesus finden ist dies, dass er immer
derselbe bleibt. Dies Zeugnis finden wir auch von Gott. Apostel Jakobus
sagt, dass er immer derselbe bleibt;

- *„bei welchem keine Veränderung ist noch Wechsel des Lichts und
der Finsternis. " Jak. 1,17*

Er ist immer der Gleiche. Auch bei den Aposteln trefft man diese köstliche
Eigenschaft. Apostel Paulus sagt:

- *„Gott ist mein Zeuge, dass unser Wort an euch nicht Ja und Nein
zugleich ist. " 2.Kor.1,18*

Er meinte damit, dass wir nicht, wie so viele sind, bei denen es einmal „Ja"
und das nächste Mal „Nein." heißt. Wenn sie sagten: „Ja", dann war es ein

festes „Ja", oder, wenn sie sagten: „Nein", dann war es ein festes „Nein". Daraus können wir viel lernen. Man begegnet in der Welt überall Unbeständigkeit. In der Schöpfung Gottes aber ist alles beständig. Obwohl die Jahreszeiten sich wechseln, aber, wie der Mond ab und zunimmt und die Sonne auf und niedergeht, so wiederholen sich auch immer die Jahreszeiten. Tausende Jahre vergehen, aber diese Regeln bleiben beständig. In der Schöpfung Gottes ist alles beständig, wie auch Gott beständig ist. Der Mensch dagegen aber ist unbeständig. Warum denn? Weil die Sünde den Menschen unbeständig machte. Von Kain heißt es schon:

- *„Unstet und flüchtig sollst du sein auf Erden."1.Mos.4,12*

So sind alle sündigen Menschen und, wenn wir um uns her schauen – was finden wir heute? Immer unbeständiger werden die Zeiten. In früherer Zeit, soweit ich mich erinnere, wenn ein Gesetz erlassen wurde, so blieb dies Gesetz fest auf Zehntel von Jahren. Heute aber kann man nicht sicher sein: heute lautet das Gesetz so, das nächste Jahr kann es ganz anderes sein. Die Gesetze wechseln sich immer wieder. Man kann sie gar nicht wissen. In vielen Dingen ist der heutige Mensch ganz ungewiss: Wie steht es heute mit dieser oder jener Frage? Handle ich recht, oder: wer kann mir die richtige Auskunft geben? Alles, alles unbeständig. Die ganze Welt ist unbeständig und warum? Weil sie immer weiter von Gott weggeht. Es sind alles die Folgen der Sünde.

Wir sollen daraus lernen, dass wir nicht wie die Welt sein sollen, sondern sollen Jesus ähnlich sein. Und wiederholt: Wie Jesus gestern war, so ist er heute und wird derselbe auch in Ewigkeit bleiben. Was ist in diesen Worten eingeschlossen, was sollen wir daraus entnehmen? Seine Beständigkeit in den Einschätzungen. Seine Einstellungen, seine Bewertungen, seine Maßstäbe, bleiben immer dieselben. Wie er war, so ist er auch heute. Wir merken aber an den meisten Menschen, dass sie nicht so sind. Man kann auch unter den Kindern Gottes solche antreffen, die sich heute vieles erlauben, was sie früher für eine Sünde achteten. Sie machen heute manches Unrecht mit einem leichten Gewissen. Warum solch eine Veränderung? Dies ist eine Folge und ein Zeugnis dessen, dass sie von Gott abwandten, dass sie sich nicht an Gott halten. Wenn sie sich früher über vieles ein Gewissen machten, so tun sie heute dieselben Dingen leichtfertig, ohne darüber nachzudenken. Und sie werden mit der Zeit immer unbeständiger, alle, die sich nicht an der Wahrheit halten. Aber von wahren Kindern Gottes sollte dies nicht gesagt werden. Sondern bei wahren

Christen, wie auch bei den Aposteln: „Ja" soll „Ja" sein und „Nein" soll „Nein" sein, und was Unrecht ist, das muss als Unrecht auch morgen und immerdar beurteilt werden. Was Recht ist, muss für Recht gelten heute und immer. Es darf hierin keine Veränderung geben.

Jesu Stellungsname zu seinen Worten

Sie lautet:

• „Himmel und Erde werden vergehen, aber meine Worte vergehen nicht." Mat.24,35

Daraus ist ersichtlich, dass die Lehre Jesu die gleiche bleiben wird. Es wird keine Veränderung geben. „Himmel und Erde werden vergehen, aber meine Worte vergehen nicht." O, wie gut wäre es, wenn wir auch so zu unsern Worten uns halten würden! Wenn die Prediger zu der biblischen Lehre auch so gesinnt wären. Nicht wie viele, die auf Kompromisse auf Kosten der Wahrheit eingehen. Wie man hört, dass manche zusammenkommen um eine Vereinigung herzustellen und sagen: „Du trete etwas von deiner Überzeugung, von deinen Grundsätzen, von deinem Glauben ab und ich trete auch etwas von den meinen ab, ein jeder soll etwas abtreten und so können wir dann die Einigung schaffen." Dies ist aber nicht recht. So ist es nicht möglich eine biblische Einheit herzustellen. Und wir sagen dazu dasselbe, was auch unsere Pionier-brüder gesagt haben: „Und wenn sich alle vereinigen würden, so würden wir ihnen doch nicht zufallen. Wir können es nicht tun. Warum? Darum, weil ein bisschen weniger als die Wahrheit zu wenig ist, und ein bisschen mehr, schon zu viel ist." So war ihre Vorstellung. Also Wahrheit, nicht mehr und nicht weniger, und auch keine Veränderung.

Jesu Stellungsname zur Sünde

So wie Jesus zur Sünde eingestellt war, so ist er auch heute. Bei vielen Menschen aber steht es so: was sie früher für Sünde geachtet haben, das schauen sie heute für recht und machen es mit einem leichten Gewissen. Jesus aber bleibt beständig. Er sagte:

• „Wer Sünde tut, der ist der Sünde Knecht." Joh.8,34

So ist er auch heute eingestellt und so sollte auch der Gemeinde Gottes ihr Standpunkt sein.

• „die Sünde ist der Leute Verderben." Spr.14,34

So ist es und welch eine Sünde es auch nicht sein mag, sie bringt immer den Tod. So sagt uns die Schrift und so sollten wir sie beurteilen. Nicht wie manche, welche meinen, dass *es gefährliche und ungefährliche Sünden gibt. Sünden, welche zum Tod führen und welche, die nicht zum Tod führen.* Nein! Eine jegliche Sünde, wie klein sie auch nicht sein mag, führt dennoch zum Tod.

Jesu Stellungsname zu Sündern

Auch Jesu Haltung zu den Sündern verändert sich nicht. Wie er war, so bleibt er auch. Er sagte:

• *„Ich bin gekommen die Sünder zur Buße zu rufen, und nicht die Gerechten." Mat.9,13*

Er hasste die Sünde, aber er war barmherzig zu den Sündern. So sollen auch wir sein, ihr Lieben: unverändert! Wie groß auch die Sünde mag sein, wie tief auch der Sünder gesunken sei – wir sollen mit jedem Sünder Erbarmen haben. Barmherzig und nicht so hart sein, dass wir nicht willig wären jemandem zu vergeben. Jesus sagte:

• *„Wenn ihr aber den Menschen nicht vergebt, so wird euch euer Vater eure Verfehlungen auch nicht vergeben." Mat.6,15*

Diese Beurteilung bleibt bei Jesus beständig.

Jesu Stellungsname zu den Kranken

Seine Stellung zu den Kranken bleibt auch dieselbe. Wir lesen, als einer Witwe ihr einziger Sohn verstorben war und sie ihn um zu begraben aus der Stadt heraus trugen und Jesus sie sah, da heißt es:

• *„Und es jammerte sie ihn." Luk. 7, 13*

Er war barmherzig zu der Witwe und weckte ihn vom Tod auf und schenkte ihn ihr wieder lebendig zurück. Er war barmherzig zu den Sündern und zu den Kranken und so ist er auch heute. Als man zu ihm Kranke gebracht hat, hatte er niemand zurückgewiesen. Alle, die zu ihm kamen, hat er geheilt und sie wussten es. Und so ist seine Haltung auch heute. Er ist derselbe und nicht wie viele meinen, dass die Zeit der Heilungen vorbei sei. Nein, die Zeit ist nicht vorbei! Jesus ist derselbe und er befreit auch heute immer noch die Menschen von verschiedenen Krankheiten; mit welcherlei Krankheit sie auch befallen sind. Wir machen immer frische Erfahrungen und, wenn nicht alle geheilt werden, so liegt es nicht an Jesus, sondern an uns, an den Menschen. Wie Jesus es auch oft wiederholte und sagte:

- *„Dein Glaube hat dir geholfen!"* Mat.9,22 oder:

„euch geschehe nach eurem Glauben!" Mat.9,29
So ist es und wenn jemand nicht geheilt wird, muss er die Ursache an sich suchen: *„Was ist die Ursache? Warum werde ich nicht geheilt? Woran liegt es? Wozu soll es mir dienen?"* Es liegt aber nicht an Jesus; an ihm brauchen wir nicht zweifeln. Er bleibt immer derselbe, wie wir es auch in dem Lied Nr.350 singen:

> *„Jesus hat allerlei Krankheit geheilt;*
> Er ist derselbe heut!
> Jedem geholfen, der zu ihm geeilt;
> Er ist derselbe heut!

Jesu Stellungsname zur der Welt

Jesus sagte zu seinen Jüngern:

- *„So euch die Welt hasst, so wisset, dass sie mich vor euch gehasst hat. Wenn ihr von der Welt wäret, so hätte euch die Welt lieb."* Joh.15,18-19

Diese Stellungsnahme ist bei ihm auch heute noch. Ja, die Welt kann uns nicht lieben. Und der Apostel Jakobus sagt:

- *„Wer der Welt Freund sein will, der wird Gottes Feind sein."* Jak.4,4

Warum konnte die Welt Jesus nicht lieben? Darum, weil er sie strafte und zeigte, dass ihre Werke böse waren und so ist seine Position auch heute. Und, wenn wir heute als seine Jünger ihm gleichen wollen, dann muss unser Standpunkt auch derselbe sein. Wir können nicht hoffen, dass die Welt die wahren Kinder Gottes lieben kann. Die Welt kann die wahren Kinder Gottes nicht lieben. Schon unser Aussehen, unser Benehmen, unsre Worte, unsre Taten, obwohl wir auch niemanden antasten, strafen sie schon. Sie hasst uns darum, weil wir mit ihr nicht mitmachen, weil wir nicht mitgehen, weil wir das nicht tun, was sie tut. Wir sollen Jesus in allem gleichen, darum können wir nicht hoffen, dass uns die Welt lieben wird. Wenn sie Jesus gehasst hat, so können wir von ihr nichts anderes erwarten.

Jesu Stellungsname zu Pharisäern

Wie war Jesus zu den Pharisäern, zum falschen Gottesdienst eingestellt?

Wir stellten fest, dass Jesus sie vielfach strafte und er sagte zu seinen Jüngern:

•   *„Seid klug wie die Schlangen, aber ohne falsch wie die Tauben."* Mat.10,16

Er strafte die Pharisäer wegen ihrer Falschheit und, weil sie alles taten, um nur vor den Menschen gut oder fromm zu erscheinen. Wie ist wohl seine Stellung zu dem heutigen Pharisäertum, zu den Menschen, die äußerlich fromm erscheinen, aber im Herzen Böses vorhaben und heucheln? Sie ist dieselbe. Und wenn sie einstens kommen werden und sagen: *„Herr, Herr haben wir nicht in deinem Namen dies oder das andere getan?* Wird er sagen: *„Weichet von mir, ihr Heuchler, ich kenne euch nicht!"* Darum soll auch unsre Haltung zum falschen Christentum dieselbe sein. Wir können ihnen nicht huldigen, wir können ihnen nicht schmeicheln und wir können mit ihnen nicht mitmachen. Wir können nicht mit-heucheln und ihnen freundliche Gesichter zeigen und Schmeichelworte geben, damit es verstanden sein kann, dass wir dies tolerieren. Nein, dies ist unmöglich! Wenn wir Jesus ähnlich sein wollen, dann muss unsre Einstellung mit seiner Einstellung übereinstimmen. Er sagte:

•   *„Seht euch vor, vor den falschen Propheten, die in Schafskleidern einhergehen, aber inwendig sind sie reißende Wölfe."* Mat. 7,15

Viele erscheinen uns heute so freundlich, so liebevoll, aber sie haben eine Wolfsnatur. Sie haben nichts Gutes im Sinn und richten großes Verderben an; verursachen großes Herzeleid denen, die ihnen trauen und richten großen Schaden an. Darum soll unsre Position zu ihnen Jesu seiner gleichen. Jesus sagte: *„Seht euch vor!"* dies bedeutet: passt auf! Darum rufen wir auch unsrer Jugend, unsern Kindern zu, denen, die frisch bekehrt sind, die noch unerfahren sind: Passt auf! Passt auf, seid nicht zu vertraulich und traut nicht jedem, der vielleicht vorgibt ein Lehrer zu sein, der vorgibt in der Bibel vieles zu wissen. Ja, in der heutigen Zeit ist Vorsicht angesagt, wo so viel Falsches vorkommt, wie es noch nie gewesen ist. Darum müssen wir in dieser Frage sehr, sehr vorsichtig sein.

Jesu Stellungsname zum Irrtum

Als Jesus in den Tempel einging und sah, was dort vorging, sagte er:

•   *„Es heißt: Mein Haus soll ein Bethaus heißen, aber ihr habt eine Mördergrube daraus gemacht."* Mat. 21,12-13

Und Apostel Johannes schreibt:

- *„Und er fand im Tempel die Händler, die Rinder, Schafe und Tauben verkauften, und die Wechsler, die da saßen. Und er machte eine Geißel aus Stricken und trieb sie alle zum Tempel hinaus samt den Schafen und Rindern und schüttete den Wechslern das Geld aus und stieß die Tische um und sprach zu denen, die die Tauben verkauften: Tragt das weg und macht nicht meines Vaters Haus zum Kaufhaus!"* Joh.2,14-16

Also war sein Eifer gegen den Irrtum groß. Und die Jünger dachten an das Wort, wo es heißt:

- *„Der Eifer um dein Haus hat mich aufgezehrt."* Joh.2,17

Er zeigte sogar Zorn zu dem Irrtum. In Mark. 3,5 heißt es:

- *„Er schaute sie ringsum an mit Zorn und war betrübt über ihr verstocktes Herz."*

So steht auch Jesus heute dem Irrtum gegenüber. Er trat in keine Allianz, keine Vereinigungen ein; er machte keine Kompromisse mit einer jüdischen Partei und dem Irrtum. Er ist ihm widerstanden und strafte ihn. Darum heißt es in der Off.18,6:

- *„Bezahlt ihr, wie sie bezahlt hat, und gebt ihr zweifach zurück nach ihren Werken! Und in den Kelch, in den sie euch eingeschenkt hat, schenkt ihr zweifach ein!"*

Dies bezieht sich auf „Babylon". Und Babylon bedeutet Irrtum. Und dies will Gott: dass wir alle ihre Gräuel aufdecken sollen und zu ihnen nicht kompromissbereit sind und nichts zudecken. Wie er sie einstens strafte, so ist er auch heute zu ihnen eingestellt. Er nannte sie Heuchler, Narren, Blinde, Schlangen und Otternbrut.

- *„Weh euch, ihr Schriftgelehrten und Pharisäer! Weh euch, ihr blinden Führer! Matt. 23,16*

- *„Ihr Narren und Blinden!"* V.17

- *„Ihr Schlangen und Otternbrut!"* V.33

Dies war seine Beurteilung. Wie sind wir zu dem heutigen Pharisäertum und zum falschen Christentum eingestellt? Dies ist die Frage. Weil Christus derselbe bleibt, müssen auch wir so gesinnt sein. Und, wenn wir ihm nicht gleichen, dann wird er mit uns nicht zufrieden sein. Ihm wird es nicht gefallen, wenn wir von seiner Einstellung abweichen. Wir hören, wie er die

Juden strafte als sie meinten, dass Gott ihr Vater sei. Er sagte: *„Nein! Der Teufel ist euer Vater. Und ihr tut eures Vaters Gelüste. Er war ein Mörder von Anfang und bestand nicht in der Wahrheit."* So hat Jesus den Irrtum gestraft und so verbleibt er auch bis heute. Er sagte:

• *„Wer eins von diesen kleinsten Geboten auflöst und lehrt die Menschen also, der wird der Kleinste heißen im Himmelreich." Mat. 5,19*

Er ist auch heute immer noch so zu der Fälschung des Wortes Gottes eingestellt. Und in Off.18,24 heißt es:

• *„und das Blut der Propheten und der Heiligen ist in ihr gefunden worden und das Blut aller derer, die auf Erden umgebracht worden sind.*

Babylon ist schuldig an dem Elend und der ewigen Qual vieler Millionen Menschen. Diese Schuld wird Babylon zugeschrieben, nicht den Ungläubigen, sondern diesen falschen Gläubigen und dem falschen Christentum. Sie werden dafür beschuldigt! Darum, ihr Lieben, lasst uns diese Dinge auch so beurteilen. Ich erwähne es darum, weil heute vieles anders eingeschätzt wird. Aber unsre Einschätzung soll immer Jesu seiner gleichen. Und wie Jesu Beurteilung früher war, so wird sie auch bleiben und so soll auch die unsrige sein; in unseren Herzen, in unserer Gesinnung. Wenn wir von dieser Einstellung, von dieser Einschätzung, von diesen Maßstäben abtreten, dann rücken wir von der Wahrheit ab, denn Jesus sagte:

• *„Ich bin die Wahrheit." Joh.14,6*

Dann rücken wir ab und stehen in der Gefahr einst auch beschuldigt zu werden, dass durch uns viele das himmlische Ziel nicht erreichen konnten. Und Jesus muss dann zu uns sagen, wie er der Gemeinde zu Pergamon sagte:

• *„Aber einiges habe ich gegen dich: Du hast Leute dort, die sich an die Lehre Bileams halten, der den Balak lehrte, die Israeliten zu verführen, vom Götzenopfer zu essen und Hurerei zu treiben. So hast du auch Leute, die sich in gleicher Weise an die Lehre der Nikolaïten halten."Off.2,14-15*

Oder wie er zu der Gemeinde zu Thyatira sagte:

• *„Aber ich habe gegen dich, dass du Isebel duldest, diese Frau, die sagt, sie sei eine Prophetin, und lehrt und verführt meine Knechte, Hurerei zu treiben und Götzenopfer zu essen." Off.2,20*

Dies hat Jesus ihnen vorgeworfen und wenn unsre Einschätzung von seiner abrücken wird, dann wird Jesus uns auch strafen.

Jesu Stellungsname zum Reichtum

Wie war denn seine Einstellung zum Geld und Reichtum? Als einmal jemand zu ihm sagte:

- *„Meister, sage doch meinem Bruder dass er das Erbe mit mir teile!" Luk.12,13*

Sagte ihm Jesus:

- *„Mensch, wer hat mich zum Richter oder Erbschlichter über euch gesetzt?" V.14*

Und mahnte dann die Menschen und sagte, dass keiner davon lebt, dass er viele Güter hat. Und in Bezug zum Geld sagte er:

- *„Seht zu und hütet euch vor aller Habgier; denn niemand lebt davon, dass er viele Güter hat." V.15*

Diese Einstellung stimmt auch mit der Forderung zu einem Priester im Alten Bund überein. Gott hat befohlen niemand zum Amt des Priesters zuzulassen, der am Geiz leidet. Er konnte nicht erwählt werden. Er musste dem Geiz Feind sein. Und von uns als Kindern Gottes heißt es heute, dass wir das *„königliche Priestertum"* sind. Jesus hat uns für Gott als Könige und Priester gemacht und, wenn wir uns heute auch als solche bekennen, dann müssen wir auch so eingestellt sein und der Habgier Feinde sein. Ja, hütet euch vor der Habgier! *„Sehet zu und hütet euch vor der Habgier!"* Dies muss heute auch gepredigt werden, denn Jesu Einstellung dazu bleibt dieselbe. Wir lesen, dass die Apostel auch so gesinnt waren und sagten, dass ein *Geiziger nicht in das Reich Gottes kommen kann.* Er kann unmöglich in das Reich Gottes kommen. Und als Jesus zu dem jungen Mann, der ihn fragte:

- *„was soll ich Gutes tun, damit ich das ewige Leben habe?" Mat.19,16*

unter anderem sagte:

- *„Willst du vollkommen sein, so gehe hin, verkaufe, was du hast und gib's den Armen, so wirst du einen Schatz im Himmel haben und komm und folge mir nach!" V.21*

Und als dieser traurig wegging, sagte Jesus:

- *„Wie schwer werden die Reichen in das Himmelreich eingehen!"*

V.23

Als die Jünger sich verwunderten, musste er wiederholen und sagen:

• *„Kinder, ich sage euch: wie schwer werden die, welche ihr Vertrauen auf den Reichtum setzen, ins Himmelreich kommen! Es ist leichter, dass ein Kamel durch ein Nadelöhr gehe, als ein Reicher ins Himmelreich kommt." Mark.10,23*

Und wir sollen wissen, dass seine Stellungsnahme dazu unverändert bis ans Ende bleibt. Also, wer am Geiz oder an Habgier leidet, muss wissen, dass ihm der Geiz den Weg in den Himmel versperren kann. Wenn er vom Geiz nicht ablässt und von ihm nicht frei wird, dann kann er nicht in den Himmel kommen.

Jesu Stellungsname zur Ehe und dem Ehebruch

Wie steht wohl Christus zu der Ehe? Er sagte:

• *„Wer sich von seiner Frau scheidet, es sei denn wegen Ehebruchs, der macht, dass sie die Ehe bricht; und wer eine Geschiedene heiratet, der bricht die Ehe." Mat.5,32*

Er sagte sogar:

• *„Wenn jemand eine Frau ansieht ihrer zu begehren, der hat schon in seinem Herzen die Ehe gebrochen." V.27*

Diese Einstellung bleibt für immer. Natürlich gilt dies auch für die Frauen. Wir sehen, dass die ganze Welt sich in ihrer Beurteilung weit davon entfernt hat. Was früher für Hurerei gehalten wurde, wird heute als normal betrachtet, und die Hurer und Ehebrecher werden als „Freunde" und „Freundinnen" genannt. Aber das Erachten der Bibel und die Einschätzung Jesu bleiben unverändert. Man sieht, dass die Menschen sich vieles ausdenken und im Verderben immer tiefer fallen. Unsre Zeit gleicht nach den Worten Jesu, der Zeit Noahs, wo Gott schon dem ganzen Verderben nicht mehr zusehen konnte. Wir können in der Zukunft nichts Besseres erwarten. Seine Stellung dazu bleibt aber dieselbe. Darum steht auch die Stellungnahme der Gemeinde Gottes im Gegensatz zu den Kirchen und dem Sektentum. Wenn jemand kommt und uns über die Ehe Fragen stellt, dann können wir nicht anders antworten, als wie es uns die Bibel sagt: *Wenn dein Ehepartner noch lebt, so hast du kein Recht dich mit einem andern zu verheiraten.* Bei den Kirchen ist es ein Leichtes: Sich gesetzlich scheiden lassen und sich mit einem neuen Ehepartner verheiraten oder bei ihm als Freund zu leben. Bei ihnen ist dies alles normal, aber nicht bei Jesus. Bei Jesus ist dies nicht erlaubt. Er steht zu dieser Frage unveränderlich und so soll auch die Gemeinde Gottes stehen. Wahre Kinder Gottes verändern sich in dieser Frage auch nicht.

Jesu Stellungsname zur Weihe

Über seine Einstellung zur Weihe lesen wir:

• *„Wer nicht allem absagt, der kann nicht mein Jünger sein."* Luk. *14,33*

Es vereinbart sich auch mit dem Lied: *„Alles will ich Jesu weihen…"* Es bedeutet nicht unbedingt, dass wir alles verkaufen, wie es in der ersten Gemeinde praktiziert wurde. Bei ihnen wurde aber niemand dazu gezwungen, sondern es war ganz freiwillig. Wir lesen, dass es unter ihnen auch Reiche gab. Apostel Jakobus hat die Reichen angesprochen, dass sie sollen reich an guten Werken werden, wobei ihr Reichtum wird automatisch vergehen. Und der Jünger Jesu: Joseph aus Arimatien, der Jesu Leib in sein neues Grab legen ließ, war auch ein reicher Mann. Aber wir können sagen, dass die Weihe nicht nur das Geld betrifft, sondern, dass wir alles, auch uns selbst auf den Altar legen. Wie es in einem Lied heißt: *„Zeit, Talente, Hab und Geld, Ruf und Ansehn in der Welt: sollt ich etwas Dir entzieh'n? Nein, ich gebe alles hin."* Solch eine Weihe erwartet Gott von uns, dass wir alles auf den Altar legen: all unser Besitztum, alle unsre Gaben, unsre Zeit, Talente und uns selbst. Dass wir nichts als unser Eigentum betrachten, sondern, dass uns dies nur zur Verwaltung von Gott anvertraut ist. Und, dass wir Gott fragen: wie wir dies alles verwenden sollen. Diese Forderung Jesu bleibt unveränderlich. Darum, wenn die Menschen heute sagen: *„Ich kann mir dies oder jenes erlauben, ich kann mir dies kaufen, ich kann mir dies leisten und tun."* Dies können zwar die Menschen, aber was sagt Jesus dazu? Wird Jesus damit zufrieden sein? Wird er es gut heißen? Darum lasst uns dazu wie Apostel Paulus eingestellt sein, welcher sagte:

• *„Alles ist mir erlaubt, aber es ist nicht alles nützlich. Alles ist mir erlaubt, aber es soll mich nichts gefangen nehmen."* 1.Kor.6,12

Jesu Stellungsname zur Entschiedenheit

Wie war Jesu Einstellung zur Entschiedenheit? Jesus forderte von seinen Jüngern entschieden zu handeln. Wenn wir vielleicht versucht werden und sollte es von unserem eigenen Fleisch und Blut sein, so sagte er:

- *„Wenn dich aber dein rechtes Auge zum Abfall verführt, so reiß es aus und wirf's von dir. Es ist besser für dich, dass eins deiner Glieder verderbe und nicht der ganze Leib in die Hölle geworfen werde. Wenn dich deine rechte Hand zum Abfall verführt, so hau sie ab und wirf sie von dir. Es ist besser für dich, dass eins deiner Glieder verderbe und nicht der ganze Leib in die Hölle fahre." Mat. 5,29-30*

Diese Forderung bleibt bei ihm unveränderlich. Ihr Lieben, er verändert sich nicht und, wenn wir nicht entschieden sind und nicht unser eigenes Fleisch (freilich symbolisch betrachtet) kreuzigen und töten, (darunter sind aber gemeint nur sündige Begierden) so können wir auch nicht überwinden. Wie Paulus sagte:

- *„Ich bin mit Christus gekreuzigt." Gal.2,19*

Ja, nur mit einem gekreuzigten Fleisch: wenn wir nicht den Willen des Fleisches sondern des Geistes tun, können wir als Überwinder bleiben.

Jesu Stellungsname zum Wirken

Seine Einstellung zum Wirken ist auch wichtig zu betrachten. In Mat. 12,30 lesen wir:

- *„Wer nicht mit mir ist, der ist gegen mich; und wer nicht mit mir sammelt, der zerstreut."*

Wie wirken wir? Sind es unsre Taten, unsre Werke? Wichtig ist es, das es Gottes Werke, Jesu Werke sind; wie Gott es will, wie Jesus es will. Und er sagt:

- *„Wer nicht mit mir ist, der ist gegen mich." Mat.12,30*

Und so bleibt seine Haltung. Und ein Nichts-sammeln bedeutet schon eine Zerstreuung. Darum lasst uns auch immer nur sammeln und nicht zerstreuen. Dies heißt: immer suchen, was zum Segen in der Gemeinde dient. Zum Segen sein, damit jemand, der uns besucht zur Erlösung kommt, dass jemand vielleicht aus dem Irrtum herauskommt. Nach dem Prinzip, wie es heißt:

- *„Sehe zu, wie du seine Seele gewinnest!"*

Dies soll bei uns immer im Hintergrund liegen, damit es mit Jesu Streben übereinstimmt; wie er sagte:

- *„Ich bin nicht gekommen der Menschen Seelen zu verderben,* *sondern zu erretten.* " *Luk.9,56*

Damit wir in unsrem Wirken, in unsrem Tun Christi Sinn haben und suchen, was der Gemeinde zum Segen, zum Frieden, zur Eintracht dient. Was der Gemeinde als ein Sammeln, als ein Aufbauen und für unsre Jugend als ein Segen und nicht als ein Unsegen ist. Dies ist in unsrem Tun und Wirken wichtig. Lasst uns immer darauf konzentriert sein.

Jesu Stellungsname zu den nächsten Verwandten

Wen achtete er als seinen Bruder und Schwester? Als man ihm ansagte, dass seine Mutter und seine Brüder und Schwester draußen stehen und mit ihm sprechen möchten, sagte er:

- *„Wer ist meine Mutter und wer sind meine Brüder? Und er streckte die Hand aus über seine Jünger und sprach: Siehe da, das ist meine Mutter und das sind meine Brüder! Denn wer den Willen tut meines Vaters im Himmel, der ist mir Bruder und Schwester und Mutter. Mat.12,48-50*

So wird seine Bewertung auch fernerhin bleiben. Jesus wird niemand als seinen Bruder oder Schwester anerkennen, wenn derselbe nicht den Willen Gottes tut. Wenn er seinen eigenen Willen durchsetzt, den Willen der Menschen, den Willen seines Fleisches und nicht tut, was Gott will. Wie Jesus auch seine Jünger beten lehrte:

- *„Dein Wille geschehe, wie im Himmel so auch auf Erden. "* *Mat.6,10*

Ja, Jesus bleibt derselbe und auch heute wird er niemanden als seinen Bruder oder Schwester anerkennen, der nicht bestrebt ist den ganzen Willen Gottes zu erfüllen. Darum sollen auch wir unsre Glaubensgeschwister als unsre nächsten Verwandten achten.

Jesu Stellungsname zu den Freunden

Wen anerkannte er als seinen Freund? Wer ist wohl Jesu Freund? Wir singen: *„Es gibt keinen besseren Freund wie Jesus. "* Wollen wir seine Freunde sein, dann sagt er:

- *„Ihr seid meine Freunde, wenn ihr tut, was ich euch gebiete. "* *Joh.15,14*

Keiner kann sich wagen zu denken, dass Jesus ihn als seinen Freund rechnen wird, wenn er nicht tut, was er ihm gebietet. Nur, wenn wir seine

Gebote halten, wird Jesus uns als seine Freunde erkennen. Wir sehen, wie vieles sich heute in der Wertschätzung verändert hat. Andere Einstellungen, andere Maßstäbe, andere Kriterien, vieles hat sich heute gegenüber dem Anfang verschoben, aber Jesus musste den Juden sagen, dass es am Anfang nicht so war. Christus bleibt derselbe, er wird sich nicht verändern, er wird zu seinem Wort stehen, er wird sich zu seinen Geboten halten. Alles, was er geboten hat zu halten, das wird er auch einst von jedem von uns, wenn wir vor sein Angesicht kommen, fordern. Darum handeln wir klug, wenn wir uns immer nach diesen Maßstäben, nach diesen Kriterien messen, die Jesus uns hinterlassen hat.

Ich war kürzlich mit jemandem zusammen und er sagte mir, welche Menschen er für Kinder Gottes rechne oder achte. Entscheidend aber ist nicht: wen wir als Kinder Gottes achten, sondern: wen Jesus als solche anerkennt. Entscheidend ist nicht: wen ich für einen Christ halte, sondern: wen Christus als seinen Bruder und Schwester einschätzt, wen Christus als seinen Freund bewertet. So muss beurteilt werden, so muss geachtet werden. Und wenn ich herausfinde, was Christus anerkennt, - das muss auch ich anerkennen. Seine Einstellung muss auch meine sein, sein Maßstab muss auch mein Maßstab sein, seine Bewertung muss auch die meine sein. Wenn wir so entscheiden, dann handeln wir klug und werden ihm auch wohlgefällig sein. Wenn wir aber auf Menschenmeinungen und die heutige vielfach veränderte und verfälschte Maßstäbe und Lehren der Menschen achten und sie übernehmen, dann sind wir töricht eingestellt und werden einst als Törichte erfunden. Der Herr verhelfe uns aber, ihr Lieben, dass wir nicht so handeln, sondern uns daran halten, was am Anfang war. Dass wir an dem auch fest und beständig bleiben, ungeachtet dessen, wenn auch Menschen noch viel mehr verändern und verfälschen werden. Wir sehen, dass es immer mehr und mehr zu einem Abrücken   von dem biblischen Maßstab kommt; unter den Kirchenchristen und sogar auch bei denen, die sich Gemeinde Gottes nennen. Vieles wird verändert, vieles wird verfälscht. Es wird anders gelehrt und anders gehandelt. Aber bei uns soll es so bleiben, wie es am Anfang war, wie es in der ersten Gemeinde war, wie Jesus und die Apostel es gelehrt haben. Lasst uns nicht von solchen bewegen, die da sagen: *Es ist eine andre Zeit, es ist ein andres Land.* Die Zeiten vergehen und verändern sich, aber Christus verändert sich nicht. Er bleibt derselbe und seine Lehre gilt für alle Zeiten und für ein jedes Land und er wird derselbe in alle Ewigkeit bleiben. Gott verhelfe uns, Geschwister, dass wir uns die Beständigkeit Christi aneignen und, dass wir in dieser Beständigkeit verbleiben, wie es heißt: *„Beständigkeit, o du Juwel!"* Diesen Juwel bekommen wir, wenn unser Herz fest wird, wie geschrieben steht:

- *„Es ist ein köstlich Ding, dass das Herz fest werde, welches geschieht durch Gnade." Heb.13,9*

Dieses feste Herz ist auch ein Zeugnis unserer Beständigkeit. Der Herr helfe uns dazu und segne alle. Amen.

25.04.2010

Nachwort

In der Geschichte des Volkes Gottes gab es verschiedene Zeiten. Zu einigen von ihnen wollten die Menschen nichts von Gott hören, doch in Zeiten der Not, suchten sie Gottes Hilfe und auch Gottes Wort. Dies bezeugen uns schon die Propheten im Alten Bund:

* *„Siehe, es kommt die Zeit, spricht Gott der HERR, dass ich einen Hunger ins Land schicken werde, nicht einen Hunger nach Brot oder Durst nach Wasser, sondern nach dem Wort des HERRN, es zu hören."* Am. 8,11

In diesem Stand aber waren sie nicht unglücklich, sondern gottselig, wie es auch Jesus bezeugte:

* *„Selig sind, die da hungert und dürstet nach der Gerechtigkeit; denn sie sollen satt werden."* Mt. 5,6

Auch mir sind Zeiten aus meiner Jugend bekannt, in denen die Kinder Gottes eifrig im Geist waren und immer einen geistlichen Hunger hatten. Obwohl man von der Regierung unterdrückt und bedroht war, waren die Geschwister doch freudig und glücklich und eifrig bestrebt, das Wort Gottes zu hören und zu lesen. Wenn zu der Gemeinde jemand von einer anderen Gemeinde auf Besuch kam, musste man extra den Besuch auf die Zeit seines Aufenthalts unter den Geschwistern zuweisen, damit niemand beleidigt war. Denn jeder wollte den Besuch auch zu sich einladen. Wenn ein auswärtiger Prediger kam, da war es noch schlimmer. Man musste die Geschwister bitten und mahnen, damit nicht zu viel zur Gemeinschaft kommen, weil dies gefährlich war. Einmal wurde in solchem Fall von dem Hausherrn das Tor geschlossen, aber manche sind dann über den Zaun doch zu den Versammelten hereingekommen.

Leider sieht es heute im Großen und Ganzen ganz anders aus. Aber trotzdem gibt es auch zu jetziger Zeit noch Menschen, die hungernd und dürstend nach der Gerechtigkeit und Wahrheit sind. Für solche Leute war die Auffassung dieser Predigten auch gedacht, in der Hoffnung, dass sie ihnen eine Hilfe in ihrem geistlichen Kampf sein können und sie zu einem mutigen, freudigen Dienst Gott gegenüber verhelfen. Möge der Herr jeden aufrichtigen Leser in diesem Sinne aus Gnade segnen!

Der Autor

Harry Eurich wurde 1938 in einem deutschen Dorf in Georgien geboren. Im Oktober 1941 wurde er mit seinen Eltern, Großeltern und seiner jüngsten Schwester wie auch alle Deutschen in Georgien nach Nordkasachstan, nahe der Stadt Semipalatinsk, verschleppt, wo sie alle unter die Kommandantur gestellt wurden.

1942 musste der Vater in die Arbeitsarmee nach Altai Gebiet gehen, wo er die ganze Familie im Sommer 1943 zu sich holte. 1955 zog die Familie zu Verwandten in die sibirische Stadt Prokopjewsk.

Im Jahr 1956 bekehrte sich der Autor aufrichtig zu Gott, und im 1961 schloss er den Ehebund mit Heidi Oswald, in dem Gott ihnen fünf Kinder schenkte. Im Jahr 1969 wurde er zum Predigtdienst eingesegnet und zog nach einem halben Jahr mit seiner Frau und Zweien seiner Kinder nach Kirgistan. 1991 wanderte die Familie nach Deutschland aus, wo er noch fünf Jahre seinen Beruf als Schleifer ausübte, bevor er in Rente ging.

Von Anfang seiner Ankunft in Deutschland bis zur jetzigen Zeit dient er als Prediger an dem Ort in der Gemeinde Gottes.

Zeitfracht Medien GmbH
Ferdinand-Jühlke-Straße 7
99095 Erfurt, Deutschland
produktsicherheit@kolibri360.de